中国电力市场与
碳市场价格的关联机制设计

刘自敏 等 著

科学出版社

北京

内 容 简 介

本书面向社会和政府，为政府实现能源目标和低碳发展规划政策提供参考，以使社会以及其他研究者更深一步地了解低碳发展。本书介绍了中国电力市场与碳市场面临的机遇与挑战，探究了电力体制改革和市场建设评估、中国电力消费的动态时空演化，在价格方面改善了能源贫困情况，能源强度在全国层面存在滞后性，在分地区层面存在空间效应，电能替代与能源强度具有空间关联，所以制定能源政策应考虑地区差异性。电力市场方面政府应视情况综合考虑递增阶梯电价的分档设计并对相关参数进行优化，强化节能减排效果，并依据行业特征设计阶梯碳税作用机制，通过将电力与碳排放关联，推动产业结构升级。

本书适用政府电力市场与碳市场政策制定者、高校经济管理专业的研究者及能源与资源产品相关理论的学习者阅读。

图书在版编目（CIP）数据

中国电力市场与碳市场价格的关联机制设计 / 刘自敏等著. -- 北京：科学出版社，2025. 1. -- ISBN 978-7-03-081003-8

Ⅰ. F426.61；X511

中国国家版本馆 CIP 数据核字第 2025YK5346 号

责任编辑：郝　悦/责任校对：贾娜娜
责任印制：张　伟/封面设计：有道设计

科学出版社 出版
北京东黄城根北街 16 号
邮政编码：100717
http://www.sciencep.com
三河市春园印刷有限公司印刷
科学出版社发行　各地新华书店经销
*
2025 年 1 月第 一 版　开本：720×1000　1/16
2025 年 1 月第一次印刷　印张：14 1/2
字数：292 000
定价：**162.00 元**
（如有印装质量问题，我社负责调换）

序　一

在目前形势下，能源问题及与之密切相关的气候问题越来越成为学术界与政策界长期关注的焦点问题。对于中国而言，电力能源与新能源建设、数字经济发展、人类可持续发展等经济社会的各个方面休戚相关，在现代能源系统中有着举足轻重的地位。然而，中国电力市场在建设的过程中仍然存在较大的完善空间。以政府为主导的价格体系使得工业企业与居民家庭之间的用电价格存在较为严重的交叉补贴，不仅导致了电力能源浪费、电力市场效率损失，还引致了过度的碳排放。随着全国统一碳市场的建立，如何通过价格机制实现电力市场与碳市场的高效关联，从而在提高电力市场效率的同时助力碳减排目标，是非常重要且具有现实意义的问题。该书正是基于这些背景，从理论分析、经验研究、场景模拟等方面进行了深入且严谨的探讨，为以电力为代表的能源市场的价格机制设计及其与碳市场关联提供了坚实的理论基础与丰富的政策建议。该书的特色体现在以下三个方面。

第一，从理论与实证角度系统、细致地研究了电力市场与碳市场的关系。在理论层面，该书在借鉴国外电力体制改革和评估方法的基础上，系统分析了中国电力市场面临的挑战和机遇，并测度了中国电力消费的动态时空演化；在实证层面，该书通过构建个人碳交易模型及其改进模型，严谨地讨论了其对均衡碳价格、用电需求弹性、电力价格优化、能源贫困等问题的影响。

第二，在电力成本信息缺失的情况下，使用下限估计的方法对中国电力市场中的交叉补贴进行识别与测度。该书根据中国电力市场中有限的工业与居民电力成本信息，使用价差法，通过福利分析，构建了针对"有效交叉补贴"的下限估计模型，并对工业与居民部门电力价格弹性、交叉补贴无谓损失率、目标无谓损失率下电价与碳价联动机制进行了深入探讨。

第三，进一步考虑了无谓损失率的区域异质性以及传导率在工业和居民部门的异质性。该书对碳市场试点以及非碳市场试点样本中的价格弹性进行了对比分析，并计算了各自电力市场的无谓损失率。另外，该书还进一步将碳成本对电力市场中工业部门与居民部门电力价格的传导率分别进行了测度与分析，并在此基础上对不同碳减排政策目标下全国碳市场的价格机制进行优化设计。

刘自敏教授是中国社会科学院研究生院博士毕业生，作为能源经济与政策领域的研究者，在学术上与我一直保持交流。我很高兴看到刘自敏教授在能源经济学领域从事有自己特色的研究并有所建树，在中国及全球能源市场建设、能源价格机制优化与清洁能源发展等议题上有着深入的思考和有应用价值的研究。我也很高兴看到这些研究成果系统整理为《中国电力市场与碳市场价格的关联机制设计》一书。这种把点点滴滴的研究成果进行系统思考的行为，是做研究值得推荐的。

史　丹

2024 年 9 月于北京

中国社会科学院工业经济研究所

序　二

从新发展理念到新时代，再到新质生产力，都体现出中国政府坚定实现高质量发展的决心，以及对人民群众获得感、幸福感、安全感的重视。作为现代能源系统中应用最广、使用便捷、服务优质的能量载体，电力既关系到工业部门生产效率，也影响着居民部门社会福祉；既与一次能源密切相关，也决定了碳排放水平。因此，在低碳发展目标的约束下，中国电力市场与全国碳排放权交易市场相关联，不仅是大势所趋，也是时代之需。而设计合理的价格机制，使中国电力市场与全国碳排放权交易市场相得益彰，更是所有问题的关键。刘自敏教授的专著《中国电力市场与碳市场价格的关联机制设计》正是基于这些现实问题，从基础理论、政策评估和优化设计三个方面进行研究，为中国电力市场与全国碳排放权交易市场价格关联提供了政策建议。

该书对电力市场与碳市场的价格关联进行了系统的梳理与研究。在基础理论部分，该书对比分析了低碳发展目标下中国电力市场面临的机遇与挑战，系统论述了国外电力市场改革政策评估方法及其对中国的启示，并充分讨论了中国电力消费的动态时空演化。在政策评估部分，该书从个人碳交易这一微观层面出发，一方面构建了阶梯电价的价格优化模型并求解各阶梯价格，另一方面讨论了不同参数的个人碳交易机制对各个地区缓解能源贫困的影响。在优化设计部分，该书首先基于个人碳交易视角，对居民部门用电的分档电量进行优化设计；其次基于低碳发展目标，对工业部门阶梯碳税进行设计；再次基于工业部门与居民部门电力交叉补贴、碳市场价格对电力市场价格传导等，对全国碳市场价格机制进行优化设计；最后强化了碳市场价格对电力市场价格传导的假设，从碳价格对工业与居民电价传导率异质性的视角出发，对既定碳排放目标下工业与居民部门电价进行优化设计。

刘自敏教授长期从事能源产业组织与价格理论的学术研究工作，在网络型公用事业管制、能源经济学和实证计量研究等领域取得了较好的研究成果。他所著的《中国电力市场与碳市场价格的关联机制设计》一书即将出版，请我作序，我欣然同意！希望他可以在学术研究的道路上继续披荆斩棘，取得更加丰硕的科研成果！

　　同时，中国人民大学也欢迎致力于从事能源经济学领域研究的学者共同探讨、交流，为该领域的学术研究与当前中国的经济高质量发展做出贡献。

郑新业

2024 年 9 月于北京

中国人民大学

前　言

随着中国改革开放 40 多年以来经济的快速发展,中国已成为世界上最大的能源生产国和消费国,形成了煤炭、电力、石油、天然气、新能源、可再生能源等多种能源并存的供给体系。然而,当前中国现代能源市场体系尚未有效建立,大部分能源产品价格都采用政府定价的方式。在这种传统的能源管理体制下,由政府设定的能源产品价格往往难以反映生产成本和消费者偏好,成本关系与价格关系的倒挂使得价格结构扭曲,形成某类用户支付的能源价格高于(或低于)能源供应成本,而由其他用户分担成本的现象,即交叉补贴。由于管理体制演进等多方面的原因,中国在诸多能源产品领域存在交叉补贴问题。

能源产品市场与碳市场的关联价格设计是当前能源规制与气候变化治理领域的前沿问题。根据国际能源机构(International Energy Agency,IEA)与经济合作与发展组织(Organisation for Economic Co-operation and Development,OECD)在 2005 年的报告中提到,OECD 成员平均居民电价与工业电价之比为 1.7∶1,全世界主要国家中,只有印度、俄罗斯与中国的居民电价低于工业电价。在结构性改革的背景下,中国政府规制部门也通过创新机制等多种形式推进交叉补贴改革。2016 年 4 月,中国政府正式签署了《巴黎协定》,向全世界做出了自愿减排承诺,并于 2017 年 12 月启动了全国碳排放权交易市场(发电行业)的建设。2022 年中国碳排放已经占到全球的 29%,电力生产碳排放已经占到中国碳排放总量 40%。近年来,国家发展和改革委员会等连续发布多项文件,突出强调深化电力与碳市场价格改革、创新和完善价格机制的决心。

电力市场与碳市场的关联协调发展有着深刻的制度背景与现实约束。一方面,电力市场化改革有着深刻的体制背景。2015 年中共中央、国务院下发《关于进一步深化电力体制改革的若干意见》(中发〔2015〕9 号),提出了"有序推进电价改革,理顺电价形成机制""推进电力交易体制改革,完善市场化交易机制"等七大方面的重点任务,其中的核心是"有序放开输配以外的竞争性环节电价,有序向社会资本开放配售电业务"。2018 年、2019 年国家发展和改革委员会出台了多项降价措施,包括推进区域电网和跨省跨区输电价格改革、扩大跨省跨区电力交易规模、取消电网企业部分垄断性服务收费项目等。另一方面,在低碳发展约束下全国统一碳市场的建设迫在眉睫。在八个试点地区碳市场建设的基础上,2017年底国家发展和改革委员会正式印发《全国碳排放权交易市场建设方案(发电行业)》,2020 年 12 月生态环境部发布了《碳排放权交易管理办法(试行)》,并于

2021年2月1日起施行，全国碳市场正式运行。碳市场的建立将对电力发展产生碳约束，并通过碳约束倒逼电力结构优化以扭转电力价格长期扭曲的现象，有利于在减少交叉补贴、理顺市场关系的同时实现电力合理消费与节能减排的双重目标。

现有研究主要集中在三方面：一是对电力市场中交叉补贴识别及其引致效率与福利后果的研究；二是中国试点省份与国外碳市场是否实现相应政策目标的评估分析；三是电力市场与碳市场的价格参数机制设计等。可以看出现有研究已经逐渐关注碳市场和电力市场的关联协调发展，并对碳市场的政策评估和参数设计进行了大量研究。当前关于电力市场与碳市场价格机制协调发展的研究还有以下需要进一步进行探索的地方：一是在电力市场中需要从理论上细化不同类型的交叉补贴并进行有效的实证估计，以支持全国碳排放权交易市场（发电行业）的建设；二是在碳市场中需要对试点省份碳交易机制进行有效政策评价并识别其产生影响的微观机理，以实现试点省份碳市场与全国统一碳市场的平稳过渡；三是在电力市场化改革与全国统一碳市场建设同步推进的背景下，急需从理论、实证与政策等方面对电力与碳交易的价格参数进行系统设计。

基于以上现实背景与学术背景，本书立足于学界与政策规制界现有研究成果，以中国为研究对象，对中国已实施的资源型产品递增阶梯定价（increasing block pricing，IBP）、碳市场价格进行合理、科学的政策评估，并基于政策评估结果对中国将来更多的资源型产品进行递增阶梯定价与碳市场参数优化设计。具体内容包括如下几个部分。

第一篇为基础理论篇。本篇主要包括中国电力市场与碳市场面临的机遇与挑战、国外电力体制改革和市场建设评估研究进展评述、中国电力消费的动态时空演化。首先，分析中国能源的技术进步偏向与电价调整空间。其次，归纳总结国外电力体制改革和市场建设评估采取的研究方法、应用方式和对中国的启示。最后，基于社会网络分析（social network analysis，SNA）方法，研究"十一五"到"十三五"期间中国电力消费的动态时空演化，厘清不同地区在空间关联网络中的角色和作用。本篇分析了中国电力市场及碳市场面临的机遇与挑战，对前人研究进行总结，并探究中国电力消费的动态时空演化，为后续研究打下基础。

第二篇为政策评估篇。本篇主要包括个人碳交易（personal carbon trading，PCT）视角下递增阶梯电价政策的价格优化与效果评估、个人碳交易机制对于改善家庭能源贫困作用研究。首先，基于中国家庭追踪调查（China family panel studies，CFPS）数据及宏观公开数据，构建个人碳交易的理论模型，求解了个人碳交易市场的均衡碳价格，在此基础上构建了阶梯电价的价格优化模型，求解各阶梯价格，并通过反事实场景的构建探讨个人碳交易机制的实施及其政策效果。其次，通过能源阶梯理论分析能源贫困与碳排放之间的关系，利用中国家庭能源消费调查微观数据，通过个人碳交易的参数设计分析个人碳交易机制对能源减贫的作用，并基于不同的参数，进行场景分析，评估个人碳交易机制对各地区缓解能源贫困的影响。本篇对当前中国递增阶梯电价、个人碳交易机制等政策进行了有效评估，为后续的递增阶梯定价和碳市场最优设计提供现实借鉴。

第三篇为优化设计篇。本篇主要包括个人碳交易视角下递增阶梯电价的分档电量优化设计；能源价格映射与阶梯碳税政策设计；在交叉补贴视角下，基于工业电力降费政策，对全国统一碳市场的合理碳价格机制进行了设计；对电力市场中的价格弹性、无谓损失率、碳价对电价的传导率（pass-through rate，PTR）等进行了测算，对电力市场以及碳市场的价格机制进行了优化设计。首先，分析个人碳交易视角下阶梯分档电量调整所引起的居民用电量以及电量分布特征的变化，探讨不同的碳市场参数下最优的阶梯电价分档电量。其次，利用工业企业的面板数据，根据碳减排设定了阶梯碳税，对阶梯碳税与单一碳税进行对比，在能源价格映射的基础上设计阶梯碳税。最后，利用中国 100 个城市的电力消费数据，从电力降费和碳排放约束的双重视角出发，基于交叉补贴的估算，对全国统一碳市场的合理碳价格机制进行了设计，并测算了碳价对电价的传导率，对电力市场以及碳市场的价格机制进行了优化设计。本篇对电力市场中的递增阶梯电价与碳市场中的碳价格等参数进行了优化设计，为政策制定者提供了理论参考。

本书是在作者所主持的 2021 年国家社会科学基金年度项目"碳达峰碳中和目标下的电碳关联市场设计与资源配置机制创新研究"（21BJL080）、2021 年重庆市社会科学规划英才计划项目"中国家庭能源贫困问题研究：监测、机制与治理"（2021YC016）、2024 年度西南大学教师党支部"揭榜挂帅"项目——"重庆探索超大城市现代化治理新路子研究的相关研究"（SWU2409402）成果的基础上完成的。本书也得到了"西南大学创新研究 2035 先导计划"（SWUPilotPlan025）、重庆市社会科学规划"成渝地区双城经济圈"重大项目"成渝地区双城经济圈乡村振兴与职业教育高质量发展融合研究"（2022ZDSC08）等的资助。本书的部分内容已发表在《经济学（季刊）》、《中国工业经济》、《统计研究》、*International Journal of Industrial Organization*（《国际产业组织杂志》）、*Technological Forecasting and Social Change*（《技术预测和社会变革》）等国内外高水平学术期刊上，所形成的政策观点也发表在《能源》《中国电力企业管理》等能源行业重点政策期刊上。同时，本书作者还多次作为重庆市能源局入库专家出席重庆市发展和改革委员会、能源局组织的水、电、气价咨询听证会，基于以本书内容为主体研究成果所提的意见多次被政府部门采用。上述成果与经历体现了同行专家与政府部门对本书研究成果的高度认可。

本书的顺利完成得益于许多良师益友的支持与帮助。感谢参与课题研究的项目组成员，包括西南大学经济管理学院的杨丹教授、中国社会科学院财经战略研究所的冯永晟研究员、国务院发展研究中心企业研究所的马源研究员、国家发展和改革委员会宏观经济研究院的王磊研究员、浙江财经大学中国政府管制研究院的方燕副教授、西南大学经济管理学院的李兴博士、山东大学威海前沿交叉科学研究院的朱朋虎博士、重庆三峡水利电力（集团）股份有限公司的张娅与博士生邓明艳、牛靖等。感谢在本书写作及项目研究中持续为我提供帮助的专家学者，包括英国爱丁堡大学汪通教授、加拿大拉瓦尔大学韩信桐教授、美国马里兰大学的阙光辉工程师等。与这些专家学者合作交流，拓展了我的学术视野，提高了我的学术研究水平。感谢我所在西南大学经济管理学院的领导和同事等。感谢我的硕士生吴舒磊、谭厉慧、韩文喆等对本书进行的排版整理与文字校对工作。

作　者

2024 年 9 月

目　　录

第三篇　优化设计篇

第一篇　基础理论篇

第一章 挑战和机遇：能源的技术进步偏向与电价调整空间

第一节 引 言

2020 年 9 月 22 日，我国在第七十五届联合国大会一般性辩论上宣布了《巴黎协定》是保护地球家园需要采取的最低限度行动，各国必须迈出决定性步伐。根据中国科学院院士丁仲礼以及清华大学关大博教授团队做的中国碳核算数据库的估算，中国碳排放已经达到约 100 亿吨/年，约占全球总排放量的四分之一。

因此未来碳排放量需要比目前碳排放量大量减少才能实现低碳发展目标，这将是未来我国在国际社会责任领域最大的挑战之一。同时，经济增长与社会发展需要能源支撑，能源消费促进经济社会发展的同时带来的副作用之一就是将导致碳排放量增加，截至 2021 年我国一次能源消费中化石能源占 85%。在低碳发展目标约束下，碳减排就是要不断优化能耗结构，以低排放能源替代高排放能源。那么，在电力行业中，基于技术进步，光伏、风电、水电等新能源替代煤电，提高新能源的渗透率，将是实现我国低碳发展目标的关键路径。

第二节 挑战：全国碳市场对发电行业提出了更高要求

当前全世界主要国家和地区的碳减排政策处于深化过程中。2020 年 9 月，欧盟再次加大节能减排政策力度，将 2030 年温室气体减排目标由原有的 40% 提升至 55%，实现措施包括提升可再生能源发电份额等。在美国，拜登在其《清洁能源革命和环境正义计划》中，拟确保美国在 2035 年前实现无碳发电，在 2050 年前达到碳"净零排放"，实现"100%清洁能源消费"。由此，国外的强化能源减排政策将对我国造成更大的碳减排压力，尤其是对碳排放大户——传统煤电行业产生巨大影响。

为了早日实现碳减排与碳排放达峰目标，中国政府于 2011 年批准北京、天津、上海、湖北、重庆、广东和深圳七省市实施碳交易试点工作，并于 2017 年正式启动全国碳排放权交易市场。《国家应对气候变化规划（2014—2020 年）》中也明确提出，要借鉴国际碳排放交易市场建设经验，结合我国国情，逐步建立全国碳排放交易市场。截至 2021 年底，全球范围内共有 21 个区域碳市场已经运行，涵盖了 51 个国家、州和省。这些碳市场覆盖了全球碳排放总量的 15%，世界经济总量的 50%。截至 2021 年底，中国碳排放已经占到全球的 29%，电力生产碳排放已经占到中国碳排放总量的 40%。因此，中国碳排放交易市场中首先纳入其中的为发电行业。

2016 年 4 月，中国政府正式签署了《巴黎协定》，向全世界做出了自愿减排承诺，随后我国于 2017 年 12 月启动了全国碳排放权交易市场（发电行业）的建设。2020 年 11 月，生态环境部发布了关于公开征求《全国碳排放权交易管理办法（试行）》（征求意见稿）和《全国碳排放权登记交易结算管理办法（试行）》（征求意见稿）意见的通知，紧锣密鼓地部署在发电行业全国范围内的碳排放交易运行，并考虑未来将其他行业（如水泥、钢铁、石化、造纸、航空、化工、玻璃、冶炼等）纳入全国统一碳市场中。

由于发展阶段的差异以及我国巨大的碳排放基数，全国统一碳市场的建立对我国发电行业提出了更高要求。尤其是低碳发展目标意味着节能减排路径更加陡峭，实现难度增加。然而，我国仍处于经济快速发展阶段，经济发展过程中的碳排放量仍在上升。因此全国统一碳市场及低碳发展对发电行业提出了更高要求，2020 年后的电力行业碳减排部署将会进一步加强。

第三节　机遇：全国碳市场推动了能源的清洁技术进步偏向

随着全国范围碳市场的推进，碳排放权交易也在逐步完善。碳排放权交易价格实质就是碳市场控排行业中企业排放的外部性定价，这一价格提高了企业的能源使用成本（尤其是非清洁能源的使用成本），使得企业所面临的碳排放成本更加高昂。故全国碳市场的建立推动了企业的能源清洁技术进步偏向，进而使得地区乃至全国技术进步都偏向清洁能源的使用。

早期的技术进步理论均认为技术进步是中性的，即资本与劳动等投入要素的生产效率是同比例增加的。但实际中技术进步并非均为中性，它可能更偏向于提高某种要素的生产效率，抑或是偏向减少某种要素的使用。偏向型技术进步思想，即技术进步是为了节约昂贵投入要素的使用，后来理论界出现了创新可能性边界理论、技术搜寻理论等。当前最有代表性的理论是偏向型技术进步理论，该理论明确了技术进步要素偏向、要素增进的方向。下面以企业为例来说明偏向型技术进步引致节能减排的路径。假设企业在生产时使用两种能源，即清洁能源与非清洁能源。在没有碳排放权约束与强制减排约束的情况下，企业偏向使用非清洁能源，因为此时企业不必为较高的碳排放量负担任何直接成本。在存在碳排放权交易时，企业的碳排放成本将大幅度提高，即使企业使用非清洁能源进行生产也会大幅度提高成本。此时过高的成本就会给企业以改进与开发清洁技术的激励，企业的技术进步偏向清洁能源的使用，减少非清洁能源的使用。图 1-1 为传统情景与低碳发展情景下电力市场交易价格对比图。

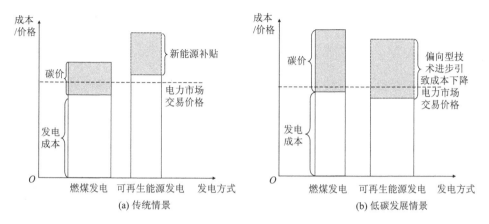

图 1-1　传统情景与低碳发展情景下电力市场交易价格对比图

　　图 1-1（a）代表在传统情景下，燃煤发电比例较大。可再生能源发电价格高于燃煤发电[①]，即使政府实施新能源补贴政策，可再生能源发电价格也可能较高并处在电力市场交易价格之上。从价格角度看，传统化石能源仍然更具竞争力。图 1-1（b）代表在低碳发展情景下，可再生能源发电市场比例高于燃煤发电比例，可再生能源占比变大，可再生能源发电价格略低于燃煤发电价格。低碳发展目标会推动技术进步偏向可再生能源，使得可再生能源的边际产出增加、成本降低，进而使得可再生能源发电价格低于电力市场均衡交易价格，从价格角度看，可再生能源更具竞争力。

　　在碳排放存在约束的目标下，电力市场将与碳市场高度关联，传统燃煤发电企业的电力成本将逐步上升，而清洁能源将具有比较优势，由此也进一步需要两个市场协调发展。因此需要在碳价设计与电价设计之间进行权衡，而其中输配电价的设计将起到关键作用。目前中国仍以燃煤发电作为主要发电方式，电力行业成为二氧化碳（CO_2）排放的主要行业。2017 年以来，煤炭消费量有反弹趋势，"十四五"期间，必须严控化石能源。基于"中国要积极参与全球环境治理，落实减排承诺"，并"构建市场导向的绿色技术创新体系"的背景，在经济发展与更高的碳排放双重约束下，能源使用量不能下降，而碳排放量不能增加太多，这必然要求清洁能源承担更大的责任，而其中的重中之重就是能源的清洁技术进步偏向，这必然要求政府与企业将更多的研发投入投放至清洁能源，在电力市场中

---

① 考虑到碳排放权交易，煤电成本包括原始发电成本与碳排放权交易价格。

更合理地消纳清洁能源，以及在碳市场中进一步提高发电企业的碳价格。

第四节　机遇：能源的清洁技术进步偏向为电价改革提供了空间

因此可以看到，在低碳发展政策下，能源的清洁技术进步偏向为我国的电价改革以及激励型输配电价设计提供了更为广阔的空间，主要包括以下两个方面。

首先，低碳发展政策及其引致的能源清洁技术进步偏向推动了清洁能源价格的下降，为电价与输配电价改革提供了空间。具体地，低碳发展政策会从两个方面推动清洁能源价格的下降。一方面，低碳发展政策增加了传统的化石能源的发电成本，在更紧密的碳排放目标约束下，必然推高化石能源电力价格，使得清洁能源价格在即使不下降的情况下也很具有竞争优势。另一方面，低碳发展政策会引致能源技术进步更偏向于清洁能源技术，从而推动清洁技术的更快发展，由此带来清洁能源成本的进一步下降，推动清洁能源价格下降，从而增加清洁能源的价格竞争优势。2020年10月生态环境部、国家发展和改革委员会、中国人民银行、中国银行保险监督管理委员会[①]、中国证券监督管理委员会等五部门印发的《关于促进应对气候变化投融资的指导意见》，也为能源行业的清洁技术进步偏向提供了资金保障，并激励清洁技术创新与发展。由此，为实现上述两方面的政策效果，国家可以考虑将当前对清洁能源（如风能、太阳能）的不可持续补贴前移至前段清洁能源的研发投入，以实现激励相容的输配电价核算。

其次，全国统一碳市场与低碳发展目标为电力总量中的高比例可再生能源提供了政策支持。我们需要改变目前以化石能源燃烧为主的发电结构，提升光伏、风能、生物质能等清洁能源发电的占比，一些模型和情景研究表明，2050年左右中国非化石能源比重在一次能源消费中的比重将达到80%左右。在技术进步与清洁能源发电成本下降的基础上，用户的平均用电成本有望继续下降，这可以为我国2018年、2019年两年实施的一般工商业电价下降10%，2020年下降5%政策的可持续性提供支持。在此基础上，这也为扭转随着中国居民用电比例逐步提高而引致的电力交叉补贴居高不下、难以为继的局面提供解决方案，并且只有当发电侧与用户侧之间的价格空间足够大，设计各方接受、合理有效、激励相容的输配电价体系才会成为可能。

当然，也需要说明，在电力行业高比例可再生能源系统构建过程中，必须充

---

① 2023年改为国家金融监督管理总局。

分考虑我国电力建设实际情况与电力技术经济特征。当前我国的可再生能源消纳还存在电网配套建设不足严重影响送出能力、可再生能源出力波动性较大、各利益博弈方矛盾影响可再生能源消纳等诸多需要逐步解决的问题和矛盾。但在全国统一碳市场与低碳发展目标的指引下，构建高比例可再生能源系统是一个明确的方向。

第二章 国外电力体制改革和市场建设评估
研究进展评述

第一节 引 言

为缓解全球气候变暖，降低全球碳排放，中国早在 2014 年 6 月 13 日就提出了"四个革命、一个合作"中国能源安全新战略。在全球减排的时代背景下，中国逐步深化国家能源革命，能源生产更多偏向清洁低碳，积极推进煤炭清洁高效开发、可再生能源利用、"互联网+"智慧能源网络等工程，承担更多全球气候安全责任。在能源革命领域，电力体制改革和市场建设对打造中高级能源生产和消费结构具有重要意义，而任何国家的电力体制改革和市场建设都是一个复杂的系统工程。因此，处于关键时期的中国电力体制改革，迫切需要对国内外尤其国外成熟市场的电改评估方法进行总结，并在此基础上结合中国实际国情与能源体制进行针对性研究并得出相应启示。

目前，有关电力市场影响力的研究主要从以下角度展开。①竞争结构的改变：发电市场与电力市场竞争的增减。②部门规制的质量：规制的形式与程序、电力市场的经济影响的变化。③价格、成本、资本回报率与燃料贫困等财务与非财务指标：消费者与生产者剩余及其分配的调整，不同国家或地区间的批发价格敛散，影响电价的程度。④服务质量：用户的断电时间、传输系统的稳定性指标等。⑤环境影响：碳排放的减少、可再生能源的使用等。⑥对创新的影响：创新的长短期影响。⑦影响的全面评估：电改评估的方法主要分为成本-收益分析（cost-benefit analysis，CBA）、计量及因果识别分析、效率与生产率分析、福利分析、宏观一般均衡分析等。五大典型分析方法广泛对国内外电改政策效果进行了广泛评估，对其研究对中国电改具有极强的借鉴意义。

因此，本章首先对成本-收益分析、计量及因果识别分析、效率与生产率分析、福利分析、宏观一般均衡分析等典型分析方法进行介绍；其次对各类模型的适用性、有效性与局限性等进行总结归纳；最后深入探讨不同研究方法在中国差异情景下的应用推广。

第二节　电改政策效果评估的主要方法

基于科学方法对电改进行分析，是有效比较不同国家与地区电改政策效果的重要方式。因此，本书将结合电力行业的行业特征与经济政策分析模型，从宏微观双重视角切入，对当今国内外主流的五大电改评估方法进行介绍并总结其不同应用场景，以期为深化中国电改提供理论保障和实践基础。

一、成本-收益分析方法

（一）模型简介

Zerbe 和 Dively（1994）提出成本-收益分析是统一尺度量化（外部性、货币化等）某一项目或政策的全部成本和收益，然后通过净收益或收益成本比评估项目或政策（具有共同目的）实施价值的经济决策方法，由此寻求在投资决策上以最小成本获得最大收益，从而实现福利最优。其包括特定主体成本-收益分析与社会成本-收益分析。

成本-收益分析方法相关文献利用多种经济变量进行项目或政策效果评估的实证分析。特别地，在净现值（net present value，NPV）计算中常仅计算实际经济价值，但面临分配问题时则需要同时考虑实际经济价值与转移支付。一些文献利用代表性的净现值统计量作为决策依据，如收益净现值。由于方法本身及分析对象的特性，另一些文献借助消费者剩余概念，通过经济模型直接或间接地估计支付意愿（willingness to pay，WTP）。有学者提出在存在市场失灵和价格扭曲的情况下，以影子价格代替市场价格，更能准确估计资源真实成本与支付意愿，且现阶段形成了多种测度项目或政策的成本-收益分析方法。Jones 等（1990）应用社会成本-收益分析方法，将电改视作一种投资，借此来分析电力成本和收益。

（二）方法应用

成本-收益分析方法仅需要评估对象的成本与收益即可得到确定的评估结果，因此广泛应用于电力市场建设与体制改革的政策效果评估，主要集中于电力市场私有化及具体项目的成本-收益分析。有研究对比分析了美国海上风电与陆上风电的成本-收益，得出海上风电经济成本高却更具生态效益，而陆上风电支付输电成本后仍更便宜的结论（Snyder and Kaiser，2009）。另一项研究则根据伊朗电力行业供需现状预测了电力需求，提出政府如果改革电力部门以及征收环境税等，可以吸收私营资本发展低碳电厂，规划收益也将会提高（Kachoee et al.，2018）。国内层面，有研究认为秸秆还田的成本和收益主要来自增加固碳量、增加甲烷排放量、减少氮肥的使用（Liu et al.，2019）。

　　除上述基本成本-收益分析外，部分学者借助其他经济模型深层次挖掘了某一项目或政策降低成本、提高收益的措施，以及引致的福利变化及其成因（Tishler et al.，2006）。一项关于巴西的研究认为，电力企业私有化有利于大幅提高收益，但是大部分流向了生产者。另一项研究基于英格兰2002~2008年数据，提出竞争使成本下降了5%。部分学者在电池系统、电网互联系统等具体方案的成本-收益分析中，强调了生命周期与折现率对评估结果的影响（de Nooij，2011；Li et al.，2018）。Barkhordar（2019）通过成本-收益分析方法对LED灯具替代方案进行了分析，虽然反弹效应可能会因抵消潜在节电量而对项目有效性产生负面影响，但结果表明LED灯具替代方案仍有利可图。

　　成本-收益分析方法多用于比较能源间成本收益、测度社会福利变动、竞争假设下成本分析等方面，该方法可以测度某种政策或项目在最小成本下的最优收益或最优福利。电改领域中，国外多数国家电改主要体现为电力市场私有化，放松电力管制措施将带来社会福利，但同时应注意分析结果与实际可能存在误差。

二、计量及因果识别分析方法

（一）模型简介

　　部分实证研究揭示了经济系统中经济目标和政策的相互联系，有利于评估各种政策对目标的影响。有学者提到经济学上的政策评价是狭义的且更侧重结果评估，主要用于对一个项目或政策的实施效果进行评估。本书选取了双重差分法（difference in differences，DID）、工具变量法（instrumental variable，IV）进行具体阐述。

1. 双重差分法

　　当外生政策冲击时，通常采用双重差分法做政策评价。在进行实证研究时，需要构造出（准）自然实验，即处理组（被干预对象）或处理水平完全随机决定。对处理组在政策前后进行一阶差分就能得到处理效应和时间效应，而不受政策影响的控制组进行差分后仅有时间效应，两者需要再进行组间差分得到处理效应。

　　目前双重差分法样式灵活多变并且外延扩展广泛，但其本质仍是寻找两个维度的外生冲击。王岳龙（2018）分析了双重差分法的使用方法和注意事项。

2. 工具变量法

　　Sargan（1958）较早介绍了工具变量法，设置理想的经济变量以规避随机扰动和测量误差问题，其结果往往依赖渐进近似估计。经济变量通常为随机解释变量，取值难以人为控制且观察值不够准确，常引入工具变量法克服随机解释变量带来的不良后果。工具变量，即在模型估计过程中作为工具来使用，以替代模型中与随机误差项相关的随机解释变量。选为工具变量的变量必须满足以下条件：与所替代的随机解释变量高度相关、与随机误差项不相关、与模型中其他解释变量不相关。

对于简单回归模型，假定可观测变量 z，满足与随机误差项不相关以及与随机解释变量相关两个假定，称 z 是解释变量的工具变量。由定义归纳得工具变量的性质：一是对于被估计的主方程而言，工具变量必须是外生变量，即 $\text{cov}(z, y) = 0$；二是工具变量必须与内生变量 x 相关，即 $\text{cov}(z, x) \neq 0$。

（二）方法应用

1. 双重差分法

双重差分法能有效规避内生性问题，因此常用于电改与市场建设的政策效果评估。有研究根据美国燃料价格数据，发现控制监管力度是电改的重点方向，管制较弱时煤炭价格下降了 12% 而天然气价格没有下降（Cicala，2015）。另有学者研究澳大利亚相关数据时发现，分时段电价政策具有极强的再分配效应，夏令时对总电力需求和发电成本的影响很小（Choi et al.，2017）。Hellwig 等（2020a）根据德国电力数据发现，监管较松时效率较高的运营商在未来积累了更多资本，同时更强有力的激励会降低成本。

在对电力市场建设与体制改革的经济效应、福利效应进行探讨的同时，也有部分研究使用双重差分法探讨了电改对环境效益的影响。有学者对美国发电厂进行研究时发现，电厂改革导致燃料效率提高 1.4% 而单位投入成本降低 8%，工厂节省了近 14% 的运营费用并减少了高达 7.3% 的污染排放（Chan et al.，2017）。国内层面，有研究基于中国安徽的污染排放数据也发现电价可成为减少空气污染的有效政策工具，电价与电厂污染排放成反比（Tan-Soo et al.，2019）。

双重差分法可控制政策冲击外生，常用于分析国内外政策的经济效应、福利效应和环境效应等。在电改领域，普遍得出电改可促使经济、社会福利和环境整体提升的结论，但应用双重差分法应规避双向因果问题。

2. 工具变量法

工具变量常替代模型中与误差项相关的随机解释变量，也可规避解释变量内生性问题，因此在探讨国际电改和市场建设政策效果实证研究中被广泛运用。

有学者在对印度电力数据进行分析后，提出改革后的电力基础设施可绝对提高经济产出，应用双重差分法得出了相同的结论。Balarama 等（2020）研究孟加拉国家庭层面用电数据时，电价弹性在电力消费水平上存在显著的异质性。对个体和企业而言，收入和电力消耗量之间存在着重要联系。另有研究认为，削减电力补贴使年用电量节省了约 7%，逐步取消剩余补贴可能进一步提高用电效率（Burke and Kurniawati，2018）。部分学者探讨了农村区域的收入和用电量，提出提高电力可靠性对提高农村家庭的收入具有重要作用，而非农收入则对煤炭等非清洁能源支出具有负向显著影响。关于欧盟国家用电数据的研究发现，工业用电与收入密切相关，弹性在 0.76 到 1.08 之间。此外，Hellwig 等（2020b）还发现邻国用电情况也会影响本国电价。

用工具变量替代误差项，可规避解释变量内生性问题，工具变量法常用于发达国家和发展中国家的电力改革政策效果评估。但要充分考虑异质性和动态性问题，各国具有不同的特点和问题，要做到具体问题具体分析。

三、效率与生产率分析方法

（一）模型简介

在经济学中，效率是指任何经济主体距离理想边界的程度，偏离程度则表示效率损失或非效率。常用的度量效率的方法是生产前沿分析方法，通常用生产函数表示。前沿生产函数反映了具体技术和生产要素组合下，企业各投入组合与最大产出的关系，通过比较实际产出与最大产量可反映其综合效率。

根据表 2-1，按照是否已知生产函数的具体形式，前沿分析方法分为参数方法和非参数方法，前者以随机前沿分析（stochastic frontier analysis，SFA）为代表，后者以数据包络分析（data envelopment analysis，DEA）为代表。

表 2-1　参数方法与非参数方法对比

项目	参数方法	非参数方法
内容	事先设定前沿生产函数	不必事先设定前沿生产函数
	根据投入产出观察值，估计函数中的参数	不必对参数进行估计
	考虑随机因素对决策单元效率的影响	未考虑随机因素对生产效率的影响
分析方法	随机前沿分析、厚边界分析和自由分布	数据包络分析和自由处置法

1. 随机前沿分析法

部分学者提出了随机前沿模型，该模型区分了生产前沿模型中的误差项，从而提高了技术效率测定精度（Meeusen and van den Broeck，1977；Battese and Corra，1977；Aigner et al.，1977）。随机前沿分析法相比非参数方法，最大的优点是考虑了随机因素对产出的影响。该分析方法的基本思想如图 2-1 所示。

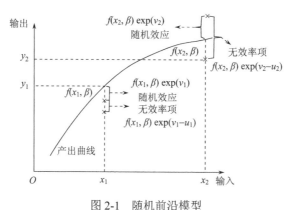

图 2-1　随机前沿模型

β 为系数，v_1、v_2、u_1、u_2 为误差项

根据图 2-1，随机前沿模型中的无效率项为单边分布，其典型分布形式主要有三种：指数分布（$u_i \sim \exp(\sigma_u)$）、半正态分布（$u_i \sim N^+(0, \sigma_u^2)$）、截断型半正态分布 $(u_i \sim N^+(\tilde{\omega}, \sigma_u^2))$。根据分布形式，可定义三种典型的随机前沿模型：①正态-指数模型；②正态-半正态模型；③正态-截断型半正态模型。为获得参数的无偏一致估计量，上述三种模型都有附加约束条件，即 u 和 v 不相关，且二者与 x 也不相关。

2. 数据包络分析法

Charnes 等（1978）提出，数据包络分析法是对一组决策单元（decision making unit，DMU）进行综合效率评价的非参数方法。因运行原理简单且分析多项投入指标和产出指标时有独特优势，数据包络分析法近年常用于环境、宏观经济、公用事业管制效率评价等领域。在能源经济学领域，数据包络分析法多使用 SBM（slacks-based measure，基于松弛变量的测度模型）及超效率 SBM 等测算分析环境污染治理效率、地区经济发展综合效率（地区绿色全要素增长率）、地区间污染权分配等。同时，Malmquist-Luenberger（马姆奎斯特-卢恩伯格）、全局 Malmquist-Luenberger（global Malmquist-Luenberger，GML）等模型也常用来考察效率动态变化。

对比电力企业运营效率时，使用数据包络分析法测算不考虑非期望产出的 Malmquist 指数或考虑非期望产出的全局 Malmquist-Luenberger 指数。评估电力企业效率时，可使用财务数据（即投入指标选用资产投入、劳动力投入等；产出指标选用净利润、主营业务盈利等），并考虑非期望产出，如缺乏非期望产出可使用综合数据。

（二）方法应用

1. 随机前沿分析法

改革能源部门效率和生产率的实证研究表明电力改革效果是积极的，但能源部门改革对南亚和非洲电力行业效率和生产率的影响相对较小。有学者根据南美洲 10 个国家和地区的面板数据，使用随机前沿模型估计了随机生产边界，未得出研究期间南美洲技术效率有赶超效果的结论，但认为进行电力改革的国家表现更好。一项关于拉丁美洲的研究发现，主要配电公司的技术效率在 1994～2001 年略有提高，但仍存在较大提高效率的空间。另一项研究估计了秘鲁配电公司的效率，认为更好的管理方法使私人公用事业的效率比公共事业低。有学者利用 1970～2010 年日本 9 家电力公司数据，根据成本函数得出自由化可提高生产效率的结论。Galán 和 Pollitt（2014）的研究发现，哥伦比亚的电力分配在企业间仍存在效率低下的持续性和异质性问题，但改革后农村公司和小客户公司似乎获得极大的效率提升。有学者采用时不变的异质性随机前沿边界法评估了印度电力部门的效率水平，认为研究期间地区公用事业水平生产率普遍下降。

产出为单一变量并有较明确生产函数时，可选用随机前沿模型。随机前沿分析法考虑了随机因素对产出的影响，各国学者多应用于分析政策或某一项目效率改善情况。在电改领域，分析得出进行电改的国家或地区几乎均提升了效率的结论，但应用此方法时需要注意外部环境和异常值处理等问题。

2. 数据包络分析法

由于数据包络分析法具有理论易懂、易操作的优点，全局条件下可计算出结果，且效率可比，分解具有实际经济意义，故该方法广泛应用于电力公司的运行效率评估。国外学者多使用数据包络分析法对发电厂、配电公司等进行不同效率（综合、配置、技术等效率）的测算。国内评估测算电厂效率时，应根据中国电改现状及电厂数据特征来选择适当的数据包络分析模型，防止因模型设定问题导致计算结果失真。

四、福利分析方法

（一）模型简介

有学者概括了主要的福利分析方法以及其适用性和局限性。邵全权和张孟娇（2017）提出福利效应是指一项社会经济活动给社会福利带来的改变，其衡量指标较多：总效用、社会总剩余、联合国开发计划署基于个人发展角度提出的人类发展指数（human development index，HDI）等。目前主流的福利分析方法是基于支付意愿的福利分析方法及基于供求框架的福利分析方法。

1. 基于支付意愿的福利分析方法

总效用一般指总支付意愿，目前基于支付意愿的福利分析方法包括陈述偏好法与利益转移法，总支付意愿衡量了经济福利、生态福利和个人发展等。陈述偏好法与利益转移法的方法细分及特征如表 2-2 所示。

表 2-2　陈述偏好法与利益转移法的方法细分及特征

方法	方法细分	特征	具体应用
陈述偏好法	利益排序法	序数效用假定	Ghosh 等（2017） Carson 等（2003） Johnston 等（2017）
	条件打分法	不能实现价值量化	
	联合分析法	以联合测度理论为基础，与消费者行为偏好并非完全契合	
	条件价值评估法	序数效用，利用效用函数分析多与 logistic、probit 等模型结合使用	
	选择实验法		
利益转移法	单点转移法	调整价值评估方法直接用于区域政策评估，转移误差较小，总称为单元值转移调整价值评估方法	Johnston 和 Rosenberger（2010） Rosenberger 和 Loomis（2003）
	均值转移法		
	荟萃分析法	建立荟萃参数方程，多用 Meta 回归	
	偏好校准转移法	建立结构性效用模型进行偏好校准	

陈述偏好法是目前评估使用价值和非使用价值的唯一方法，而利益转移法是以现有研究区域已有的第一手价值评估结论来预测其他未研究区域支付意愿的方法。陈述偏好法中，条件价值评估法（Ghosh et al.，2017）与选择实验法（姚柳杨等，2017）基于基数效用假定，更适合用于福利分析；利益转移法中，单点转移法和均值转移法统称为调整价值评估方法，该方法直接用于区域政策评估，转移误差较小及福利分析更准确。目前应用更多的是荟萃分析中的 Meta 回归，该方法是基于已有福利评估结果的再研究，是最严格客观的系统综述方法，在实际应用中具有更好的信度与效度。

2. 基于供求框架的福利分析方法

社会总剩余是社会总福利的常用度量方法，主要度量经济福利。Harberger（1954）处理供求福利问题时，采用基于供求框架的福利分析方法，不同市场结构与弹性对福利及资源配置的影响较大。不同市场结构的供求曲线差异较大，所决定的均衡产量与价格各不相同。完全竞争市场和垄断市场的福利分析如图 2-2 所示。

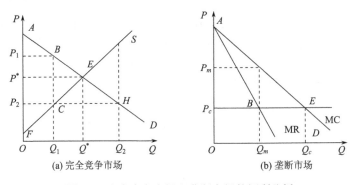

图 2-2　完全竞争市场和垄断市场的福利分析

当市场结构处于完全竞争市场时 [图 2-2（a）]，理想条件下（现实几乎不存在）产量为 Q^* 时实现社会福利最大化。垄断市场下 [图 2-2（b）]，最优产量为边际成本等于边际收益（MC=MR[①]）时的产量 Q_m。张柏杨（2015）认为价格为垄断价格 P_m，高于均衡价格 P_c，社会总福利相对减小，一般利用哈伯格三角估计垄断无谓损失（dead weight loss，DWL）。宋吟秋等（2013）发现，政府为保障社会公平而进行补贴必然会降低资源配置效率，造成经济社会福利损失。

影响福利的一个重要因素是弹性，供求弹性直接影响供求，进而影响社会总剩余。弹性分析以二次近乎完美需求系统（quadratic almost ideal demand system，QUAIDS）模型为代表，将估计弹性带入基于需求模型构建的福利分析方法，从而反映消费者效用变化，如等价变换法、补偿剩余法、补偿变换法。等价变换法建立在价格变化前均衡状态上，补偿变换法建立在价格变化后新均衡状态上，故多采用补偿变换法。

（二）方法应用

电力市场建设与体制改革的政策效果评估采用的福利分析方法主要用于衡量社会经济福利，随着环境约束不断提高，对生态效益的关注与研究也逐渐增加。

部分文献关注电改如何影响社会福利。有学者提出任何放松电力供给管制的计划和政策都有望对社会福利和经济增长产生积极影响。基于消费者剩余与生产者剩余分析框架，有学者估计了不完全竞争市场下净福利损失和总福利损失。Dormady 等（2019）利用家庭支出调查数据对公共事业服务区零售电价进行准实验分析，表明放松管制不一定增加福利，福利水平还与政策环境相关。也有学者从弹性角度分析，供给函数过度陡峭导致的福利损失可能比标准市场下造成的损失更大，并且电力市场限制上调电价，约束了现货市场中卖方垄断行为（Vives，

---

① MC 为 marginal cost，边际成本；MR 为 marginal revenue，边际收益。

2017）。Romero-Jordán 等（2016）利用需求系统模型估计了价格与收入弹性并分析由此导致的价格上涨对福利的影响，电价上涨与经济危机等因素导致"U"形价格弹性降低，"N"形收入弹性增大。

目前多数研究在衡量福利的基础上进行了后续分析，如探究福利具体分配及解决福利损失的措施。对于电改政策的具体福利分配，Kemfert 等（2016）从政府-生产者-消费者角度分析，生产商利润相对提升，总福利可能以牺牲消费者福利为代价而增加。从收入划分的视角看，中高收入家庭电力需求对价格上涨的反应更大，而中低收入家庭受收入变化影响更大并且承担更大的福利损失（Romero-Jordán et al.，2016）。在收益分配领域，有研究表明消费者和投资者是净受益者（Toba，2007）。在解决措施上，部分学者认为可结合分散发电保障供给、电力调度和电网扩建、降低发电成本和价格、适当补贴与提高人力资本等措施增加总福利（Walawalkar et al.，2008；Han et al.，2020）。

福利分析方法一般度量经济活动对社会福利的影响，通过设置假设市场配合使用。学者关注社会福利变动及其后续分配问题，分析得出政策改革后各国福利变化差异较大，其原因各有不同，需要多角度及深层次地对各国原因进行具体分析。同时需要注意设置情景与实际情况误差的问题。

五、宏观一般均衡分析方法

（一）模型简介

宏观经济分析使用模型来量化改革对经济的影响，主要运用的方法为宏观一般均衡分析方法，其主要模型包括可计算一般均衡（computable general equilibrium，CGE）模型、动态可计算一般均衡（dynamic computable general equilibrium，DCGE）模型和动态随机一般均衡（dynamic stochastic general equilibrium，DSGE）模型。

作为宏观一般均衡分析方法的主要模型之一，可计算一般均衡模型通过使用实际经济数据来估计经济如何应对与能源或其他改革有关政策、技术或其他外部因素的变化。有学者指出可计算一般均衡模型通常由四个部分组成：设置研究经济整体、行为主体决策时所依据的信号、行为主体的经济制度结构和均衡条件约束。在市场经济中，价格是实现市场出清、取得均衡的唯一影响因素。

均衡状态下，经济系统的一般均衡结构如图2-3所示。通过市场干预机制，可使各经济主体最优化自我行为，最终达到均衡目的。可计算一般均衡模型的研究对象是经济系统中的各类经济活动，包括要素与商品交易和经济主体间的资金流动。

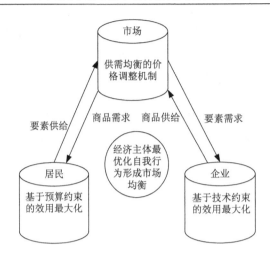

图 2-3　经济系统的一般均衡结构

（二）方法应用

改革的目的是促进社会发展、减少收入不平等及提升社会福利。因此评估一项政策或改革效果，通常是衡量宏观经济发展的改善程度和低收入人群得益情况。进行政策评估时需要考虑改革的直接和间接影响，重视改革对于低收入人群、宏观经济、环境、社会及家庭福利的影响。

许多电改的宏观研究通过可计算一般均衡模型来分析改革对经济的影响，早期学者基于可计算一般均衡模型分析行业降电价与成本对 GDP 的影响（Chisari et al.，1999）。有学者基于可计算一般均衡模型研究了阿根廷公用事业改革对于信贷冲击的影响。有学者利用可计算一般均衡模型对能源价格进行分析时，发现中国煤炭价格的上涨对于电力行业成本有影响（He et al.，2010）。在能源补贴领域用可计算一般均衡模型进行估计时，发现取消能源补贴对中国的福利、GDP 和就业有重大不利影响（Lin and Jiang，2011；Liu and Li，2011），同样会对产出造成损害，但将增加中国、巴西、印度和 OECD 的福利收益，因为可以减少先前存在的对经济的扭曲效应（Lin and Li，2012）。有研究通过结合经济-能源-环境系统的动态可计算一般均衡模型分析了 2015～2030 年中国实施不同能源税可能对能源和水资源利用产生的影响（Zhou et al.，2016）。现阶段有学者评估了中国 2015 年后电力部门改革对宏观经济的潜在影响。

宏观一般均衡分析方法的三种模型均可用于政策改革的效果评估，且可利用可计算一般均衡模型多角度分析政策改革影响，同时该方法对发展中国家和发达国家政策改革的效果评估均适用，可根据分析需求，纳入相应经济主体与部门。

第三节 国外电改评估结论评析及其对中国的启示

通过前述模型的介绍与应用可知，不同模型存在不同适用条件。因此本节将评述五类典型方法的适用范围，进一步地，通过概括总结多数国家应用五类方法的情况，比照中国改革的诸多因素与国外不同国家的差异，尝试分析不同方法对于精准政策评估与优化设计中国电改的启示。

一、国外电改成本-收益分析结论评析及其对中国的启示

（一）国外电改分析结论评析

国外多数国家电改主要体现为电力市场私有化，任何放松政府电力管制的计划和政策都有望对社会福利和经济增长产生积极影响。几乎所有研究结果均表明，政府放松对电力市场的管制，有利于借助竞争提高电力市场的生产效率与产品质量，进而增加收益并促进经济增长。但应用成本-收益分析方法可能存在下列问题。

第一，收益与成本的界定需要量化地区及研究对象。进行成本-收益分析时，电力供给系统社会成本主要为电力系统成本与资本成本，电力储存系统构建成本为排放成本、运行成本等，电力需求方案则需要考虑燃料成本、排放成本和电价等。相应收益的界定也应匹配研究对象。电改政策评估分析中，常构建反事实情景辅助成本-收益分析，而成本和收益又依赖于所构建情景，实际计量时充满不确定性因素只能以简化或者典型情景作为计算依据。并且成本-收益分析方法难以考虑间接成本或二级市场的影响，一般只计算直接成本与收益，但成本与收益之间的影响是综合的，有直接的，也有间接的，有单向的，也有双向的。此外，量化成本与收益时需求必须是可确定的。

第二，实际与分析结果可能存在误差。由于分析过程中存在误差，对应项目或政策的成本-收益评估结果不具有稳健性。其原因可能是：构建的反事实情景与实际情况存在误差；电改项目与政策生命周期的不可控性，原设定生命周期会受到不可控因素的影响，计划的实际实施与预测出现偏差；大多数评估都基于多重假设，与实际市场环境有明显差距；贴现率的选择偏好，不同贴现率将致使结果发生改变；少有研究考虑项目或政策的反弹效应及相应分配效应和公平性，只关注财政资金利用率，从而致使政策效果被高估或低估。

（二）对中国的启示与借鉴

成本-收益分析方法的目的是为决策者提供理论参考。成本-收益分析可采用多目标最优化决策作为决策依据；同时成本和收益的界定显得格外重要，应结合

研究区域与对象的实际情况选定代理变量；此外，应根据研究对象及目的设定最合适的决策依据，如成本收益比最小化、净收益最大化、成本最小化等。

成本-收益分析方法常与情景分析方法相结合，这需要在构建反事实情景上进行评估，应根据中国各地区实际情况制订替代方案，尽量减少构建反事实情景与实际情况的误差，从而减少估计结果存在的偏差等问题。此外，应注重中国电力改革的生命周期与项目贴现率在成本-收益分析方法中的应用。生命周期的长短直接影响项目或政策的成本与收益，并且政策具有时效性。贴现率的缺失会导致成本与收益被高估或低估，选择适用的贴现率将缩小估计结果与实际结果的误差。

电改政策评估的成本-收益分析方法应考虑动态效应。中国电力市场参与者会根据短期项目发展与盈利状态迅速做出反应，因此必须考虑动态效应。长期来看，电改政策或计划实施极可能出现反弹效应，因此应充分考虑反弹效应影响。

二、国外政策评估的计量及因果识别分析结论评析及其对中国的启示

（一）国外电改分析结论评析

影响电力需求的因素很多，如经济发展、城市化、工业化等。因此使用政策评估的计量及因果识别分析方法时，要注意模型设置的内生性问题。

第一，发展中国家和发达国家的企业、地域、人文环境等都有不同特点。制定与实施电改措施和进行市场建设时，要充分考虑行业和国家的异质性，根据国家执政能力、家庭与个人特征等制定现实的改革模式。因此选择控制变量时，尽量考虑会影响模型结果的变量。同时应注意分析动态效应，年份不同其实施效果也会不同。

第二，电改需要考虑到经济中其他相关机构和相关地域的影响，如德国、奥地利、瑞士边境地区用电情况也会影响瑞士本土用电。因此利用计量及因果识别分析本国电改时，可将外部某些因素在模型中与电改政策进行交乘，以分析相互作用后的改革是否以及如何影响宏观经济产出和电力部门的绩效。

（二）对中国的启示与借鉴

使用政策评估的计量及因果识别分析方法评估电改政策要充分考虑中国各地区的异质性和动态性。不同地区及不同时间节点用电均具有不同特点，电改政策实施效果也会对政策评估结果产生影响。

注意区分电改政策实施前后效果。对此可利用政策评估的计量及因果识别分析方法中的双重差分法，识别出政策影响的因果效应，以及实施电改政策是否有助于提高经济、技术和福利效应。此外，应注意变量的选取问题。评估电改效果时，影响因素应考虑经济、技术、环境、福利等，并且可能存在双向影响。因此

应根据电改区域的具体特点，选择合适的自变量和控制变量，如制度和背景作为控制变量，对改革结果进行评估。

三、国外电改效率与生产率分析结论评析及其对中国的启示

（一）国外电改分析结论评析

效率与生产率分析广泛应用于电改。国际上有关配电领域效率的研究文献的研究主题多为效率排名、私营公司和上市公司间绩效比较以及不同国家监管改革效果评估。但存在投入与产出不确定性和异常值处理不当等问题，均会对估计效率产生影响甚至导致估计效率出现较大偏差。为确保项目或政策评估的准确性，应用效率与生产率分析方法时需要充分考虑外部环境和异常值处理等。

常用的效率与生产率分析方法主要包括参数方法和非参数方法。参数方法以随机前沿分析法为代表，非参数方法以数据包络分析法为代表。电改领域中两种方法各有特点，需要根据研究的具体问题和实际度量方法做出判断，如产出为单一变量并且有比较明确的生产函数形式，则可选择通过确定前沿生产函数参数来确定前沿面。但面对多投入和多产出的情况，则采用数据包络法分析更好。效率与生产率分析中的参数方法和非参数方法各有利弊，但存在一定的互补性。多数研究选择一种方法来分析，部分研究综合运用参数和非参数两种方法来得出一致结论以说明研究结论的稳健性。

（二）对中国的启示与借鉴

实证研究中，测度电网生产效率多使用数据包络分析法，随机前沿分析法使用得相对较少。但电网生产效率可用随机前沿分析法中的生产函数来测度，此方程可采用超越对数生产函数，分析数据时更偏好面板数据。此外，测度电网生产效率应考虑多种模型，如随机效应随机前沿分析、固定效应随机前沿分析和真实随机效应随机前沿分析等，结合实际对比分析各种模型结果。估计生产效率后，还可分析对非效率因素的影响，方法是解释变量设定为生产效率，再与理论上可能影响效率的因素进行回归分析。不过，一步法更为可靠。

使用随机前沿分析法、数据包络分析法等进行电厂运营效率测算评价时，要考虑可得数据特征。当前常见投入产出数据可分为产量数据与财务数据。产量数据即以电厂劳动力、资本存量等为投入变量，以产电量为产出变量；财务数据即以总资产、劳动力成本（以工资表示）、研发投入等为投入变量，以电厂净利润、主营业务盈利等为产出变量。此外，还需要综合考虑多种效率值，如技术效率表示在既定投入下实现最大产出（或既定产出下实现最小投入）的能力，而配置效率则是在给定投入要素价格下实现最优产出（最小投入）的能力。衡量电厂全要

素生产率变化率时还有福利评估分析指数，而福利评估分析指数还可以继续分解（如分解出测量电厂投入偏向的有偏技术进步指数等），故在实际模型运用中，对不同效率进行精准测算对于综合评价电厂运营效率十分重要。

四、国外电改福利分析结论评析及其对中国的启示

（一）国外电改分析结论评析

从衡量支付意愿的角度，部分文献采用条件价值评估法与选择实验法进行福利分析。供需分析框架下，这类方法包括直接测算社会总剩余、赫芬达尔-赫希曼指数（Herfindahl-Hirschman index，HHI），或者借助弹性分析与需求模型估计等价变量、补偿剩余等。各种具体福利分析方法均存在一定限制，陈述偏好法中条件价值评估法与选择实验法都是基于随机效用理论，通过构建假想市场，并根据受访者回答以货币形式反映由状态改变所带来的福利变化，但信度与效度可能不高。利益转移法中 Meta 回归模型则受限于原始高质量文献样本约束。

福利分析结果可能出现误差，因此应将市场结构、效率等因素纳入分析框架。许多研究都基于反事实情景，福利分析依赖于完全竞争电力市场及其他假设，如市场参与者可能会通过改变原有策略来应对制度变化，并由此可能会增加效益或成本。此外，电力市场化改革通常使产品质量及生产效率提高，但由此引致的福利变化并未完全纳入福利分析框架中。

动态福利分析考虑了静态方法所忽略的跨时期影响。静态福利分析忽略了启动成本即初始投资，夸大了生产成本变化造成的福利损失，会导致结果出现计量误差。同时市场参与者会根据短期内项目发展与盈利状况迅速做出反应，那么在各个时间跨度上需求与价格可能存在差异，不符合福利分析中的实际设定。

（二）对中国的启示与借鉴

中国应根据电改和市场建设的实际情况确定相匹配的研究方法。随着福利的深化，相关研究已经形成了完整体系。除福利分析方法，大量经济计量模型也可进行福利分析，如利用空间自相关模型分析地区人均福利水平、利用层次分析法等度量福利水平。中国政策的制定应广泛地借鉴国际电改的先进经验，注重社会整体福利的提高（包括经济福利、生态效益等），务必充分兼顾社会公平和分配效应。应用福利分析方法，应注意下列问题。

第一，情景分析方法是福利分析的重要手段。进行情景分析时构建的反事实情景应与实际情况相结合，因地制宜地制订替代方案。尽量避免构建的反事实情景与实际情况出现误差，进而导致估计结果存在偏差等问题。对中国电改进行分析时，构建情景应尽可能考虑到各地区的实际情况。

第二，福利分析框架的完整性也将影响最后的福利分析结果。现存研究表明，将市场结构、效率等因素纳入分析框架将会使估计结果更加准确，且市场动态效应是福利分析中不可忽略的问题。1997 年以来，中国电力体制经过一系列市场改革，原有大型电力企业通过资产重组和市场整合对电力市场结构进行了调整。所以对中国电改进行分析时应注重市场动态效应、市场结构、效率等因素，尽可能完善福利分析框架。

五、国外电改宏观一般均衡分析结论评析及其对中国的启示

（一）国外电改分析结论评析

煤炭是电力生产的主要来源之一，政府逐步取消煤炭补贴将减少碳排放和减轻财政负担，并可能创造绿色就业机会和增加绿色能源的使用。同时煤炭补贴可转移到绿色政策替代方案融资上。在设计环境税收政策方面，政府进行改革时需要考虑化石燃料价格的重要影响，因为模型中存在前瞻性投机者会降低税收政策在减少化石燃料使用方面的有效性。

农村家庭能源成本较大，但由于价格涨幅不同，可能会与城镇家庭一样，具有相同的福利效应。电改过程中，通过补偿用户收入或福利损失可以扭转不利经济影响。同时减少能源等补贴对公共产品和服务存在挤出效应，通过取消补贴并进行财政资源的重新配置对于最大限度地提高取消能源补贴的经济效益至关重要。

政府在决定如何重新分配节省的预算或通过取消补贴增加的收入之前，需要确定其政策目标。同时设计能源补贴时需要考虑相互冲突的影响，因电改在促进经济发展的同时，可能会对不同人群产生不同影响。因此在电改过程中，可以配合使用其他措施，如直接对低收入人群或目标群体进行转移支付或价格补偿，否则补贴改革的不利需求侧效应将占主导地位。此外，制定替代性的公共政策干预机制以加速技术采用，从而实现更高的就业水平、能源安全和可持续增长。

（二）对中国的启示与借鉴

政策效果评估中，可计算一般均衡模型是宏观一般均衡分析中常用的模型。对于模型中各个参数进行估计需要一个系统的估计流程与方法，要对模型中的参数进行分类后按顺序进行估计，且可计算一般均衡模型的应用需要结合社会核算矩阵使用。可计算一般均衡模型被用来建立目标电价和所需补贴间的定量关系。但此模型有高度集中性，没有考虑分配效应对不同收入水平的家庭的异质性影响。因此运用在中国电改上，需要考虑不同收入人群影响的差异性。

可计算一般均衡模型的应用主要集中在静态领域，对动态政策分析存在局限

性，动态可计算一般均衡模型使用较少。动态可计算一般均衡分析框架下，急需建立和利用能解释一般均衡效应的动态分析模型，从而更好地评估政策效果。动态可计算一般均衡模型可分析基于动态基线政策的冲击变化并且比较不同政策措施的优劣，能够更加反映现实经济情况。

动态随机一般均衡模型相对较好，但需要设计高质量完备的闭环。模型考虑了随机因素，最终行为由于随机冲击呈现出一定的不确定性。研究重点是对经济主体的动态调整机制影响进行拟合，可对改革或冲击的动态影响进行独立分析与预测，但该模型研究更集中于货币、财政等宏观政策评估。此外，此模型政策评估时需要利用马尔可夫链蒙特卡罗（Markov chain Monte Carlo，MCMC）模拟。

第四节　政策评估方法在中国电改中的具体应用

前文梳理了不同国家应用五类方法的情况以及中国电改的自身环境，进一步地，根据多国电改经验，将不同方法应用于中国电改不同的项目或政策并进行全方位考察。本节通过实际应用场景展开介绍，选择合理的经济主体与相关部门，举例评估目前分布式光伏发电站、电力企业清洁能源投入等政策的适用性。

一、成本-收益分析方法在中国电改中的具体应用

（一）输电定价方法的成本-收益分析

以输电定价方法（transmission pricing methodology，TPM）为例，采用成本-收益分析方法进行评估。中国现行计划电量或价格与市场电量或价格同时并存的双轨制发生内在冲突，导致双轨制政策效果下降并出现电网运行安全性和经济性问题，需要考虑新输电定价方法。此时可进行新输电定价方法的情景分析并比较新旧方法的优劣，或者以净收益作为最终决策标准对新输电定价方法展开成本-收益分析。

根据表 2-3，输电定价的评估要素主要分为收益类与成本类。收益类评估要素主要包括新输电定价方法提高电网使用效率，引致消费者、政府和投资者的总福利净变化等。成本类评估要素则主要包括输电定价方法的制定、批准及执行成本和新增输电投资成本等。最后的决策依据则为净收益，即充分考虑新输电定价方法时效性时，总收益减去总成本后的净值。特别注意，成本-收益分析没有考虑分配效应，可能会忽略由此带来的负效应。因此需要制定配套政策对公平性进行调整，但不能混淆效率与公平，这也是中国特色制度与国情的要求。

表 2-3 输电定价方法成本-收益分析

类别	评估要素	评估结果
收益类	电网利用率提高，福利提升	总收益
	更有效的电池储能投资	
	新增输电投资效益	
	容量（基于严格的投资方案审查）	
	投资不确定性降低	
	……	
成本类	输电定价方法制定和批准成本	总成本
	输电定价方法执行成本	
	输电定价方法运营成本	
	新增输电投资成本	
	近期电网投资带来地区负荷变化	
	价格上限带来效率损失	
	……	
其他	新输电定价方法时效性	
	实施后可能出现的反弹效应	
净收益	考虑其他因素下的总收益-总成本	

（二）分布式光伏发电站的成本-收益分析

中国正竭力转变能源消费结构，逐渐从"以煤为主"转向"多能互补"，达成此目标需要充分利用多种可再生能源。可再生能源具有清洁、高效等特点，但相应基础设施建设仍需要全面评估，充分考虑现实基础、政策制度及监管因素的影响，那么可通过成本-收益分析方法展开具体评估。以光伏发电为例，分布式光伏发电站并网具有难度较低、对供电系统硬件设施要求不高等特点，是当前国内大力推广的发电方式。

根据表 2-4，收益类分析主要包括更有效电网会产生福利净变化，优质分布式光伏发电站建设能吸引更有效的电网投资（基于严格的投资方案审查）等，特别相对传统发电方式减少了环境治理成本。成本类分析主要包括新设分布式光伏发电站设计费用、制定和批准成本等。此外，进行成本-收益核算时需要考虑装机容量、年等效利用小时数等的影响。最终新建分布式光伏发电站的决策依据依然为考虑其他因素下的总收益减去总成本的大小。

表2-4 新建分布式光伏发电站成本-收益分析

类别	评估要素	
收益类	更有效电网使用,福利净提升	
	新增发电站建设效益	自用电量产生的收益
		上网电量产生的收益
	更高的发电效率,间接产生的外部收益	
	更有效的电网投资(基于严格的投资方案审查)	
	投资的不确定性降低、政策补贴	
	生态环境效益	
	……	
成本类	设计费用	
	制定和批准成本	
	建设投资	工程费用:汇流箱、逆变器等基础设备
		设备费用:建设安装工程
		其他费用
	运营成本	人工费用
		运维费用
	近期新建发电站带来的地区负荷变化	
	新增投资成本、环境治理成本	
	……	
其他	装机容量	
	年等效利用小时数、自用比例	
	税前/税后投资回收期(生命周期)	

决策依据:考虑其他因素下的总收益-总成本

二、计量及因果识别分析方法在中国电改中的具体应用

(一)计量及因果识别分析方法评估的生态效益

计量及因果识别分析方法常衡量电改和市场建设对中国城市层面污染物排放率的影响。电力产业在发电过程中会产生大量粉尘、飞灰等有害物质,对环境污染较大。缓解和减少发电过程中的污染排放,不仅影响着未来中国经济可持续发展,也影响着生态环境改善。

针对某项电改措施(电力基础设施改革、电力价格改革、绿色新能源使用等),首先可用双重差分法将中国地级及以上城市划分为政策实施组 1 和未实施组 0;同时以某年或者某年的某月为政策具体实施时间 t,把时间 t 前的时间变量设为 0,

时间 t 后的时间变量设为 1，并将二者进行交乘。其次对于城市层面污染物排放，可衡量废水、废气（二氧化碳、二氧化硫等）、废物排放量和排放率。控制了城市层面人口密度、温度、产业结构等相关变量（会影响电改）后，考察电改措施实施前后对城市层面污染物排放的影响力，从而估计出电改措施是否可通过调整电价、改善基础设施等措施来减少城市污染物排放，以提高电改和市场建设的生态效益。

（二）计量及因果识别分析方法评估的经济效益

计量及因果识别分析方法也常用于衡量电改和市场建设对中国省级同行业不同规模企业生产成本的影响。电煤价格上涨较快，火力发电成本上升迅速，购煤发电能力受到较大制约并造成电力供应紧张。其他行业企业生产中电力不可或缺，用电成本又是生产成本的重要组成部分，进而影响企业营业利润。

以不同省份同一行业的企业为例，按照年销售收入、员工数量等指标划分微型、中小型和大型企业。控制相关影响变量后，考察电力价格改革对不同规模企业生产成本的影响，可能因企业规模不同，呈现出积极影响或消极影响，也可能没有影响。对企业进行电力价格变化敏感度分析，政府可对因电价变化导致生产成本提高的企业提供电价补贴，但生产成本提高可促使企业增加研发投资、改善生产基础设施等，以减少电力消耗，从而实现节能目的。

三、效率与生产率分析方法在中国电改中的具体应用

（一）考虑电力企业清洁能源投入的成本 Malmquist 指数计算

评价电厂效率时，可考虑将环境因素与价格因素引入方程。未来中国继续坚持发展绿色低碳经济，在常见投入要素里引入电厂清洁能源投资额等指标。利用可替代投入要素价格求出成本效率，并根据技术效率与成本效率求出配置效率。在计算成本效率后，使用成本效率除以技术效率就可以求得带有成本信息的配置效率。

当数据为面板数据时，还可以将其他模型与 Malmquist 指数组合应用，这样就可以综合使用多种效率指标对中国各地区电厂运营效率进行评价。中国电改坚持绿色低碳高效的方向，认为电力企业清洁能源投资是必要的。通过比较不重视清洁能源投入地区的实际产出与重视清洁能源投入地区的最大产量，可确切反映电改后的综合效率。

（二）考虑电力行业上市公司的技术无效率项的影响因素

测定电力行业上市公司的效率，可使用随机前沿生产函数。可选择超越对数

生产函数

$$\ln Y_i = \beta_0 + \beta_1 \ln L_i + \beta_2 \ln K_i + \frac{1}{2}\beta_3 \ln L_i^2 + \frac{1}{2}\beta_4 \ln K_i^2 + \frac{1}{2}\beta_5 \ln L_i K_i + v_i - u_i \quad (2\text{-}1)$$

式中，Y_i 为第 i 家公司的产出；L_i、K_i 为一组投入向量；v_i 为随机误差项，且 $v_i \sim N(0,\sigma_v^2)$；u_i 为随机非效率项，且 $u_i \sim N^+(Z_i,\sigma_u^2)$，第 i 家公司的技术效率为 $\mathrm{TE}_i = \exp(-u_i)$；$\beta_0$、$\beta_1$、$\beta_2$、$\beta_3$、$\beta_4$、$\beta_5$ 分别为常数项系数。

可将技术无效率项的影响因素的方程表示为

$$u_i = \delta_0 + \delta_1 x_1 + \delta_2 x_2 + \delta_3 x_3 + \delta_4 x_4 \quad (2\text{-}2)$$

式中，$x_1 \sim x_4$ 为影响技术无效率项的四个因素，可考虑将股权集中度、董事会规模、债券融资比例和上市公司规模作为技术无效率项的影响因素；δ_0、δ_1、δ_2、δ_3、δ_4 分别为常数项系数。

四、福利分析方法在中国电改中的具体应用

（一）考虑用户需求的分布式电源并网的福利分析

可再生能源发电除清洁、高效等特点外，也有间歇性和随机波动性。例如，分布式光伏发电站建成后，需要考虑将分布式电源纳入电网（即微网并入主网），并网后可提高电力系统运行水平。特别在考虑电网用户需求时，微电网中用户需求较小，可向主网输送多余电力以补充主网供电，但微电网并入主网也需要较高成本。

因此针对是否应将分布式电源纳入电网可展开如下分析：确定分布式电源未被纳入电网时，单独运行所带来的社会总福利；通过情景分析，构建分布式电源被纳入电网时的新约束与获得的社会总福利；微电网并网后，社会福利函数（social welfare function，SWF）的目标主要是最小化运行成本和最大化用电效用；对比确认并网前后社会总福利是否增加，可作为政府的决策依据。

（二）电力普遍服务改革升级的福利分析

鉴于中国发展及国情特色，电改福利分析大多具有公共性质，如电力普遍服务，政府为推进社会公平而实施电力普遍服务。目前我国这项公共政策面临瓶颈，正进行改革与创新。假设要对新的电力普遍服务进行福利分析，具体思路为识别电力普遍服务的利益相关者；根据识别出的利益相关者构建对应的福利分析方法，从而度量社会总福利；根据度量结果得出结论。

首先识别利益相关者，电力普遍服务是政府主导、电力企业承担和全社会共同受益的一项公共政策，其社会价值可概括为主要收益所偏好的福利价值、纳税

人所偏好的环境价值以及电力企业所偏好的经济价值。其次构建度量社会总福利的函数，社会总福利函数为

$$F = F_1 + F_2 + F_3 = p\big[f(q,q')\big] + \sum_{i=1}^{n}\lambda_i q + (R-C) \qquad (2\text{-}3)$$

上式采用社会福利函数形式量化社会总福利，即社会福利 $W = f(q、q')$，$q、q'$ 为居民用电量及用电量的间接影响，则 $F_1 = p(W)$ 为货币化福利价值。$F_2 = \sum_{i=1}^{n}\lambda_i q$ 为环境价值，λ_i 为公众对 i 事件的支付意愿。$F_3 = R - C$ 为电力企业的经济价值，即企业收入减去企业成本。根据测度出的社会福利结果即可确认新的电力普遍服务施行后社会总福利是否增加，作为是否实行新电力普遍服务的决策依据。

五、宏观一般均衡分析方法在中国电改中的具体应用

（一）减少电力交叉补贴的福利评估

中国工业电价长期远高于居民电价，造成了严重的价格扭曲。因此，2015 年后政府一直出台政策降低一般工商业电价，以降低企业用电成本。在此背景下，采取措施降低工业电价对居民电价的交叉补贴是必要的。此时，电价交叉补贴减少效果评估可采用宏观一般均衡分析方法，模拟分析工业电价降低以减少电价交叉补贴的社会经济福利影响。

中国电力市场中，在评估政策改革效果时首先需要厘清经济系统中各个模块的关系，尽可能将涉及交叉补贴改革的部门纳入可计算一般均衡模型中，这样可以使分析结果更加拟合现实。可计算一般均衡模型中应包含以下几部分：生产部门、要素投入与价格、家庭收入与支出等，其中生产部门分为 16 个部门，有 5 个是能源供应部门（煤炭开采、石油和天然气开采、炼油厂、天然气加工和电力发电）。

其次还需要编制社会核算矩阵，因社会核算矩阵包含经济体系中各项数据，如商品、工业、资本、劳动力、土地、家庭、公司、政府、税收和关税、投资、储蓄和外资部门数据，可根据社会核算矩阵对可计算一般均衡模型进行校准。

最后制定不同的场景，根据建立的包含生产模块、贸易模块、居民模块等的可计算一般均衡模型，模拟分析不同交叉补贴减少场景下的电改对于社会经济福利等方面的影响。

（二）征收电力环境税的福利评估

中国未来电改可能通过征收碳税或环境税来降低碳排放。测度征收碳税或环

境税的长期环境与经济效果，可采用动态可计算一般均衡模型分析对电力征收环境税后，在经济增长、能源使用与污染物排放等方面的动态影响，从而判断电力征税利弊。

　　首先需要设计不同环境税税率，以评估不同环境税对于社会经济福利的影响。其次通过编制社会核算矩阵确定经济体系中的数据，包括商品、工业、资本等部门的数据。再次模型中还需要包含能源和环境模块数据，其中能源模块包含有关煤炭、石油等的生产、分配和使用信息；环境模块包含不同污染物数据，包括 CO_2、CH_4（甲烷）、N_2O（一氧化二氮）等。最后通过人口增长率和投资变化来反映模型动态变化，模拟分析动态可计算一般均衡模型中各模块的均衡函数。

　　使用宏观一般均衡分析方法评估电改或市场建设效果时，需要结合中国的现实背景，选择合理的经济主体与相关部门。尽力全面纳入电改相关部门和生产要素等，同时根据现实需要调整各个模型，从而可更全面地模拟和分析政策效果。评估政策的一般经济与福利影响，使用可计算一般均衡模型即可，评估政策的动态影响可采用动态可计算一般均衡模型，考虑随机因素干扰则需要考虑动态随机一般均衡模型。

第三章 中国电力消费的动态时空演化

第一节 引 言

电力作为终端能源的一种，消费量基本上一直呈现增长的态势，在终端能源使用中的占比已达到 25.8%，因此电力消费的结构、规模及发展趋势等与经济发展和人民福祉息息相关。但目前中国的电力供应呈现以火电水电为主、风电核电为辅的局面，迫于全球气候变化的压力，政府对单位 GDP 二氧化碳排放、能耗等提出了更高的要求。随着中国经济发展逐渐转向高质量发展，产业结构也随之调整，加之人们生活习惯的改变等，中国的电力消费概况发生了巨大而深刻的变化。但是，当前中国地缘广阔、资源分布不均等特点导致了电力生产与消费空间上的脱节，这就要求各省在电力供应和消费上相互调剂，这在一定程度上打破了行政地区的限制。

国家层面上建设了"西电东送"等促进电力跨区域输送的能源供应设施，这就进一步超越了单纯地理学意义上的"相邻"关系。在历年的能源五年规划中，也不断体现着相关情况，如历年的能源发展规划中均提到要加强规划区域电网的建设。这点在《电力发展"十三五"规划（2016—2020 年）》（简称《规划》）中更为明显，《规划》明确指出要统筹水电的开发与外送，完善市场化消纳机制，如建成金沙江中游送电广西、滇西北至广东、四川水电外送、乌东德电站送电两广输电通道，在此基础上重点实施大气污染防治行动 12 条输电通道等地区电力外送通道建设。也就是说当前中国的电力消费的空间关联更加广泛和复杂，分析中国的电力消费特征必须要从全局的视角出发。通过识别出电力消费的空间关联变化，可以更好地协调中国区域间的电力消费需求，因此从网络视角重新审视中国电力消费特征的时空演化是有必要和可行的。同时通过对电力消费特征的动态时空演化进行分析，厘清不同地区在空间关联网络中的角色和作用，对新常态下构建中国电力能源的跨区域协同提升机制具有重要的理论意义和应用价值。

第二节 文 献 综 述

与本章相关的研究主要包括以下三个方面，一是关于电力消费量变化的研究。冯永晟（2014）指出居民电力消费缺乏价格弹性。何晓萍等（2009）预测人均电

力消费量在 2020 年将达 5000 千瓦时左右。Mohamed 和 Bodger（2005）、Yoo 和
Lee（2010）研究了电力消费与经济发展、人口特征之间的关系。林伯强和刘畅
（2016a）、Bianco 等（2009）认为经济发展和人均生活水平的提高促进了电力消
费的增加。林伯强（2004）、Jamil 和 Ahmad（2010）则认为电力规划应该根据电
力消费量与经济增长之间的关系确定，避免电力过剩或短缺。有学者基于 DCC
（discrete-continuous choice，离散-连续选择）模型对居民电力消费量的变化进行
了研究。

　　二是关于电力消费空间关联特征的研究。Bridge（2018）指出能源关联网络
有助于了解能源分布的空间格局及其地理联系。刘自敏等（2017a）指出对居民电
力需求特征的准确测度，是政府规制者和学术界评估与实施电力发展战略的基础。
马丽和张博（2019）利用网络分析研究了省际电力联系网络的空间结构特征及其
变化，并指出电力生产与消费存在较大的空间错位。郝宇等（2014）发现忽略电
力消费的空间自相关性会使得中国电力需求对应的人均 GDP 产生向上的偏误。有
学者对中国电力消费的时空变化进行了研究，发现电力生产与消费之间存在空间
关联性，省级用电量存在明显的空间集聚。张振刚等（2016）通过构建时间变化
模型发现电力消费具有动态演变特征，空间溢出效应逐年增强。

　　三是关于社会网络分析的运用研究。社会网络分析是由社会学家创立并发展
起来的，该分析方法是一个测量和分析关系结构的方法。Butts（2008）、Borgatti
和 Foster（2003）指出作为一种新的研究范式，社会网络分析是一种针对"关系
数据"分析社会现象的方法。在经济学和管理学领域，社会网络分析已成为国际
经济系统、组织行为研究、消费行为研究的新范式（李敬等，2014）。Albert 和
Barabási（2002）指出社会网络分析可以更好地分析关联网络特征的动态演化过程。
马述忠等（2016）指出社会网络的基本特性为网络节点的异质性、网络结构的复
杂性和网络的动态变化。刘华军等（2015）则利用社会网络分析发现中国能源消
费的空间关联呈现网络形态，1995～2012 年空间关联度逐步提高。孙亚男等
（2016）利用社会网络分析方法对中国省际碳排放的空间网络结构及其效应进行了
研究。有学者利用社会网络分析方法分析了能源国际贸易网络演化及其区域特征。
还有学者利用形式化的网络模型分析了欧洲能源产运销的优化问题。

　　梳理上述文献可见，现有研究多是以电力消费量的变化及其预测为出发点，
以电力消费与经济发展的关系为纽带，对电力规划的空间布局进行描述性分析。
国家长期对能源这一兼具特殊性与重要性的行业进行的目标规划等，会进一步影
响不同地区的电力消费及其关联性等。但现有研究对各个地区在电力消费中所担
任的角色没有进行深入探讨，对电力消费的动态时空演化研究不足。社会网络分
析作为能够动态分析区域关联网络的方法，将社会网络分析引入电力领域能够反
映电力消费的空间关联及其演化状况。基于此，本章结合修正的引力模型和社会

网络分析方法来反映电力消费的空间关联情况及其效应，并深入探析各地区在电力消费系统中所扮演的角色。

本章可能的边际贡献为以下两点：①评估了电力消费在三个五年规划中的动态时空演化，在此基础上对中国电力规划提出建议。②从空间和时间的双重视角，揭示电力消费的空间关联的结构形态和空间聚类方式，实现中国电力消费的余缺互济。本章余下内容安排如下：第三节首先介绍电力消费特征的研究方法，并对相关数据进行说明；第四节分析电力消费特征的时空演化，并分析其聚类情况；第五节基于研究结论提出建议。

第三节　研究方法与数据

本节首先对研究方法进行解释，其次从整体网络结构特征和网络各节点的个体特征双重视角分析电力消费的空间关联网络，并对本章所使用的数据进行说明。

一、研究方法

（一）电力消费空间关联关系

社会网络分析研究的是个体的网络空间联系，因此需要确定的就是个体间的联系。目前普遍有向量自回归（vector autoregression，VAR）模型、莫兰指数分析法和引力模型三种。在能源及相关的碳排放领域，使用较多的是修改后的引力模型，该方法在空间关联网络关系中的研究较为成熟（刘华军等，2015；侯赟慧等，2009），可以分年度测算出中国省际电力消费的空间关联关系及其动态演化过程。基于此，本章选择修正后的引力模型刻画省际电力消费的空间关联关系，修正后的引力模型如式（3-1）所示：

$$y_{ij} = k_{ij} \frac{\sqrt[3]{P_i E_i G_i} \sqrt[3]{P_j E_j G_j}}{\left(\dfrac{D_{ij}}{g_i - g_j}\right)^2}, \quad k_{ij} = \frac{E_i}{E_i + E_j} \tag{3-1}$$

式中，i, j 为不同的省份；y_{ij} 为两省份的电力消费的引力；E 为消费总量；k_{ij} 为两省份的消费量的贡献率；P 为省份年末总人口数；G 为地区平减后的 GDP；D_{ij} 为两省份的省会城市距离；$g_i - g_j$ 为两省份的年末 GDP 差值。本章选择以两省份的省会城市距离比上两省份的年末 GDP 差值为分母，可以同时考虑经济距离和地理距离因素对电力供给和消费总量的影响。本章根据式（3-1）计算省份间的引力后，可以得出 31 个省份之间电力消费端的电量引力矩阵。基于此，参照刘华军等（2015）的研究，计算引力矩阵各行的平均值，若引力 y_{ij} 高于平均值记为 1，表示该行省份与该列省份的电力消费端的总电量具有关联关系；若引力 y_{ij} 低于平均值记为 0，其含义则相反。

（二）网络结构特征指标

本章参照李敬等（2014）的研究进行网络指标的选择，其中电力消费的网络整体特征采用网络密度进行刻画，网络个体特征采用点度中心度、接近中心度、中介中心度、块模型进行刻画。网络密度是关于社会网络各节点间联系紧密程度的测算指标，整体网络密度等于实际存在的关系总数与理论上最多可能存在的关系总数之比，其取值范围为（0, 1）。对于固定规模的群体网络，行动者之间联系越频繁，该群体网络密度越大，群体网络对行动者的态度、行为等产生影响的可能性越大，成员之间的交互程度就越强；相反，网络密度越小，则成员之间的交互程度就越弱。网络密度的计算公式为

$$D = \frac{L}{N \times (N-1)} \tag{3-2}$$

式中，D 为网络密度；L 为实际拥有的关系数；N 为区域个数。

点度中心度衡量了与该节点直接发生关系的其他点节点的数量，点出度表示节点发出关系的数量，点入度表示节点接受关系的数量。节点的度数中心度象征着"权力"，反映了该节点在空间关联网络中是否处于中心地位。其计算公式为

$$De = \frac{n}{N-1} \tag{3-3}$$

式中，De 为点度中心度；n 为与该省份直接相关联的省域数目；N 为最大可能的相连接的省份数目。

接近中心度刻画了网络中某个省份在电力消费联系过程中"不受其他省份控制"的程度，接近中心度越高，该省份电力消费与其他省份之间就存在越多的直接关联，该省份在网络中就是中心行动者。其计算公式为

$$C_{\mathrm{AP}i}^{-1} = \sum_{i=1}^{n} d_{ij} \tag{3-4}$$

式中，$C_{\mathrm{AP}i}^{-1}$ 为接近中心度；d_{ij} 为点 i 和 j 之间的捷径距离。

中介中心度测量的是行动者对资源控制的程度，反映了节点的"媒介"作用的强弱，中介中心度表明，如果一个行动者处于许多其他两点之间的路径上，可以认为该行动者居于重要地位，因为他具有控制其他两个行动者之间的交往的能力。一个行动者在网络中占据的这样的位置越多，就越代表他具有很高的中介中心性，就有越多的行动者需要通过他才能发生联系。其计算公式为

$$Cb_i = \frac{2\sum_{j}^{n}\sum_{k}^{n}b_{jk}(i)}{N^2 - 3N + 2} \tag{3-5}$$

式中，Cb_i 为中介中心度；$b_{jk}(i)$ 为区域 i 控制 j 和 k 关联的能力；N 为最大可能的相连接的省份数目。

块模型是社会网络分析中进行空间聚类分析的主要方法，该模型不是对个体层次的研究，而是对各个位置在电力消费网络中的作用的研究（Wasserman and Faust，1994）。具体考察的是各个位置之间是如何发送、接收电力消费信息的，有助于总结各个位置的电力消费溢出效应和受益效应趋势。

二、数据说明

本章使用的数据主要为以下几部分：一是在计算电力重心时使用的地理数据来自网站 GPSSPG。由于在计算电力重心时需要用到下一级区域经纬度，本章参照通用做法采用各地区的行政中心位置来指代地理重心以计算重心位置。二是电力消费量、国民生产总值及年末常住人口数均来自国家统计局网站。由于 2006 年才开始披露西藏的相关数据，故研究样本为 2006～2016 年全国 31 个省区市（港、澳、台除外）的电力消费。此外为剔除时间、通货膨胀等因素对研究所使用变量的影响，本章使用各相关指数对生产总值进行了调整，处理后的主要变量的描述性统计分析如表 3-1 所示。

表 3-1　主要变量的描述性分析（省级层面）

变量	观察值数	平均值	标准差	最小值	最大值
电力消费量	341	1 455.43	1 146.06	13.00	5 610.13
国民生产总值	341	8 740.54	7 180.45	290.76	31 984.80
年末常住人口	341	4 319.19	2 727.25	285.00	10 999.00

第四节　实证分析

本节首先对中国电力消费空间关联网络进行分析，主要包括电力消费空间关联网络分析及整体网络结构特征。其次从点度中心度、接近中心度、中介中心度三个方面，分析了个体网络特征。最后利用块模型，分析了各个省份在电力消费网络中的聚类情况。

一、电力消费空间关联网络

中国电力消费在各省份之间呈现出较为典型的网络特征。2006 年的网络关系数为 196、2011 年的网络关系数为 210、2016 年的网络关系数为 195，电力消费空间关联网络的总体关联水平较高。2011 年网络关系数高于其余年份的主要原因在于 2011 年发布的《国家发展改革委关于做好 2011 年电力运行调节工作的通知》，规定要"充分利用地区间的电源结构、用电峰谷时段差异，实现余缺互济"[①]。2016 年网络关系数下降的原因可能在于《能源发展"十三五"规划》规定要"处理好能源就地平衡与跨区供应的关系，慎重研究论证新增跨区输送通道"。三个五年规划电力消费空间关联网络中重要节点省市基本一致，主要有北京、天津、上海、浙江、江苏、广东这六个省市。这些省市均属于东部或沿海地区经济发展较好的省市，在中国电力消费的时空变化中发挥了重要的网络联结作用。

二、整体网络结构特征

进一步地，本章运用社会网络分析中的网络密度和凝聚力指数衡量中国省级电力消费空间关联的整体网络结构。由式（3-2）可以计算出各省际的电力消费空间网络密度。电力消费空间网络特征如图 3-1 所示。

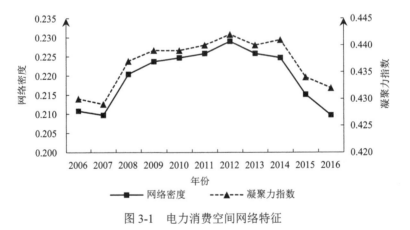

图 3-1　电力消费空间网络特征

2006～2016 年，网络密度呈现倒"U"形关系，即随着时间的推移，网络密度先上升，后下降，且在 2012 年达到最大值。这与上文分析的 2011 年中国省级电力消费网络关系数最高基本一致。网络密度由 2006 年的 0.211，逐渐上升为 2012

---

① 《国家发展改革委关于做好 2011 年电力运行调节工作的通知》，http://www.gov.cn/zwgk/2011-04/15/content_1845142.htm，2011 年 4 月 15 日。

年的最大值 0.229，期间在 2007 年出现过最小值 0.210。总体而言，七年一共上升了大约 1.8 个百分点。然后由 2012 年的最大值降到 2016 年的最小值 0.210。总体而言，五年一共下降了约 1.9 个百分点。整体网络密度越大，各省际的关联紧密程度度越高，各省份间电力消费的传输能力就越强。

同样地，电力消费的凝聚力指数与网络密度变化趋势一致，呈现倒"U"形分布。凝聚力指数越大，表明整体网络越具有凝聚力。2012 年的凝聚力指数最大（为 0.442），其次是 2014 年（为 0.441）。"十一五"期间中国 31 个省区市的整体网络凝聚力逐渐升高，但是 2012 年后网络凝聚力出现下滑。近年来，省际的空间关联度在逐渐弱化，因此，促进区域间更紧密的电力消费协同发展具有较大的空间。

三、中心性分析

（一）点度中心度

进一步地，对中国省际电力消费空间关联网络进行中心性分析。分别计算各省区市的点度中心度、接近中心度和中介中心度。三个五年规划首年电力消费空间关联特征的点入度、点出度、点度中心度及其排序如表 3-2 所示。

表 3-2　三个五年规划首年电力消费空间关联特征的点入度、点出度、点度中心度及其排序

省区市	2006 年				2011 年				2016 年			
	点入度	点出度	点度中心度	排序	点入度	点出度	点度中心度	排序	点入度	点出度	点度中心度	排序
北京	7	26	86.667	2	6	22	76.667	4	5	3	20.000	24
天津	7	24	83.333	3	5	4	20.000	23	8	2	26.667	11
河北	4	3	13.333	30	7	0	23.333	22	7	2	23.333	18
山西	4	3	16.667	27	8	0	26.667	17	7	4	23.333	17
内蒙古	4	4	20.000	22	8	2	26.667	13	7	5	30.000	8
辽宁	4	2	16.667	28	9	2	33.333	9	9	28	93.333	1
吉林	4	1	13.333	31	6	0	20.000	29	7	1	23.333	22
黑龙江	5	0	16.667	29	8	1	26.667	18	6	4	20.000	25
上海	9	28	93.333	1	7	26	86.667	2	2	15	50.000	6
江苏	5	18	60.000	5	6	6	33.333	8	7	1	23.333	14
浙江	4	20	66.667	4	6	3	20.000	24	7	2	23.333	19
安徽	4	8	26.667	9	9	28	93.333	1	6	26	86.667	2
福建	6	2	20.000	23	8	2	26.667	14	6	6	23.333	15
江西	7	5	23.333	14	6	5	20.000	26	6	0	20.000	26
山东	6	15	53.333	7	5	1	16.667	30	6	0	20.000	27

续表

省区市	2006 年				2011 年				2016 年			
	点入度	点出度	点度中心度	排序	点入度	点出度	点度中心度	排序	点入度	点出度	点度中心度	排序
河南	6	6	23.333	15	7	13	50.000	7	7	1	23.333	13
湖北	7	4	23.333	16	6	9	30.000	11	6	22	73.333	4
湖南	6	3	23.333	17	6	4	20.000	27	7	0	23.333	21
广东	11	14	56.667	6	7	2	23.333	19	11	14	56.667	5
广西	6	1	20.000	24	8	2	26.667	15	7	10	40.000	7
海南	6	1	20.000	25	8	1	26.667	16	6	6	23.333	16
重庆	8	2	26.667	10	5	24	80.000	3	5	3	16.667	28
四川	8	2	26.667	11	6	20	66.667	5	4	1	13.333	31
贵州	8	2	26.667	12	4	9	30.000	10	5	25	83.333	3
云南	7	1	23.333	18	7	4	23.333	20	5	1	16.667	29
西藏	7	0	23.333	19	11	13	53.333	6	5	2	23.333	12
陕西	7	0	23.333	20	5	1	16.667	31	7	0	23.333	23
甘肃	8	1	30.000	8	6	1	20.000	25	7	1	23.333	20
青海	8	0	26.667	13	7	4	26.667	12	4	7	26.667	10
宁夏	7	0	23.333	21	6	1	20.000	28	8	2	30.000	9
新疆	6	0	20.000	26	7	0	23.333	21	5	1	16.667	30
均值	6.32	6.32	33.118		6.77	6.77	35.054		6.29	6.29	32.903	

从点度中心度来看，2006～2016 年，全国 31 个省区市的点度中心度均值总体呈现出倒 "U" 形。2006 年的点度中心度均值为 33.118，高出该均值的省市有 7 个，分别为上海、北京、天津、浙江、江苏、广东、山东，这些省市大多来自沿海地区，经济发展水平相对较高，电力需求相对较大。点度中心度超过 80 的省市有上海、北京、天津。说明这三个省市在全国电力消费空间关联网络中的地位很高。2011 年的点度中心度均值为 35.054，高出该均值的省区市有 7 个，分别为安徽、上海、北京、河南、重庆、四川、西藏。点度中心度超过 80 的省份有安徽、上海。可见，随着 "十一五" 规划的实施，各省区市在电力消费空间关联网络中的作用出现变化。2016 年的点度中心度均值为 32.903，高出该均值的省区市有 7 个，分别为辽宁、安徽、贵州、湖北、广东、上海、广西。点度中心度超过 80 的省份有辽宁、安徽、贵州。总体来看，点度中心度最大的省市为上海、安徽、辽宁，均为 93.333，电力消费水平较高的省区市在电力消费空间关联网络中影响力较大、地位较高。点度中心度越高说明相应省区市在全国电力消费空间关联网络中的地位越高。以上海为代表，到 2020 年上海电网的输电能力、对外联络能力、事故支援能力得到有效提升，成为世界一流的城市电网。

从点入度来看，2006 年和 2016 年点入度最大的均是广东省，其点入度为 11。广东位于珠江三角洲，作为全国首个用电量突破 6000 亿千瓦时的省份，其电力消费更多地来自外部省份的供给。近年来，广东电网的建设正在完善。2011 年点入度最大的是西藏，其点入度也为 11。随着"西部大开发"战略的加速发展，国家开始从战略上重视西藏等地区的发展。大多数省份的点入度位于 6~8，说明各省份电力消费的受益效应并不仅仅停留在相邻省份。得益于以特高压输配电网为骨干网架的输配电网等能源基础设施，目前省域视角下的电力消费已经跨越时空相邻的制约，在全国范围内形成了极为广泛的关联关系。

从点出度来看，2006 年点出度大于 10 的省市有上海、北京、天津、浙江、江苏、广东、山东，其中上海、北京、天津的点出度大于 20，这些省市大多位于沿海地区，对其他省区市有较强的电力溢出效应。黑龙江、西藏、陕西、青海、宁夏、新疆 6 个省区的点出度为 0，除黑龙江和西藏外，均属于西北部地区，说明西北部地区电力消费很少主动与外部省区市相联系，不存在溢出效应，但是会接受来自其他省区市的电力溢出效应。2011 年点出度大于 10 的省区市有安徽、上海、重庆、北京、四川、西藏、河南，其中安徽、上海、重庆、北京、四川的点出度大于 20，大多属于沿海地区和西南地区。但是河北、山西、吉林、新疆这 4 个省区的点出度为 0，说明其电力消费不存在溢出效应。2016 年点出度大于 10 的省市有辽宁、安徽、贵州、湖北、广东、上海，其中辽宁、安徽、贵州、湖北的点出度大于 20。其原因在于，这些省市的经济发展水平较高，人口密度较大，刺激了电力需求的增加。湖南、陕西、江西、山东这 4 个省份的点出度为 0，说明其电力消费不存在溢出效应。由于"十二五"时期在青海、新疆、甘肃、内蒙古等太阳能资源丰富、具有荒漠和闲散土地资源的地区，建设了大型并网光伏电站和太阳能热发电项目，在"十三五"到来之时，相关省区市的电力消费溢出效应有所增强。

（二）接近中心度和中介中心度

根据式（3-4）和式（3-5）可以计算出省际电力消费空间关联特征的接近中心度和中介中心度，具体如表 3-3 所示。根据表 3-3 中接近中心度的测度结果，"十一五"至"十三五"期间，全国 31 个省区市的接近中心度，呈现出倒"U"形。2006 年接近中心度最低值为 53.571，均值为 61.315。2011 年接近中心度最低值为 54.545，均值为 62.004。2016 年接近中心度最低值为 53.571，均值为 61.203。三个时期接近中心度的最高值均为 93.750，接近中心度最高的省区市分别为上海、宁夏、四川。较高的接近中心度说明了上述省区市在电力消费空间关联网络中能够更快速地与其他省份产生内在连接，换言之，上述省区市在网络中扮演着中心行动者的角色。接近中心度整体较为均衡，这说明全国 31 个省区市在电力消费空间关联网络中均能较快地与其他省区市产生关联。

表3-3　三个五年规划首年的省际电力消费空间关联特征的接近中心度和中介中心度

省区市	接近中心度						中介中心度					
	2006 年		2011 年		2016 年		2006 年		2011 年		2016 年	
	中心度	排序	中心度	排序	中心度	排序	中心度	排序	中心度	排序	中心度	排序
北京	88.235	2	57.692	12	55.556	26	0.198	18	0.141	25	0.026	31
天津	85.714	3	88.235	2	54.545	28	0.562	8	10.726	3	0.095	24
河北	53.571	30	56.604	22	66.667	6	0.076	28	0.228	18	0.095	26
山西	54.545	27	55.556	29	56.604	22	0.168	21	0.087	31	9.180	4
内蒙古	55.556	22	54.545	31	56.604	23	0.244	13	0.718	8	0.169	17
辽宁	54.545	28	57.692	17	56.604	14	0.312	11	0.648	9	0.095	25
吉林	53.571	31	83.333	3	55.556	24	0.244	14	0.087	30	12.796	3
黑龙江	54.545	29	57.692	18	56.604	15	3.136	7	9.667	4	0.082	28
上海	93.750	1	56.604	19	57.692	11	7.001	4	0.095	28	1.499	7
江苏	71.429	5	56.604	20	53.571	31	0.139	26	1.998	7	0.524	8
浙江	75.000	4	55.556	23	56.604	17	0.198	16	0.641	10	0.082	29
安徽	57.692	9	55.556	25	56.604	18	0.312	12	0.228	17	0.114	23
福建	55.556	23	55.556	28	56.604	21	0.139	25	0.133	27	0.082	30
江西	56.604	14	75.000	5	85.714	3	0.019	30	0.170	22	0.256	14
山东	68.182	7	81.081	4	54.545	29	0.198	20	0.263	14	4.198	6
河南	56.604	15	57.692	14	56.604	13	0.120	27	0.623	11	0.428	9
湖北	56.604	16	58.824	10	69.767	5	0.144	23	0.244	16	0.120	21
湖南	56.604	17	57.692	15	55.556	27	0.198	19	0.189	20	0.120	22
广东	69.767	6	55.556	24	62.500	7	0.019	31	0.183	21	17.155	2
广西	55.556	24	57.692	16	54.545	30	0.313	10	0.339	12	0.158	20
海南	55.556	25	66.667	7	58.824	9	18.943	1	0.146	23	0.256	15
重庆	57.692	10	57.692	13	88.235	2	13.327	3	14.092	2	0.412	10
四川	57.692	11	60.000	9	93.750	1	15.185	2	0.195	19	0.319	11
贵州	57.692	12	68.182	6	55.556	25	0.198	17	0.252	15	4.907	5
云南	56.604	18	55.556	26	56.604	19	4.221	6	0.095	29	0.095	27
西藏	56.604	19	56.604	21	56.604	16	0.198	15	0.339	13	0.166	19
陕西	56.604	20	55.556	27	56.604	20	0.139	24	3.941	6	0.273	12
甘肃	58.824	8	60.000	8	57.692	10	4.875	5	15.853	1	17.374	1
青海	57.692	13	54.545	30	78.947	4	0.057	29	0.141	26	0.223	16
宁夏	56.604	21	93.750	1	58.824	8	0.159	22	6.822	5	0.256	13
新疆	55.556	26	58.824	11	56.604	12	0.447	9	0.141	24	0.169	18
均值	61.315		62.004		61.203		2.306		2.240		2.314	

2006 年，接近中心度排名前十的省市为上海、北京、天津、浙江、江苏、广东、山东、甘肃、安徽、重庆，其中大部分省市处于沿海地区；2011 年，接近中心度排名前十的省区市变化为天津、吉林、江西、山东、湖北、海南、四川、贵州、甘肃、宁夏，各个省区市的地理位置较为分散，说明中国东中西部地区间的电力消费差异正在逐步减弱；2016 年，接近中心度排名前十的省区市为河北、江西、湖北、广东、海南、重庆、四川、青海、甘肃、宁夏。各省电力资源赋存不同，使得各省在电力消费的过程中能够充分利用自身的比较优势，寻求与其他省份的差异化合作以满足多元化的电力市场需求，实现电力市场的协同发展。

表 3-3 的中介中心度的计算结果显示，2006～2016 年全国 31 个省区市的中介中心度，呈现出"U"形。2006 年中介中心度均值为 2.306，2011 年接近中心度均值为 2.240，2016 年接近中心度均值为 2.314。2006 年中介中心度排名前十的省区市是海南、四川、重庆、上海、甘肃、云南、黑龙江、天津、新疆、广西，占据了中介中心度总值的 95.13%；2011 年中介中心度排名前十的省区市为甘肃、重庆、天津、黑龙江、宁夏、陕西、江苏、内蒙古、辽宁、浙江，占据了中介中心度总值的 93.80%，重庆、甘肃、黑龙江、天津保留在中介中心度前十的行列；2016 年中介中心度排名前十的省市为甘肃、广东、吉林、山西、贵州、山东、上海、江苏、河南、重庆，占据了中介中心度总值的 95.52%。

2006～2016 年电力消费的"中介"作用前十的省份在不断变化，仅上海和甘肃依旧具有较大的"中介"作用。中介中心度最高的省份由"十一五"的海南转为了甘肃，甘肃自"十二五"之后在电力消费空间关联网络中处于核心地位并发挥着"中介"与"桥梁"的作用。

四、块模型分析

本节通过块模型分析各个省份在电力消费关联网络中的空间聚类特征，并对比三个"五年规划"首年的聚类情况。采用迭代相关收敛的 CONCOR 方法，本章选择的最大分割深度为 2、集中标准为 0.2，把全国 31 个省区市划分为 4 个板块。其中，板块 1 属于"双向溢出"板块，该板块中的省区市对其他板块有电力消费溢出作用，同时也接受来自其他板块的电力消费溢出；板块 2 属于"净收益"板块，它们的电力消费量大，主要接收来自电力资源丰富地区的电力消费溢出；板块 3 属于"净溢出"板块，该板块成员在实现电力的自给自足的同时还对其他地区进行电力消费溢出；板块 4 属于"经纪人"板块，该板块既对其他板块发送电力消费溢出，也接收来自外部省份的电力消费溢出，在电力消费空间关联网络中发挥着"中介"与"桥梁"的作用。

结合表 3-3 和可以看出，北京、天津、山东这三个省市一直处于"双向溢出"板块，作为北部沿海地区的经济发展大省，这几个省市在满足板块内部的电力消费的同时，还会向邻近省份输送电力。江苏、广东、上海、浙江一直处于"净收益"板块，未发生变化。四个省市均是东部沿海地区的经济发展大省，电力资源供不应求，需要来自其他省份的电力消费溢出，如"西电东送"工程。

"十一五"规划期间，吉林、辽宁、内蒙古、河北、山西、黑龙江一直属于"净溢出"板块，说明这几个省区的能源资源禀赋较高，如山西作为煤矿资源大省，可以供给充分的电力资源，在中国电力市场供给侧占据了重要的地位，而在"十二五"规划期间，陕西、甘肃、青海、新疆、宁夏、西藏、四川加入了"净溢出"板块，这主要得益于"十二五"规划时期蒙西至华中地区等煤运通道的建设，以及"十二五"对大西北地区的太阳能发电等规划。在"十三五"规划期间，四川作为最大的水电生产基地，将可能替代重庆成为新的"净溢出"板块，《电力发展"十三五"规划》明确提出，将重点依托西南水电基地开发，建成金沙江中游送电广西、滇西北至广东、四川水电外送、乌东德电站送电两广输电通道。《能源发展"十三五"规划》规定要加强四川、云南等弃水问题突出地区水电外送通道建设，扩大水电消纳范围。特别地，内蒙古在"十二五"规划时由"净溢出"板块转向"双向溢出"板块，再回到"净溢出"板块。因此，需要鼓励内蒙古、黑龙江等净溢出省区，利用煤炭就地发电，并建设新的电网项目，将电力运往东部地区。

其余省份处于"经纪人"板块，在电力消费空间关联网络中发挥着"中介"与"桥梁"的作用。湖南、海南、湖北、贵州、云南、广西、安徽、福建、江西、河南一直处于"经纪人"板块，主要是西南地区和长江中游的省区，以长江中游为代表，其地理位置较为优越，可以在电力供不应求时获取其他省份的电力溢出，而当自身供过于求时则向外溢出电力。并且，"经纪人"板块中的省份，正在转到"净溢出"板块。其中甘肃省最为典型，由上文的分析可知，甘肃自"十二五"之后，其中介中心度最高，同时该省份由"经纪人"板块转到了"净溢出"板块。

进一步通过块模型分析四个板块在电力消费空间关联网络中的位置及时空演变情况，如表 3-4 所示。

表 3-4　三个五年规划首年的电力消费空间关联板块的关联关系

板块	板块类型	2006 年	2011 年	2016 年
板块 1	双向溢出	北京、天津、山东	北京、天津、山东	北京、天津、山东
板块 2	净收益	江苏、广东、上海、浙江	江苏、广东、上海、浙江	江苏、广东、上海、浙江
板块 3	净溢出	吉林、辽宁、内蒙古、河北、山西、黑龙江	吉林、辽宁、内蒙古、河北、山西、黑龙江、陕西、甘肃、青海、新疆、宁夏、西藏、四川	吉林、辽宁、内蒙古、河北、山西、黑龙江、陕西、甘肃、青海、新疆、宁夏、西藏、重庆
板块 4	经纪人	福建、江西、河南、湖北、湖南、安徽、广西、海南、重庆、四川、贵州、云南、西藏、陕西、甘肃、青海、宁夏、新疆	湖南、重庆、湖北、海南、云南、广西、贵州、福建、江西、安徽、河南	湖南、海南、湖北、贵州、云南、广西、安徽、福建、江西、四川、河南

随着三个五年规划的推进，各省际的电力消费关联关系正在发生时空演化，接收关系中板块内关系变化不大，而板块外关系发生了明显变化，板块 1 从其他板块接收的关系由 59 个下降为 47 个，板块 2 从其他板块接收的关系由 75 个增加为 84 个，板块 3 和板块 4 的变化不大。发出关系中板块内关系变化不大，而板块外关系发生了明显变化，板块 3 向其他板块发出的关系由 21 个增加为 74 个，期望内部关系比值由 16.67%增加为 40.00%，实际内部关系比值由 16.00%下降为 9.76%；板块 4 向其他板块发出的关系由 113 个下降为 56 个，期望内部关系比值由 56.67%下降为 33.33%，实际内部关系比值由 7.38%上升为 16.42%；板块 1 和板块 2 的变化不大。

同时，当板块的网络密度大于整体网络密度时，电力消费将更加集中于该板块，此时赋值为 1，否则赋值为 0。由前文的分析可知三个五年规划首年的整体网络密度分别为 0.211、0.226、0.210，可得到三个五年规划首年的电力消费空间关联板块密度矩阵和像矩阵如表 3-5 所示。2006 年的板块 1 不仅板块内存在电力消费的关联关系，且向板块 3 发出电力消费关系；2011 年和 2016 年，板块 1 仅存在板块内的电力消费关系；在"十一五"至"十三五"期间，板块 2 不仅板块内存在电力消费的关联关系，也向板块 4 发出电力消费关系。板块 3 和板块 4 一直都向板块 1 和板块 2 发出电力消费关系。这说明，经济发展水平高，电力消费量

表 3-5　三个五年规划首年的电力消费空间关联板块密度矩阵和像矩阵

年份	板块	接收关系数合计		发出关系数合计		期望内部关系比值	实际内部关系比值
		板块内	板块外	板块内	板块外		
2006	板块 1	6	59	6	14	6.67%	30.00%
	板块 2	5	75	5	24	10.00%	17.24%
	板块 3	4	9	4	21	16.67%	16.00%
	板块 4	9	29	9	113	56.67%	7.38%
2011	板块 1	9	58	9	17	10.00%	34.62%
	板块 2	5	80	5	26	10.00%	16.13%
	板块 3	7	9	7	75	36.67%	8.54%
	板块 4	6	36	6	65	33.33%	8.45%
2016	板块 1	4	47	4	11	6.67%	26.67%
	板块 2	5	84	5	26	10.00%	16.13%
	板块 3	8	8	8	74	40.00%	9.76%
	板块 4	11	28	11	56	33.33%	16.42%

注：板块内接收关系数（发出关系数）合计为接收关系矩阵中主对角线上的关系数；板块外接收关系数（发出关系数）合计为接收关系矩阵中每列（行）除自身板块之外的关系数之和。期望内部关系比值根据"（板块内省份个数–1)/（网络中所有省份个数–1）"计算；实际内部关系比值根据"板块内部关系数/板块的溢出关系总数"计算

大的长三角、珠三角地区电力供给相对紧张，更加需要来自其他省份的能源输入。随着五年规划的推进，其余省份的电力消费已经可以自给自足。这表明在省际电力消费关联网络中各板块各自发挥着比较优势，"全国一盘棋"的联动效应明显。

第五节　结论与政策建议

本章基于"十一五"至"十三五"期间（2006～2016年）中国电力消费相关数据和地理信息数据，利用社会网络分析方法，分析电力消费特征的时空演化。首先，分析了全国31个省区市电力消费的空间关联性，并分析了整体网络结构特征。其次，在此基础上，进一步分析了电力消费的个体网络特征，相关指标主要有点度中心度、接近中心度和中介中心度，并利用块模型分析了各个省份的聚类效果。本章的结论与政策建议主要包括以下几点。

首先，中国电力消费的空间分布较为严密。随着时空的变化，占据重要的网络联结作用的省市较为一致，包括北京、天津、上海、浙江、江苏、广东等地区。这为中国进一步实施五年规划提供了重要的方向。在中国电力规划市场中，应该充分发挥北京、天津、上海、浙江、江苏、广东六个省市的联结作用，并发挥核心城市的作用，通过这几个省市把中国各个省份相互连通，实现省际电力消费的互联互通。比如，加强天津电网、上海电网、广东电网等电网的建设，降低自身和周边省份电力消费的交易成本。各个区域按照"优势互补、互惠互利、联合发展、共同繁荣"的原则，利用自身的电力资源和外围环境实现核心省份与周边省份的功能互补。

其次，2006～2016年各省份电力消费的网络密度与凝聚力指数呈现出倒"U"形，二者同步变化，即随着时间的推移，先上升，后下降，均在2012年达到最大值。在未来电力市场的规划中，应该积极促进中国省份间的电力传输，加强特高压电网等的建设，更好地保障电力传输。政府在将中国电力消费的空间关联作为区域电力平衡的重要基础时，也要提高各省际空间关联的紧密度，以创造出更多的电力消费溢出渠道。

再次，2006～2016年全国31个省区市的点度中心度均值、接近中心度均值总体呈现出倒"U"形，中介中心度均值呈现出"U"形。2006年、2011年、2016年点度中心度最大的省市分别为上海、安徽、辽宁，相应省市在全国电力消费空间关联网络中的地位较高。政府要适应市场发展的需要，动态调整各省份在电力消费空间关联网络中的角色，更好地实现各省份间的协调发展，合理规划输配电网等电力基础设施的布局，以改善电力供给情况，提升电力消费能力，促进周边省份的联动发展，达到余缺互济的目标。各省电力资源禀赋不同，各省需要在电力消费中充分利用自身的比较优势，寻求与其他省份的差异化合作以满足多元化的电力市场需求，实现电力市场的协同发展。

最后，块模型分析的结果显示 2006～2016 年"双向溢出"板块和"净收益"板块所包含的省份除山东外，基本属于京津冀、长三角、珠三角区域，而"净溢出"板块和"经纪人"板块所包含的省份变化较大。其中，"净溢出"板块和"经纪人"板块的溢出效应变化较大，同时这两个板块一直属于电力资源丰富的可自给自足板块。因此，在制订电力规划方案时，需要考虑到区域差异。考虑到中国碳减排的压力，政府可以通过电力消费板块间的关联效应，将"双向溢出"和"净收益"板块作为节能减排的重点对象，并为"净溢出"和"经纪人"板块提供保障，发挥自身电力消费外引内联的作用，实现电力消费的空间平衡，营造出更好的电力消费空间，充分发挥空间地理位置对电力消费的优化作用。

中国区域间用电增速、用电结构相差较大，各省份在电力消费网络中的角色随着时间的推移在不断演化，不同地区、不同资源禀赋将形成电力消费聚类空间。本章将研究目标放在电力消费这一单电力系统中具有一定的局限性，因此下一步的研究将建立在电力供需这一完善的网络中，将电力生产也纳入整体分析框架，关注电力生产与消费的空间平衡特征及其时空演化，更好地实现电力规划的供给侧结构性改革。

第二篇　政策评估篇

第四章　递增阶梯电价政策的价格优化与效果评估：基于个人碳交易视角

第一节　引　　言

从 20 世纪 70 年代开始，许多国家在能源定价领域逐步引入递增阶梯定价以提升节能减排潜力、改善收入分配现状。中国作为一个人均资源相对匮乏的发展中国家，需要利用市场机制和价格手段来改善资源和能源短缺与环境恶化的严峻约束，以及收入分配不公等问题。为此，中国自 2004 年起在福建等省试点施行递增阶梯电价，到 2012 年 7 月，中国开始在 29 个省区市（暂不包括新疆、西藏和港澳台地区）正式实施递增阶梯电价。递增阶梯电价通过将户均用电量设为 3 个档次，并对各档用电量依次征收递增的价格，以期实现节约用电的政策目标。

阶梯价格是阶梯电价机制中非常重要的一个参数，国内外文献对此进行了深入探讨。对作为公共事业的电力行业来说，其定价过程要综合考虑相关利益方追求的目标，一般包括经济效率、成本补偿、公平公正、收入再分配和资源保护等。现实情况下，效率和收入再分配往往难以兼顾。单一追求经济效率往往会导致社会再分配失效，不公平、不公正问题凸显；而追求收入再分配公平就必须付出一定的效率成本。国外学者研究了当消费者面临不同定价方式时电力需求及电费的变化，尤其关注了弱势群体福利的变化。有学者分析了美国的"生命线"（lifeline）贫困救助计划的公平效应。有学者经过模拟讨论美国的递增阶梯定价政策，认为考虑公平效应后的递增阶梯定价是综合最优的。有学者认为南亚广泛使用的递增阶梯定价政策，并未实现最初的目标（如帮助低收入群体等）。但还有学者发现了阶梯电价对低收入群体的补贴作用，对高收入家庭征收的高电价实质上补贴了低收入家庭。Borenstein（2012）首先采用消费者剩余这个微观经济学基本概念来刻画电力用户的福利改变状况，文章在利润中性假设下分析了从线性定价转为阶梯定价时消费者剩余的变化。后来，还有学者更进一步地使用 Hausman（1981）的等价变化方法，衡量了阶梯电价政策的福利影响。国内阶梯定价的研究也为中国能源需求改革提供了支撑。有学者指出，预算平衡约束下的社会福利最大化是国家设定电力价格结构时考虑的基本原则。李媛等（2012）给出了不同约束条件下的阶梯定价优化方案，并分析了递增阶梯定价对用电量、居民消费支出、消费行为等的影响。还有学者基于微观个体效用最大化原则对递增阶梯定价进行评估，发现递增阶梯定价结构确实减少了居民用电总量进而减少了终端能耗。

可以看出，在各地区施行的递增阶梯定价政策的基础上，学者对阶梯电价政策的效果评估及优化设计进行了大量研究，然而如果仅仅局限于对阶梯电价政策本身进行研究，显然不能满足现实政策需要。随着中国工业化的不断发展，人民生活水平不断提高的同时空气质量却持续恶化，环境问题日益凸显。一方面，居民收入大幅提高，电力消费占居民收入的比例越来越小，居民对电力价格的敏感度降低，造成居民节约用电的意识不强。虽然阶梯电价一定程度上减少了能源消耗，但随着收入水平的提高，可以预见阶梯电价的节能减排作用将越来越小，这就迫切需要重新调整阶梯电价定价方式，给消费者施加更加严格的消费约束，才能充分发挥阶梯电价政策的作用。另一方面，二氧化碳等温室气体排放是全球气候变暖的主要原因，人类生存和可持续发展受到严重威胁，特别地，中国的二氧化碳排放很大一部分来自煤炭等化石能源消费。中国能源、资源的特点决定了以煤炭为主的能源结构将长期存在，其中电力厂商又是煤炭消费的主要部门。因此，中国阶梯电价政策需要更加深入地结合环境形势来实现节能减排与优化资源配置的双重目标。

在严峻的气候形势面前，减少温室气体排放是迫在眉睫的必然选择。根据庇古的观点，碳排放为负外部性问题，根据科斯的观点，碳排放为不完全产权问题。截止到 2021 年，政府用来控制碳排放的政策工具主要有两种：一是传统命令型控制工具；二是市场型工具，包括碳税和碳交易工具。其中碳交易是科斯定理的一种具体应用。在具体的政策工具选择上，Metcalf（2009）指出，在碳减排的工具选择争论中，一般认为以碳税或碳交易为代表的市场型工具要比传统命令型控制工具具有更高的效率和再分配效应。政府选择政策工具时，要综合考虑某个具体工具在政治上的可行性及对收入分配的影响等，而与总量控制和交易制度相比，实施碳税相当于增加一个新税种，在政治上更容易遭到反对。故而，在总结理论和实践的基础上，国际社会已经将碳交易机制作为控制碳排放的一种主要方法。国家发展改革委于 2016 年 1 月印发《关于切实做好全国碳排放权交易市场启动重点工作的通知》，并于 2017 年 12 月 19 日召开全国碳排放交易体系启动工作电视电话会议，其目的旨在正式启动全国碳市场，落实碳排放权交易制度。

然而现行的碳交易市场的主要参与主体是企业，并未包括消费者，忽视了消费领域对能源消费和碳排放的推动作用。国外学者发现工业领域的终端能源消费量和碳排放量增速已经不及消费领域。由于回弹效应的存在，Sorrell（2009）研究发现能源效率的提高反而增加了能源消耗，因此要想达到节能减排的目的，不仅要提升技术与能源效率，还需要从能源消费者出发，加大消费者的清洁能源消费力度。进一步地，其他学者更准确地发现全球碳排放量中居民家庭能源消费碳排放量占比40%以上，因此必须引导消费者将能源消费模式向低碳消费模式转变。

基于上述研究，参照企业碳交易模式，部分学者从消费领域着手，研究个人碳交易理论。有学者提出个人碳交易的概念，并提出在设定合理的碳减排目标的基础上，政府将碳排放配额合理地分配给碳排放参与个体，消费者在碳交易机制下将逐渐参与到碳减排中。有学者认为个人碳交易实现了对下游消费者的总量管制，是对上游企业碳交易的补充和完善。在个人碳交易机制下，每个参与主体每年都可以获得由政府免费发放或者低价出售的一定数量的碳配额，在消费电力、汽油等产品时，参与主体不仅需要花费金钱，还要花费其个人碳账户中的配额。此外，Li 等（2015）指出由于每个参与主体的消费水平、收入水平以及消费偏好不一样，个人碳交易机制下的参与主体在保持效用水平不变的前提下，低碳排放者可以通过出售多余的碳配额进而获取额外的经济收入，高碳排放者通过购买额外的碳配额进而增加效用，实现了收入再分配功能，进而提高社会总福利水平。在个人碳交易体系下，一个合理的标准是碳排放权的逐年减少，这将促进消费者在碳价格信号的作用下逐渐将生活消费方式转向低碳生活方式。有学者基于个人碳交易视角，通过构建消费者燃气电力资源与燃煤电力资源的选择模型，从电力生产的成本角度对阶梯电价进行了重新定价。Li 等（2015）通过个人碳交易机制对中国的汽油消费领域进行了重新定价，结果表明，当把汽油价格由线性定价转化为两阶梯定价时，可以同时实现碳排放控制目标与增加社会福利目标。2006 年，英国环境大臣戴维·米利班德（David Miliband）提出了个人碳交易计划，标志着个人碳交易机制的实行设想。2009 年 7 月，韩国全面开展"二氧化碳储值卡"计划，将全国范围内的家庭和店铺等非生产性单位的水、电、气等节约量换算成相应的二氧化碳节约量，进而获得相应的点数奖励。中国也逐渐意识到消费领域的减排潜力，2015 年 7 月，广东省正式开展"碳普惠"试点建设，居民日常生活中的低碳行为可以转换为碳积分，从而兑换一些商品或折扣券等。

通过对国内外研究文献的梳理，本章试图从个人碳交易视角构建阶梯电价的价格优化模型，首先基于微观个体效用最大化原则求解出个人碳交易市场中的均衡碳价格，并在此基础上将环境成本纳入到微观主体的电力消费体系里，构建阶梯电价的价格优化模型。其次利用 2014 年 CFPS 调查数据及宏观公开数据，对居民用电需求价格弹性及收入弹性进行估计。最后通过反事实场景的构建分析比较不同场景下阶梯价格的调整所引起的居民用电量以及电量分布特征的变化，以探讨个人碳交易机制的实施及其政策效果。本章的贡献与创新点在于：①从个人碳交易视角对阶梯电价的价格进行优化，从微观消费层面出发优化资源配置，促进阶梯电价下消费者从被动节能转化为主动减排，补充了环境规制嵌入阶梯电价在消费领域的研究。②个人碳交易的实施仍然缺乏系统完善的理论支撑，本章从家庭电力消费层面探究个人碳交易在能源领域的应用的同时，为其他能源消费领域如天然气、交通等结合碳排放控制目标提供了经验借鉴。

　　本章余下内容安排如下：第二节首先基于效用最大化原则构建个人碳交易市场的均衡模型，其次在此基础上构建阶梯电价的价格优化模型，最后介绍了需求弹性的估计模型；第三节为数据的描述性统计；第四节基于 CFPS 微观数据，计算了个人碳交易视角下的均衡碳价格以及优化后的阶梯价格，并检验不同初始碳配额的设定对阶梯价格的影响，在此基础上构建反事实场景，分析比较不同场景下居民电力消费变化的同时评估个人碳交易机制下阶梯电价的政策效果；第五节基于研究结论提出政策与建议。

第二节　理论分析

　　基于阶梯电价改革与碳排放控制的现实背景，本节将构建个人碳交易视角下阶梯电价的价格优化模型并对居民电力需求弹性进行估计。我们首先建立个人碳交易模型，其次求解出碳排放权的价格，并在此基础上构建阶梯电价的价格优化模型，最后基于电力需求弹性的估计方法——扩展线性支出系统（extend linear expenditure system，ELES），估计居民电力需求弹性，由此计算在个人碳交易机制下居民电力消费的变化量。

一、个人碳交易模型

　　个人碳交易机制是为了从微观个体如家庭层面控制碳排放，包括燃料、电力消费、汽油消费等方面。个人碳交易虽然可以促进居民参与碳减排，但考虑机会成本时，个人碳交易机制的成本远高于其他碳交易机制的成本。如果实施包含所有个人碳排放的交易机制，首先是现有技术层面还不具备实施条件，其次是实施成本过高，因此截止到 2021 年尚未有任何国家实行个人碳交易机制。故本章综合考虑多方面因素，试图构建只包括居民电力消费层面的个人碳交易模型。一方面可以利用中国现有电力系统的用户网络来获得精确、全面的居民电力消费数据，单一研究电力消费层面的个人碳交易机制，避免现有技术条件下不同层面交易机制的交叉交易成本难以估计；另一方面，据估算，2010 年电力行业所产生的碳排放量约占中国全部碳排放量的 50%，电力消费层面的碳排放亟须控制，同时居民能源消费其他层面（如交通出行等）可以借鉴碳交易视角下电力消费模型来建立相应的个人碳交易机制。

　　基于消费者效用最大化原则，在不失一般性的前提下出于研究方便，居民消费的商品分为能源商品 x 和其他商品 y，本章中能源商品 x 指电力商品。假设个人碳交易市场上有 m 个高碳排放者和 n 个低碳排放者，在个人碳交易机制下，消费者对碳排放权进行交易，每个电力消费家庭将受到收入与碳配额的双重约束。个人碳交易市场建设中的一个关键难点就是初始碳配额的分配问题，作为政府适度干预个人碳交易机制的一种有力手段，碳配额分配的合理与否直接影响碳排放资源配置的效率和公平。有学者认为在个人碳交易机制下所有人拥有平等的排放权，范进等（2012）通过外部性理论也论证了初始碳配额分配时的公平性，因此本章也假设每个消费者拥有相同的初始碳配额 ω。

由于本章只考虑居民电力消费层面，故只核算居民电力消费中产生的二氧化碳。实施个人碳交易时，每一个碳排放量低于初始碳配额 ω 的家庭 l 可以在碳交易市场上出售剩余的碳配额 ψ_l；相反，每一个碳排放量高于初始碳配额 ω 的家庭 h 必须在市场上购买相应的碳配额 ψ_h。对于两种商品的效用模型，Cobb-Douglas（柯布-道格拉斯）效用函数因其简便而又良好的特性在经济学中有着广泛的应用。因此本章采用 Cobb-Douglas 效用函数建立消费者效用模型，同时假定消费者收入和商品价格水平相对固定。

$$U(x,y)=x^{\alpha}y^{1-\alpha}, \quad \text{s.t.} \begin{cases} p_x x + p_y y + p_c \psi \leqslant I\left(\text{影子价格}\varphi_1\right) \\ x\lambda - \psi \leqslant \omega\left(\text{影子价格}\varphi_2\right) \end{cases} \tag{4-1}$$

式中，x 为电力消费；y 为除电力之外的其他消费；α 为消费者电力消费占收入的比例；λ 为电网平均二氧化碳排放因子；p_x、p_y 为电价；$p_c\psi$ 为购买（出售）碳配额的花费（收入）。基于前面的介绍，电力消费 x 直接消耗碳配额，而其他消费 y 则不会消耗碳配额，消费者将根据效用函数确定 x 和 y 的份额大小。第一个约束条件表示消费者的所有消费之和应小于或等于收入 I，第二个约束条件表示消费者在扣除碳交易后的碳排放量应小于或等于初始碳配额 ω。如果 $\psi < 0$，代表此消费者是低碳排放者，反之为高碳排放者。影子价格 φ_1 和 φ_2 被定义为约束条件每变化一单位所引起的消费者效用变化量。

式（4-1）的卡罗需-库恩-塔克（Karush-Kuhn-Tucker，KKT）条件如下：

$$\begin{cases} 0 \leqslant x \perp \alpha x^{\alpha-1}y^{1-\alpha} - \varphi_1 p_x - \varphi_2 \lambda \geqslant 0 \\ 0 \leqslant y \perp (1-\alpha)x^{\alpha}y^{-\alpha} - \varphi_1 p_y \geqslant 0 \\ 0 \leqslant \varphi_1 \perp I - p_x x - p_y y - p_c \psi \geqslant 0 \\ 0 \leqslant \varphi_2 \perp \omega - x\lambda + \psi \geqslant 0 \\ 0 \leqslant \psi \perp -\varphi_1 p_c + \varphi_2 \geqslant 0 \end{cases} \tag{4-2}$$

式中，φ_1、φ_2 为待估计系数；"$\perp$"为向量两两正交，即对偶理论中的互补松弛条件。

根据式（4-1）和式（4-2），个人碳交易市场中高碳排放者和低碳排放者的交易量分别为

$$\psi_h = \frac{\alpha\lambda_h I_h - \omega p_x - \omega(1-\alpha)p_c \lambda_h}{\lambda_h p_c + p_x} \tag{4-3}$$

$$\psi_l = \frac{\omega p_x + \omega(1-\alpha)p_c\lambda_l - \alpha\lambda_l I_l}{\lambda_l p_c + p_x} \tag{4-4}$$

在个人碳交易市场上,将所有买者的需求函数与卖者的供给函数加总可以得到碳交易市场的总需求函数与总供给函数。假设居民用电平均价格为 $\overline{p}_x$,根据式(4-3)和式(4-4),市场总需求函数与总供给函数如下:

$$D = \frac{\lambda\alpha\sum_{h=1}^{m} I_h + m\omega\alpha\lambda p_c}{\lambda p_c + \overline{p}_x} - m\omega \tag{4-5}$$

$$S = n\omega - \frac{n\omega\alpha\lambda p_c + \lambda\alpha\sum_{l=1}^{n} I_l}{\lambda p_c + \overline{p}_x} \tag{4-6}$$

在一个封闭经济体中,市场出清时 $D = S$,均衡碳价格为

$$p_c = \frac{\frac{\alpha\lambda}{m+n}\left(\sum_{h=1}^{m} I_h + \sum_{l=1}^{n} I_l\right) - \omega\overline{p}_x}{\omega\lambda(1-\alpha)} \tag{4-7}$$

个人碳交易机制下,低碳排放者可以通过出售剩余的碳配额而获得补贴,相反高碳排放者需要购买额外碳配额,从而实现碳交易市场的再分配效应。碳交易机制下的收入再分配效应和阶梯电价政策实行的初衷是相契合的,个人碳交易行为将对消费者的电力消费选择产生影响。以下我们将构建碳交易视角下阶梯电价价格优化模型。

二、阶梯电价的价格优化模型

中国 2021 年前实施的阶梯电价政策包含三个阶梯,鉴于各省执行阶梯电价的具体方式不同,如湖南省按照季节进行区分收费、广东省按照非高峰月进行收费等,为突显阶梯电价的本质特征及简单起见,本章仅考虑纯递增阶梯定价的形式。阶梯电价的定价结构即当居民用电量小于某个门槛时,居民用电价格为相对较低的第一阶梯价格,当超过这个门槛值时,居民将面临高于第一阶梯价格的第二阶梯价格,以此类推。阶梯电价下,居民用电成本表达式如下:

$$C(Q) = \begin{cases} p_1^* Q_1, & Q \leqslant Q_1 \\ p_1^* Q_1 + p_2^*(Q - Q_1), & Q_1 < Q \leqslant Q_2 \\ p_1^* Q_1 + p_2^*(Q_2 - Q_1) + p_3^*(Q - Q_2), & Q > Q_2 \end{cases} \tag{4-8}$$

式中,Q_1、Q_2 分别为阶梯电价的两个分档电量门槛;p_i^* 为各阶梯优化后的价格;$C(Q)$ 为用电量为 Q 时的总成本。

由于各地执行政策时面临的环境及经济发展水平不同,国内各省份的阶梯

分档电量差异巨大，且各省份电网平均二氧化碳排放因子数值差异明显，因此在设定初始碳配额 ω 时不能只考虑国家碳排放总量控制目标，而应该兼顾各地区实际情况来客观合理地设定初始碳配额。在国家碳排放总量控制目标下，要考虑居民用电基本需求而产生的碳排放，更要考虑由各地区耗电排放因子的不同而导致的居民用电实际碳排放量的差异，从而针对性地分配初始碳配额 ω。

国家发展改革委在 2010 年发布的《关于居民生活用电实行阶梯电价的指导意见（征求意见稿）》（简称《指导意见》）中指出：在划分的三档电量中，第一阶梯电量应满足居民的基本用电需求，覆盖本地区 80% 的居民用户用电；第二阶梯电量应满足居民的正常合理用电需求，覆盖本地区 95% 的居民用户用电。一般来说，居民收入越高，用电量也就越大，相应的碳排放量也会越大。基于《指导意见》指出的第一阶梯电力消费属于居民基本用电需求，本章假设处于第一阶梯的居民是碳交易市场中的低碳排放者，即卖者；同理处于第二阶梯、第三阶梯的居民是碳交易市场中的高碳排放者，即买者。各地区的初始碳配额设定为满足各地区居民基本用电需求所需要的碳排放量，即

$$\omega_i = Q_{1i} \times \lambda_i \tag{4-9}$$

根据零利润均衡条件，各个阶梯优化后的价格等于用电量处在各个阶梯上的所有消费者的花费之和与用电量之和的比值。因此优化后的各阶梯价格为

$$
\begin{cases}
p_1^* = \dfrac{\sum\limits_{l=1}^{n}\left[p_x Q_l - (\omega - Q_l \lambda)p_c\right]}{\sum\limits_{l=1}^{n} Q_l}, & Q_l \leqslant Q_1 \\[4mm]
p_2^* = \dfrac{\sum\limits_{h=1}^{m_1} p_x Q_h - p_1 Q_1 + (Q_h \lambda - \omega)p_c}{\sum\limits_{h=1}^{m_1}(Q_h - Q_1)}, & Q_1 < Q_h \leqslant Q_2 \quad (4\text{-}10)\\[4mm]
p_3^* = \dfrac{\sum\limits_{h=1}^{m_2}\left[p_x Q_h - p_1 Q_1 - p_2(Q_2 - Q_1) + (Q_h \lambda - \omega)p_c\right]}{\sum\limits_{h=1}^{m_2}(Q_h - Q_2)}, & Q_h > Q_2
\end{cases}
$$

式中，m_1、m_2 分别为第二阶梯、第三阶梯上的消费者数量。第一阶梯优化后的价格等于所有用电量处于第一阶梯的消费者的电费减去出售剩余碳配额的收入，再除以总用电量；而第二阶梯优化后的价格等于所有用电量处于第二阶梯的消费者的电费减去第一阶梯的花费之后再加上购买额外碳配额的花费，再除以属于第二阶梯消耗的用电量之和；同样，第三阶梯要减去前两档的花费之后再加上购买额

外碳配额的花费，再除以属于第三阶梯消耗的用电量之和。式（4-10）的具体含义是把环境成本转嫁到电力成本上，居民用电面临的边际价格将会发生变化。

三、阶梯电价需求弹性估计

阶梯电价政策的推广主要是为了调节居民对电力消费的需求，阶梯电价下的需求分析是消费者、电力提供商与政府规制部门都极为关注的一个重要议题，而价格弹性是衡量需求响应的关键参数。本章将采用经济学家 Liuch（路驰）提出的 ELES 来估计居民用电需求弹性，该模型由线性支出系统（linear expenditure system，LES）发展而来，其基本需求函数形式如下：

$$P_i Q_i = P_i q_i + \beta_i \left(I - \sum_{j=1}^{n} P_j q_j \right) \tag{4-11}$$

式中，P_i、P_j 分别为第 i 种和第 j 种商品价格；Q_i 为第 i 种商品的实际需求量；q_i、q_j 分别为第 i 种和第 j 种商品的基本需求量；β_i 为第 i 种商品的边际消费倾向，且 $0 < \beta_i < 1$；I 为人均可支配收入。假设某一时期内只有消费者的收入与商品的价格影响消费者的需求量，将消费者需求分为基本需求和超额需求，消费者在满足基本需求后将剩余收入按照一定比例 β_i 分配给各类商品，且基本需求不受收入水平影响。

便于模型估计，将式（4-11）化简为

$$P_i Q_i = P_i q_i - \beta_i \sum_{j=1}^{n} P_j q_j + \beta_i I \tag{4-12}$$

式中，$P_i q_i$ 和 $\sum_{j=1}^{n} P_j q_j$ 均为不变的常数，令 $\alpha_i = P_i q_i - \beta_i \sum_{j=1}^{n} P_j q_j$，$Y_i = P_i Q_i$，则有

$$Y_i = \alpha_i + \beta_i I + \mu_i \tag{4-13}$$

式中，μ_i 为随机干扰项；Y_i 为第 i 种商品的总花费。对式（4-13）进行普通最小二乘法（ordinary least square method，OLS）估计得到参数估计值 α_i 和 β_i，进而可以得到第 i 种商品的基本需求为

$$P_i q_i = \alpha_i + \beta_i \frac{\sum_{i=1}^{n} \alpha_i}{1 - \sum_{i=1}^{n} \beta_i} \tag{4-14}$$

进一步根据 ELES 模型，可以求解第 i 种商品的需求收入弹性和需求价格弹性，分别为

$$\varepsilon_I = \frac{\partial Y_i}{\partial I}\frac{I}{Y_i} = \beta_i \frac{I}{Y_i} \tag{4-15}$$

$$\varepsilon_{ii} = \frac{\partial Y_i}{\partial P_i}\frac{P_i}{Y_i} = (1-\beta_i)\frac{P_i q_i}{Y_i} - 1 \tag{4-16}$$

本章将利用 ELES 模型分别估计居民用电、用气以及其他商品的需求弹性特征。

第三节 数据说明

本章使用的数据包括两部分，其中家庭层面数据来自 2014 年 CFPS；而各省份的阶梯电价相关信息与电网平均二氧化碳排放因子来自国家发展改革委与国家统计局。CFPS 数据包含个体、家庭和社区三个层面的跟踪调查数据，反映中国社会、经济、教育等方面的变迁。具体数据信息不仅包括家庭收入、支出、住房和居住环境等家庭信息，还包括家庭成员人口学特征等个人信息，即把直接参与家庭内电力消耗的人口计算在内，极大地提升了该调查的有效性及该数据对于本章的适用性。

由于部分省份样本数据量的限制，本章统一将各省份数据样本中港澳台、新疆、西藏、青海、内蒙古、宁夏以及海南排除，并将剩余的 25 个省份作为研究对象。在所有与用电相关的指标中，本章重点考虑用电、家庭和收支三个方面。本章利用 CFPS 数据收集各省家庭月用电量，同时对收入、家庭人口特征等能够影响用电量的因素的相关数据进行整理，将得到的电费信息与各省政府下发的阶梯价格进行匹配。原始数据共 13 940 组，经过剔除缺漏值，并对收入、支出以及电费进行 1% 缩尾处理，最终得到有效数据共 12 253 组。样本的基本统计量表如表 4-1 和表 4-2 所示。

表 4-1 CFPS 基本统计量表（年度）

家庭特征	变量名	平均值	标准差	最小值	最大值
用电信息	用电量	1 856.004	1 477.834	194	9 316
	电费	1 054.640	979.197	120	6 000
家庭信息	家庭总人口	3.756	1.798	1	17
	用电器数量	4.919	1.918	0	11
收支信息	家庭纯收入	47 951.474	43 216.607	1 200	250 000
	消费性支出	35 278.814	36 160.224	1 000	220 000
其他消费信息	燃料费用	815.501	797.059	0	2 400
	八大类消费支出	22 922.187	15 647.939	4 960	53 000

资料来源：作者根据 CFPS 调查数据、国家发展改革委公告整理

表 4-2　宏观数据基本统计量表（年度）

家庭特征	变量名	平均值	标准差	最小值	最大值
居民信息	居民人均可支配收入	21 155.210	1 771.270	12 185	45 966
	居民人均消费支出	15 232.030	1 257.877	9 303	33 065
电力信息	第一阶梯价格	0.536	0.045	0.450	0.617
	第一阶梯分档电量	2 290.606	339.351	1 920	3 120
	第二阶梯价格	0.588	0.046	0.500	0.667
	第二阶梯分档电量	3 860.194	930.559	2 880	6 000
	第三阶梯价格	0.837	0.043	0.756	0.917
	电力总消费量	1 978.476	261.687	668	5 235
平均二氧化碳排放因子	区域电网	0.671	0.133	0.526	0.884
	省级电网	0.669	0.175	0.247	0.898

资料来源：作者根据国家发展改革委公告、国家统计局数据整理

　　用电信息中包含一户家庭用电量的多少以及相应的电费，电费随着用电量的提高而增加；家庭信息中包含家庭总人口以及用电器数量，一般来说，一户家庭中的人口数量越多或者用电器数量越多，则家庭中电量的消耗量也就越多；收支信息中包含家庭纯收入和消费性支出，家庭纯收入或者消费性支出越高，相应的用电量一般也就越高。

　　电力行业中所产生的碳排放量可以根据电网平均二氧化碳排放因子（又称电网用电排放因子或耗电排放因子）来计算，它表示的是消耗每度电所产生的二氧化碳排放量。2021 年前地域层面的电网用电排放因子包括两种——区域电网平均二氧化碳排放因子和省级电网平均二氧化碳排放因子，由国家气候中心发布。

第四节　实　证　分　析

　　在个人碳交易机制下，我们首先基于 CFPS 数据计算居民平均用电价格、电费支出占比以及初始碳配额，进而得出碳交易市场的均衡碳价格，并在此基础上求解出 25 个省份阶梯电价的各档价格以及价格变化量；其次通过 ELES 模型估计出中国居民用电需求弹性特征，之后我们将构建个人碳交易视角下的反事实场景，分析比较不同场景下居民电力需求量以及电费支出的变化。

一、均衡碳价格求解及阶梯电价的价格优化

　　由于到 2021 年为止中国居民用电电力系统中家庭为最小单位，因此在个人碳交易机制下，我们仍然以家庭为单位进行衡量。在个人碳交易市场上，高碳排放

家庭由于消费过多电量而产生过多的碳排放量，需要额外购买碳排放配额；低碳排放家庭由于电量消费较低使得初始碳配额产生剩余，通过出售多余的碳配额从而获得额外收入。

数据处理过程中，我们用各省份居民的平均电费支出除以平均用电量来表示各省份居民用电平均价格 $\bar{p}_x$；α 代表消费者电力消费所占收入比例，我们用各省份居民的平均电费支出占平均收入的比例来衡量；我们设定各省份的平均初始碳配额 ω 为覆盖本省第一阶梯用电量所需的碳排放量，具体计算方法为第一阶梯分档电量乘以省级电网平均二氧化碳排放因子。经过计算，样本数据中全国 25 个省份居民用电平均价格 $\bar{p}_x$ 为 0.568 元/千瓦时，消费者电力消费所占收入比例 α 为 0.022，平均初始碳配额 ω 为 1533.981 千克，限于篇幅，我们并未列出各省份的具体数值。各地区的均衡碳价格、各阶梯优化价格及价格变化量如表 4-3 所示。

表 4-3　各地区的均衡碳价格、各阶梯优化价格及价格变化量

省区市	p_c /（元/千克）	p_1^* /（元/千瓦时）	Δp_1 /（元/千瓦时）	p_2^* /（元/千瓦时）	Δp_2 /（元/千瓦时）	p_3^* /（元/千瓦时）	Δp_3 /（元/千瓦时）
北京	0.071	0.443	−0.045	0.593	0.055	0.884	0.096
天津	0.057	0.457	−0.033	0.591	0.051	0.917	0.127
河北	−0.025	0.543	0.023	0.547	−0.023	0.779	−0.041
上海	−0.038	0.641	0.024	0.644	−0.023	0.869	−0.047
江苏	0.082	0.480	−0.048	0.639	0.061	0.946	0.118
浙江	0.067	0.497	−0.041	0.632	0.044	0.922	0.084
福建	0.262	0.358	−0.141	0.693	0.145	1.093	0.294
山东	−0.023	0.573	0.026	0.577	−0.020	0.798	−0.048
广东	0.052	0.579	−0.031	0.691	0.031	0.998	0.088
东部平均	0.056	0.508	−0.030	0.623	0.036	0.912	0.075
辽宁	0.064	0.455	−0.045	0.599	0.049	0.904	0.104
吉林	−0.021	0.541	0.016	0.560	−0.015	0.796	−0.029
黑龙江	0.063	0.466	−0.044	0.610	0.050	0.920	0.110
东北平均	0.035	0.487	−0.024	0.590	0.028	0.873	0.062
山西	0.060	0.439	−0.038	0.578	0.051	0.878	0.101
安徽	0.081	0.512	−0.053	0.681	0.062	0.983	0.118
江西	−0.020	0.611	0.011	0.637	−0.013	0.876	−0.024
河南	0.073	0.520	−0.040	0.669	0.059	0.970	0.110
湖北	0.282	0.501	−0.069	0.713	0.099	1.124	0.254
湖南	0.080	0.564	−0.024	0.679	0.041	0.993	0.105
中部平均	0.093	0.525	−0.036	0.660	0.050	0.971	0.111

续表

省区市	p_c /（元/千克）	p_1^* /（元/千瓦时）	Δp_1 /（元/千瓦时）	p_2^* /（元/千瓦时）	Δp_2 /（元/千瓦时）	p_3^* /（元/千瓦时）	Δp_3 /（元/千瓦时）
广西	0.055	0.509	−0.019	0.606	0.027	0.881	0.052
重庆	0.084	0.485	−0.035	0.618	0.048	0.931	0.111
四川	0.144	0.492	−0.030	0.658	0.036	0.886	0.064
贵州	0.078	0.419	−0.036	0.544	0.039	0.849	0.094
云南	0.097	0.426	−0.024	0.530	0.030	0.864	0.064
陕西	0.054	0.450	−0.048	0.590	0.042	0.919	0.121
甘肃	−0.027	0.528	0.018	0.545	−0.015	0.786	−0.024
西部平均	0.069	0.473	−0.025	0.584	0.030	0.874	0.069
总体平均	0.066	0.500	−0.029	0.617	0.036	0.911	0.080

注：Δp_i 表示各阶梯优化后的价格与原价格之间的差值

　　表 4-3 中，总体均衡碳价格为 0.066 元/千克，第一阶梯价格平均比现有第一阶梯价格降低了 0.029 元/千瓦时，第二阶梯价格平均上涨 0.036 元/千瓦时，第三阶梯价格平均上涨 0.080 元/千瓦时。这就意味着用电量处于第一阶梯的低碳排放家庭将会面临更低的电力价格，从而减少电力消费；而用电量处于第二阶梯、第三阶梯的高碳排放家庭将会面临更高的阶梯价格，从而增加电力支出。一般情况下，当居民用电满足基本生活需求之后，随着收入的逐渐提高，居民用电的差异性需求会越来越大，相应的耗电量也越来越大。

　　从表 4-3 中还可以得知，当均衡碳价格大于零时，大部分省份均衡碳价格越高，第一阶梯的价格下降量越大，而第二阶梯、第三阶梯的价格上涨量也越大。具体看来，中部地区的均衡碳价格以及各阶梯价格变化量最大，均衡碳价格平均为 0.093 元/千克，第一阶梯价格下降量平均为 0.036 元/千瓦时，第二阶梯价格上涨量平均为 0.050 元/千瓦时，第三阶梯价格上涨量平均为 0.111 元/千瓦时，高于其他地区各阶梯价格变化量。这个结论对于具体省份仍然是适用的，如福建省和湖北省的均衡碳价格相对较高，分别为 0.262 元/千克和 0.282 元/千克，第一阶梯价格下降量分别为 0.141 元/千瓦时、0.069 元/千瓦时，而第二阶梯价格上涨量分别为 0.145 元/千瓦时、0.099 元/千瓦时，第三阶梯价格上涨量分别为 0.294 元/千瓦时、0.254 元/千瓦时。这是阶梯价格优化模型中把买（卖）额外碳配额的花费（收入）转嫁到阶梯电价本身所致，均衡碳价格越高，必然导致各阶梯价格变化量越大。实际上，根据各省份实际情况得出的阶梯电价价格变化量的高低本身就反映了各省居民用电理应受到碳排放约束的松紧程度，从而通过个人碳交易机制来促进节能减排和调节社会收入再分配功能的实现，这就是个人碳交易机制的有效性所在。

我们发现，实行个人碳交易机制后，第一阶梯价格下降和第二阶梯价格上涨导致了第二阶梯与第一阶梯之间的价格差值变得更大，同样第三阶梯与第二阶梯价格之间的差值也变得更大，这是因为第三阶梯的价格上涨程度要高于第二阶梯价格上涨的程度。这意味着居民用电越多，面临的用电价格也就越高，这和阶梯电价本身的设计原则是相吻合的，阶梯电价政策正是通过对高耗电家庭征收高电价，对低耗电家庭征收低电价，从而抑制居民用电，实现高收入群体对低收入群体的补贴作用。事实上，Agthe 和 Billings（1987）通过分析阶梯定价在居民用水领域的收入再分配以及公平效应，发现阶梯之间的价差越大，阶梯定价的实施成效越显著，越能体现社会的公平公正。Lin 和 Jiang（2012）指出，当时中国的阶梯电价政策中由于各阶梯价格之间的价差太小，导致大部分居民对价格变化不敏感，从而对阶梯电价的实施效果产生重要影响。可以预计，实行个人碳交易机制后，各阶梯之间价差变大将会使得阶梯电价政策更加有效，从而改善现有阶梯电价政策的实施效果。

另外，我们发现，河北、上海、山东、吉林、江西和甘肃共六个省市出现了不合预期的结果，即均衡碳价格为负导致的第一阶梯价格上升，而第二阶梯、第三阶梯价格却下降的结果。对此，我们进行了深入探讨。事实上，这些省市所有居民的平均用电量没有达到第一阶梯分档门槛，也就是说这些省市的阶梯分档电量并没有达到《指导意见》中提出的第一阶梯应覆盖80%的基本用电需求的要求，第一阶梯分档电量设置过高。当我们根据第一阶梯分档门槛值设定初始碳配额 ω 时，大部分居民的初始碳配额存在大量剩余，他们将通过出售多余的碳配额来获得收入，导致供求市场严重失衡，此时的碳排放约束条件对当地居民来说不仅没有达到约束效果，反而产生了碳补贴效果，即均衡碳价格为负导致了第一阶梯价格上升而第二阶梯、第三阶梯价格反而下降的结果。具体来看，2014 年河北省的第一阶梯分档电量为 2160 千瓦时/年，但河北省所有居民的平均用电量仅为 1666.31 千瓦时/年；吉林省的第一阶梯分档电量为 2040 千瓦时/年，但省内所有居民的平均用电量仅为 1217.98 千瓦时/年；同样江西、山东和甘肃的第一阶梯分档电量分别为 2160 千瓦时/年、2520 千瓦时/年、1920 千瓦时/年，但其省内所有居民的平均用电量分别为 1545.78 千瓦时/年、1416.73 千瓦时/年、1279.62 千瓦时/年；由于上海地区经济发展水平较高，上海市的第一阶梯分档电量也比其他省份要高，为 3120 千瓦时/年，但这一分档电量值仍不符合上海居民用电需求现状，远远大于上海居民平均用电量 2124.05 千瓦时/年。这就导致了这些省份利用式（4-7）计算得到的均衡碳价格为负，进而导致利用式（4-10）优化各阶梯价格时出现与预期相悖的情况。同时为了验证这个观点，我们下一步将把初始碳配额 ω 降低 10%与 20%，分别计算各省份的碳排放以及各阶梯的价格变化情况。

我们可以比较将初始碳配额降低 10%与 20%时，各省份的均衡碳价格情况。

从分析结果可以看出,初始碳配额 ω 逐渐减少后,各地区的均衡碳价格都大于零,第一阶梯价格变化量全部为负,第二阶梯、第三阶梯价格变化量全部为正。这也就验证了我们刚才的观点,即当碳约束更加符合当地实际情况时,实行个人碳交易机制可以增加对当地居民用电的约束力,从而实现个人碳交易的目标功能。

另外,通过比较将初始碳配额降低 10% 与 20% 时,各个省份的均衡碳价格情况,可以发现随着初始碳配额的减小,各省份的均衡碳价格变得越来越高,同时各档的价格变化量也随之变大。具体来讲,当初始碳配额降低 10% 时,总体平均碳价格为 0.177 元/千克,第一阶梯价格下降量为 0.067 元/千瓦时,第二阶梯、第三阶梯价格上涨量分别为 0.137 元/千瓦时、0.233 元/千瓦时,这些数值都比初始碳配额降低之前的结果要高出许多;进一步地,当把初始碳配额降低 20% 时,总体平均碳价格为 0.312 元/千克,第一阶梯价格下降 0.087 元/千瓦时,第二阶梯、第三阶梯价格分别上涨 0.319 元/千瓦时、0.454 元/千瓦时[①]。可见,初始碳配额的变化对各阶梯的价格变化具有显著影响,尤其是对第二阶梯、第三阶梯的价格上涨量具有显著作用。同时,我们发现,第三阶梯的价格上涨程度仍然明显大于第二阶梯的价格上涨程度,各阶梯之间的价差进一步扩大,从而可以扩大阶梯电价机制的收入再分配效应,提高社会总福利水平。

事实上,初始碳配额 ω 是个人碳交易机制中的一个关键参数,初始碳配额的大小显著影响个人碳交易机制的公平效应以及实施效果,同时初始碳配额的设定体现了个人碳交易的总量紧缩控制原则。对中国来讲,从《京都议定书》到《巴黎协定》,中国积极主动承担应对全球气候变暖问题的大国责任。个人碳交易机制需要契合政府总量控制与交易目标,首先政府根据环境资源的实际情况来定制具体的节能减排目标,其次政府可以通过节能减排目标来分配初始碳配额。具体执行时,社会环境形势复杂多变,政府可以通过调节初始碳配额的大小来动态调整碳交易价格,从而更好地配合完成节能减排目标。

二、阶梯电价需求弹性估计

本节采用 ELES 模型估计样本省份的居民用电需求价格弹性以及收入弹性,分析居民用电需求与家庭收入、电力价格之间的关系。CFPS 数据中包含居民能源消费信息及生活其他消费信息,其中能源消费支出包括电力支出、燃料支出,而燃料支出包含居民使用的天然气以及液化石油气的支出等,生活其他消费包括居住、食品、衣着等共计八大类消费支出,为了研究方便又不失科学性,我们把八大类消费支出进行加总,统称为其他消费支出。

根据式(4-13)采用 OLS 分别估计 2014 年全国总体电力支出(X_1)、燃料

---

① 限于篇幅,各地区阶梯价格变化量不再单独列出。

支出（X_2）及其他消费支出（X_2）与个人可支配收入（I）之间的关系。估计结果如表 4-4 所示。

表 4-4 ELES 模型估计结果

支出种类	电力支出	燃料支出	其他消费支出	总计
α_i	13.257***	16.529***	164.055***	
	（52.358）	（47.999）	（30.356）	193.842
β_i	0.010***	0.004***	0.399***	
	（61.918）	（19.592）	（112.322）	0.415

注：括号内为 t 统计值，总计误差为数据修约所致

***表示在 1%的水平上显著

由表 4-4 可知，参数 α_i 与边际消费倾向 β_i 均显著影响商品需求量，其中其他消费支出边际消费倾向最高，能源消费中电力支出比燃料支出边际消费倾向要高，说明在满足基本生活需求之后，剩余可支配收入中用于电力支出的比例要比燃料支出大。居民剩余收入中用于各类消费支出的比例总和约为 41.5%，说明剩余收入中居民用于储蓄或投资的部分占比约为 58.5%。

根据需求收入弹性公式[式（4-15）]、需求价格弹性公式[式（4-16）]，计算得到总体居民平均需求收入弹性为 0.473，平均需求价格弹性为–0.345。需求收入弹性和需求价格弹性的绝对值均小于 1，居民消费缺乏弹性，说明居民用电需求对收入以及价格都不敏感。我们根据样本家庭收入数据特征，把样本家庭年收入划分为五个收入等级，各收入等级的门槛分别为 10 000 元、25 000 元、75 000元、100 000 元，即年收入小于 10 000 元的为低收入家庭；大于或等于 10 000 元小于 25 000 元的为中低收入家庭，以此类推。不同收入等级居民用户的平均需求收入弹性、平均需求价格弹性估算结果如表 4-5 所示。

表 4-5 不同收入等级居民的电力需求弹性

弹性类型	低收入	中低收入	中等收入	中高收入	高收入	总体平均
需求收入弹性	0.158	0.281	0.506	0.746	0.784	0.495
需求价格弹性	–0.193	–0.233	–0.359	–0.441	–0.525	0.350

从表 4-5 可知，收入越高，需求收入弹性越大，说明高收入用户的用电需求比低收入用户的用电需求增长更为迅速；同时需求价格弹性的绝对值也随着收入增加而变大，说明高收入用户比低收入用户对电价更为敏感，即价格每增加 1%，高收入家庭的用电量比低收入家庭的用电量减少得更多，这是因为低收入家庭的用电需求为基本生活需求，而高收入家庭则存在奢侈消费的用电情况。

接下来我们将基于个人碳交易机制下的阶梯价格变化与居民需求弹性特征，分析比较个人碳交易视角下居民用电量以及电费支出的变化。

三、不同阶梯电价场景下的比较

在个人碳交易机制下居民用电价格发生变化，基于前面求解的居民电力需求弹性，本节将集中分析价格对用电量的影响。我们设定不同场景下除价格外的其他因素保持不变，模拟价格对电量及电费消费的影响，在此基础上比较现实与虚拟场景下的消费者福利特征变化。与前文保持一致，我们将样本数据期定为基准场景；实行个人碳交易机制后，把初始碳配额 ω 为覆盖第一阶梯用电量所需的碳排放量的场景定义为场景一；把初始碳配额 ω 降低 10% 后的场景定义为场景二；同样把初始碳配额 ω 降低 20% 后的场景定义为场景三。

反事实分析的具体步骤是：首先根据 ELES 模型估计出阶梯电价下的需求弹性，其次根据需求弹性的定义 $\varepsilon = \dfrac{\Delta q}{q} \bigg/ \dfrac{\Delta p}{p} = \dfrac{(q - q_1)}{(q + q_1)/2} \bigg/ \dfrac{(p_1^* - p_1)}{(p_1^* + p_1)/2}$，可得

$$q = \frac{q_1\left[(1-\varepsilon)p_1 + (1+\varepsilon)p_1^*\right]}{(1+\varepsilon)p_1 + (1-\varepsilon)p_1^*} \tag{4-17}$$

根据式（4-17），计算比较不同场景下阶梯边际价格由 p_1 变化至 p_1^* 导致的电量需求变化 Δq 以及新场景下的需求量 q。根据该场景下的电价计费模式，得出该场景下的电费额，由此，比较不同场景下的平均用电量及平均电费（表 4-6）。限于篇幅，场景三的用电特征不再分地区列出。

表 4-6 不同场景下的平均用电量及平均电费比较

省区市	平均用电量/千瓦时		平均用电量差异/千瓦时		平均电费/元		平均电费差异/元	
	场景一	场景二	场景一	场景二	场景一	场景二	场景一	场景二
北京	2732.51	2642.38	−179.74	−269.87	1210.88	1085.18	−212.78	−338.48
天津	1959.89	1883.71	−185.56	−261.74	896.02	820.29	−155.26	−230.99
河北	1590.21	1550.11	−76.10	−116.19	863.76	758.70	−2.72	−107.78
山西	1622.35	1559.67	−132.17	−194.86	712.50	642.93	−124.41	−193.97
辽宁	1593.71	1522.53	−124.99	−196.17	725.03	635.33	−134.32	−224.02
吉林	1151.19	1121.21	−66.79	−96.77	623.15	544.11	−16.29	−95.33
黑龙江	1461.34	1399.87	−118.51	−179.98	680.28	600.21	−125.44	−205.51
上海	2037.83	1983.54	−86.22	−140.51	1305.89	1149.61	−4.65	−160.93
江苏	2587.51	2495.98	−178.90	−270.43	1241.71	1116.59	−220.10	−345.22
浙江	2635.06	2548.88	−146.88	−233.07	1310.50	1158.19	−187.28	−339.59
安徽	1525.33	1478.27	−112.52	−159.58	781.52	705.61	−144.35	−220.26
福建	2885.34	2768.7	−276.42	−393.05	1194.65	1083.25	−418.94	−530.34

续表

省区市	平均用电量/千瓦时		平均用电量差异/千瓦时		平均电费/元		平均电费差异/元	
	场景一	场景二	场景一	场景二	场景一	场景二	场景一	场景二
江西	1471.28	1433.47	−74.50	−112.31	898.35	808.89	−29.12	−118.58
山东	1344.52	1309.44	−72.22	−107.29	770.35	657.79	−4.46	−117.01
河南	1738.93	1668.45	−117.26	−187.73	904.34	820.03	−135.13	−219.43
湖北	2176.05	2084.62	−192.09	−283.53	1094.59	992.59	−265.65	−367.66
湖南	2028.12	1948.38	−141.75	−221.49	1143.68	1049.67	−132.69	−226.71
广东	2500.52	2406.87	−131.68	−225.34	1499.60	1304.31	−106.05	−301.33
广西	1754.34	1698.02	−99.69	−156.01	915.29	828.78	−64.19	−150.71
重庆	2324.13	2243.10	−136.46	−217.49	1163.51	1050.08	−119.03	−232.46
四川	1703.61	1643.78	−118.23	−178.06	838.89	746.28	−112.83	−205.45
贵州	1637.95	1573.45	−131.85	−196.35	686.74	601.52	−119.58	−204.80
云南	1443.50	1390.69	−131.46	−184.27	615.20	551.07	−93.53	−157.66
陕西	1515.55	1453.97	−124.42	−185.99	681.87	579.73	−135.33	−237.47
甘肃	1221.78	1196.18	−57.84	−83.44	644.57	560.65	−8.04	−91.96
总平均	1865.70	1800.21	−128.57	−194.06	936.11	834.06	−122.89	−224.95

从表 4-6 可以看出，相对于现行阶梯电价的基准场景，个人碳交易视角下的阶梯定价场景中，居民的平均用电量以及平均电费都有所减少，且随着初始碳配额的减小，居民平均用电量以及平均电费减少的量更大。具体看来，场景一下，由于施行个人碳交易机制相当于将环境成本纳入电力成本，导致第一阶梯价格下降，而第二阶梯、第三阶梯价格上涨，进而导致居民用电量以及电费发生变化。但由于第一阶梯价格的下降量比第二阶梯、第三阶梯价格的上涨量要小，总的来说，居民平均用电量降低 128.57 千瓦时，平均电费减少 122.89 元。随着初始碳配额的进一步减少，场景二中，居民平均用电量降低 194.06 千瓦时，平均电费减少 224.95 元。这说明，个人碳交易视角下的阶梯价格调整不仅促进了能源节约目标的实现，也能明显减少居民电费支出，强化了收入再分配功能，而且随着初始碳配额的减少，这种作用也愈加明显。

另外，我们分析比较了不同场景下阶梯价格变化对消费者阶梯选择的影响，如表 4-7 所示。

表 4-7　不同场景下阶梯价格变化对消费者阶梯选择的影响

场景	电量分布	低收入	中低收入	中等收入	中高收入	高收入	平均
基准场景	第一阶梯	87.66%	83.70%	73.40%	57.46%	50.50%	74.14%
	第二阶梯	8.63%	12.06%	17.99%	26.85%	24.97%	16.90%
	第三阶梯	3.71%	4.24%	8.61%	15.69%	24.53%	8.96%
	合计	100.00%	100.00%	100.00%	100.00%	100.00%	100.00%

续表

场景	电量分布	低收入	中低收入	中等收入	中高收入	高收入	平均
场景一	第一阶梯	87.99%	84.08%	73.86%	58.55%	50.39%	74.59%
	第二阶梯	8.30%	11.68%	17.53%	25.76%	25.08%	16.45%
	第三阶梯	3.71%	4.24%	8.61%	15.69%	24.53%	8.96%
	合计	100.00%	100.00%	100.00%	100.00%	100.00%	100.00%
场景二	第一阶梯	90.37%	86.51%	77.40%	61.59%	52.92%	77.61%
	第二阶梯	5.92%	9.24%	13.99%	22.72%	22.55%	13.43%
	第三阶梯	3.71%	4.24%	8.61%	15.69%	24.53%	8.96%
	合计	100.00%	100.00%	100.00%	100.00%	100.00%	100.00%
场景三	第一阶梯	92.25%	89.83%	81.38%	66.67%	55.78%	81.19%
	第二阶梯	4.04%	5.92%	10.01%	17.64%	19.69%	9.85%
	第三阶梯	3.71%	4.24%	8.61%	15.69%	24.53%	8.96%
	合计	100.00%	100.00%	100.00%	100.00%	100.00%	100.00%

注：表中数据之和不为100%是数据修约所致

表 4-7 显示，各阶梯价格经过调整后，不同收入水平的家庭在第一阶梯及第二阶梯上的分布比例发生了变化，但在第三阶梯上的分布比例没有明显变化。总体来看，不管是哪个场景下，大部分家庭的电力消费处于第一阶梯，随着收入等级的提高，高收入家庭在更高阶梯上的占比更大。具体来讲，在个人碳交易机制下，各阶梯价格经过调整之后第一阶梯占比由 74.14% 逐渐上升至 81.19%，第二阶梯占比由 16.90% 逐渐下降至 9.85%，而第三阶梯占比没有变化，始终为 8.96%。这是因为第二阶梯价格的上涨导致部分居民的用电量降到了第一阶梯上，而第三阶梯由于价格缺乏弹性，导致居民用电量下降幅度并不高，因此第三阶梯的占比没有减少。但总的来说，实行个人碳交易机制确实在一定程度上抑制了电力浪费现象，同时促进了国家设定的第一阶梯、第二阶梯覆盖 80% 及 95% 居民用电政策目标的实现。

第五节　结论与政策建议

基于 2014 年 CFPS 调查数据及宏观公开数据，本章首先构建了个人碳交易市场的理论模型，求解了个人碳交易市场的均衡碳价格，在此基础上构建了阶梯电价的价格优化模型并求解各阶梯价格；其次采用 ELES 模型估计了居民用电需求价格弹性及收入弹性；最后通过反事实场景的构建分析比较了不同场景下阶梯价格调整所引起的居民用电量以及电量分布特征的变化，进而探讨个人碳交易机制的实施及其政策效果。本章的结论与政策建议主要包括以下几点。

第一，个人碳交易机制改变了阶梯电价，使得居民用电第一阶梯价格下降，第二阶梯和第三阶梯价格上涨。个人碳交易视角下的阶梯价格优化，实质上是在电力消费领域增加了环境（减排）成本，消费者消耗电力时，会面临收入与碳配额的双重约束，消费者通过在个人碳交易市场上出售或购买碳配额以增加自己的效用。当前中国居民收入普遍上涨，居民用电需求增长加快，而居民用电需求却相对缺乏弹性，造成居民用电铺张浪费现象愈加严重。因此，个人碳交易视角下的阶梯电价为政府规制者提供了一个新的思路，节能减排不能只局限于能源生产领域，也应该看到能源消费领域在节能减排方面的巨大潜力，在结合理论与经验的基础上，应该进一步推进碳交易市场在个人消费领域的建设。

第二，初始碳配额的大小显著影响各阶梯价格的变化量，随着初始碳配额的减少，各阶梯价格变化量增大。初始碳配额的设定，关系到个人碳交易机制的公平与否及其实施效果。随着中国环境与能源形势的日益趋紧，中国政府面临的国内外舆论与民生保障压力也进一步加大。因此，个人碳交易机制的实施为政府完成碳排放总量控制目标提供了一个灵活可行的解决方案，政府首先根据整体环境资源的实际情况来制定具体的节能减排目标，其次根据总量目标来分配初始碳配额。政策具体执行时，社会环境形势复杂多变，各地区的实际情况又各不相同，政府应该动态调整初始碳配额的大小来达到调整碳交易价格的目的，从而调整阶梯电价的价格水平，配合阶梯电价政策更好地完成节能减排目标。

第三，个人碳交易视角下的阶梯价格优化强化了阶梯电价政策的节能减排效果以及收入再分配功能。实证分析结果显示，经过个人碳交易机制的调整，各阶梯价格发生变化，总体来看，个人碳交易机制下的阶梯电价价格优化降低了总体用电量以及居民电费，这对发电侧电力公司效率的提升具有极大的促进作用，同时总电费的调节也改变了消费者的福利水平，高收入家庭面临较高的电力价格，低收入家庭面临较低的电力价格，从而实现了收入再分配功能，提高了社会总福利水平。个人碳交易机制的探索为政府提供了一个节约能源以及调整收入分配的有力工具。

第四，个人碳交易视角下的阶梯电价，部分第二阶梯家庭用电量下降至第一阶梯，但第三阶梯家庭分布比例却没有变化。这是因为，虽然高收入家庭面临的高价格抑制了电力过度浪费的现象，但同时由于居民需求价格弹性过低，尤其高收入人群的用电需求仍然是缺乏弹性的，从而导致了第三阶梯家庭的用电量并没有下降至第二阶梯，所以其分布比例没有变化，这也意味着高收入群体电力消费的节能潜力仍有待进一步挖掘。此时政府规制者应利用一些非价格手段如加强对居民用电节约意识的教育、加大阶梯电价政策的宣传力度等助推（nudge）消费者主动形成环保节约意识，提高居民对阶梯价格尤其是边际价格的敏感度，拓展阶梯价格优化的政策空间。

第五章　个人碳交易机制与中国家庭能源贫困

第一节　引　　言

能源贫困和气候变化是制约人类可持续发展的两大难题。一方面，2014 年联合国提出人类的可持续发展目标是消除一切形式的贫困[①]。2020 年 1 月，国务院常务会议指出，要"抓紧研究建立解决相对贫困长效机制，巩固脱贫攻坚成果"[②]。这就要求政府增加对新型贫困的关注。作为一种新型贫困类型，能源贫困主要表现为能源消费的不可支付性或不可获得性，若得不到有效改善，将会引起新一轮的贫困。另一方面，2019 年 12 月，在召开《联合国气候变化框架公约》第 25 届缔约方会议前，欧盟提出了新的减排目标，即 2030 年温室气体排放量在 1990 年的基础上减少 40%，并力争 2050 年实现碳排放为零的目标。国际环保组织绿色和平与国际扶贫组织乐施会在 2009 年的报告中指出："如果各国没有实施有效的措施改善气候变化，将会加剧贫困"。如何在减少碳排放与改善能源贫困之间建立关联关系、达到双重经济目标，是政府及学术界关注的焦点。碳定价（carbon pricing）作为减排手段已初见成效，那么碳定价对于改善能源贫困的作用如何呢？

在 2019 年参与《巴黎协定》的 185 个国家中，大约 50%的国家正在规划或考虑通过碳定价实现减排目标。中国作为重要参与国，在工业消费领域，自 2013 年 6 月开始已经建立了以深圳、上海、北京等为代表的七大碳交易试点，并在 2017 年启动了"全国统一碳市场"。在居民消费领域，早在 1991 年，瑞典就开始对家庭征收碳排放税（Tirole，2017）；Piketty（2020）也提出要增收个人碳排放税。2006 年，英国环境大臣戴维提出了个人碳交易计划，将碳交易从国家和企业层面引入了个人领域。2015 年 7 月，广东省正式开展"碳普惠"试点建设，"碳普惠"逐渐成为碳交易的创新机制，旨在促进居民生活减碳。广义上讲，这也是碳交易的方式之一，具体地，中国的"碳普惠"建设情况如表 5-1 所示。2019 年，芬兰拉赫蒂开始实施个人碳交易市场，这是世界上首个实施个人碳交易市场的城市，标志着个人碳交易市场建立的开端及其可行性。在中国碳减排目标的现实背景下，

[①] Open working group proposal for sustainable development goals，https://sustainabledevelopment.un.org/focussdgs.html，2023 年 8 月 5 日。

[②] 《国务院常务会议：抓紧研究建立解决相对贫困长效机制》，http://www.gov.cn/zhengce/2020-01/21/content_5471279.htm，2023 年 8 月 5 日。

在个人领域实施碳减排政策是必要的。

表 5-1　中国的"碳普惠"建设情况

名称	低碳行为方式	核算方法	激励机制	商业模式
深圳碳账户	绿色出行、分时租赁、充电桩、自行车等	具有排放量与减排量两项，排放量自行添加衣、住、行、食四类型的活动，后台核算未公开	换购小礼品、积分抽奖	由绿色低碳发展基金会出资运营；以社交和公益吸引用户
南京绿色出行	自行车、公交、地铁、不开车	换算为积分，绿色出行每次积 1 分，不开车积 2 分，步行 5000 步积 1 分，1 万步积 2 分	换购小礼品、线上积分种树、线下认领植树	
武汉碳宝包	江城易单车、悦动圈（步行）	未公开	换购小礼品、享受特惠商品	湖北省发改委与碳交易中心出资举办线下活动；商家让利
广州"碳普惠"	公交、地铁、公共自行车、节约水电气、减少私家车	公布低碳行为对应的减排量，未公布核算方法	优惠券、代金券	赛宝（或广东省发改委）提供运营资金，商户提供优惠
蚂蚁森林	线上支付、步行、骑行、公交、节约水电	未公开	绿色能量换取公益林木	蚂蚁金服出资、阿拉善生态基金会种植
抚州"碳普惠"	步行、公交、骑行、在线支付、网上办事、电子门票、绿色产品	未公开	公共服务激励、公益活动激励、商业优惠折扣	
北京每周再少开一天车	不开车	未公开	根据排量，停驶一天可分别获得0.5 元、0.6 元、0.7 元的碳减排效益	北京发改委提供补贴

资料来源：根据《地方政府参与全国碳市场工作手册》整理所得

　　由于中国不同地区差异明显，因此对于不同的个体而言，能源消费具有异质性。由于各地的能源基础建设不完善，因此个体的能源消费质量低等，容易导致其陷入能源贫困，同时，如果碳含量较高的能源消费量过高，会导致较高的碳排放量，无法享受充足的碳汇，从而陷入碳贫困。碳贫困是指人类在资源开发过程中，获得碳汇的能力缺乏或利用碳汇的权利缺乏。在此，本章结合水贫困的概念，即用水能力的缺乏（Pan et al.，2017），认为碳贫困是指碳排放权利相对不足，缺乏享受碳汇的权利。本章试图通过对个人碳市场的核心参数进行优化设计，从而在减缓能源贫困与改善碳贫困之间建立有效的路径，避免个体陷入能源贫困与碳贫困的双重陷阱。

　　个人碳交易是一种针对消费者的"总量管制与交易"机制。消费者在消费能源产品时，需要从其碳配额账户中扣除相应的碳信用额度。高碳排放者通过向低碳排放者购买碳信用额度，获取相应的碳排放权，同时低碳排放者可以获得相应的货币补偿。因此，个人碳交易机制不仅是减排机制，还是一种货币补偿机制，具有收入再分配作用（王善勇等，2017；刘自敏和朱朋虎，2020）。个人碳交易的货币补偿机制正是本章关注的重点，即通过个人碳交易的货币补偿能否改善能源贫困。初始碳配额作为个人碳交易机制的重要参数会影响碳市场的效率（Hahn，1984；Stavins，2011），基于此，设定一个合理的初始碳配额极其重要。碳市场上碳配额的供给与需求决定了碳交易价格，但是政府仍然需要对碳交易价格设定一个门槛值，以保障市场的运行效率。针对初始碳配额的分配方式，美国颁布的《清洁空气法》修正案提出了免费发放、固定价格出售、公开拍卖三种方式，即免费分配还是有偿分配。总之，初始碳配额大小、配额分配方式、碳交易价格作为碳市场中的重要参数，对市场的运行效率和消费者的公平性会产生重要影响。因此，对于个人碳交易机制的参数设计不仅需要考虑碳约束作用，还应该具有激励作用。

近年来，个体碳排放与能源贫困问题越发突出。消费端的个人碳排放量占社会碳排放总量的比重不断增加，是全球碳排放增加的重要原因（刘自敏等，2018）。Ekholm 等（2010）研究发现家庭能源消费产生的碳排放量占全球碳排放总量的40%以上。王建明和王俊豪（2011）、Liu 等（2013）研究发现中国家庭能源消费产生的碳排放量占全社会碳排放总量的 42%～49%。有学者指出英国家庭的能源消费产生的碳排放量占全社会碳排放的 57%。Bin 和 Dowlatabadi（2005）研究发现美国家庭能源消费产生的碳排放为全社会碳排放量的 41%。因此，有必要采取正确的引导措施来降低个人碳排放、提升居民的能源消费质量以及改善气候。在能源贫困方面，Qurat-ul-Ann 和 Mirza（2020）基于 Meta 分析，发现 71.1%的人口属于能源贫困群体。Zhang 等（2019）计算得出中国能源贫困人口高达 50%左右。Jiang 等（2020）基于分位数回归发现青海省的能源贫困人口为 57%。有学者基于满足基本需求的最低能源需求的方法，计算出孟加拉国的能源贫困人口占比为 58%。Khandker 等（2012）发现，印度农村能源贫困人口占比为 58%，城镇能源贫困人口占比为 28%。有学者指出巴基斯坦各地区的能源贫困家庭占比处于45%～70%。此外，有 5000 万至 1.25 亿的欧洲人无法消费满足日常取暖、炊事、照明等所需的能源（Charlier et al.，2019）。

应该在减缓气候变化与改善能源贫困之间建立有效的协同机制（Ürge-Vorsatz and Tirado Herrero，2012），推动可持续发展。Böhringer 等（2014）、Amundsen 等（2018）指出解决不同的气候难题需要不同的政策工具，包括组合使用碳排放交易系统、绿色能源补贴等。征收碳排放税不仅可以有效减少碳排放，还可以有效实现能源减贫的目标。Sagar（2005）提出，通过征收石油税建立"能源扶贫"基金不但能实现能源减贫而且有利于减少碳排放。Hyder（2008）认为通过征收碳税可以减缓气候变化和贫困。研究发现，通过富人支付更多或使用更少的能源可以实现能源减贫（Winkler et al.，2015），并且个人碳交易机制可以减少富人的能源消费量，促进福利再分配（范进，2012）。但是，Bouzarovski 等（2012）研究发现，减缓气候变化或促进可再生能源发展、推动能源转型的政策会加剧能源贫困。Vogt-Schilb 等（2019）、Chakravarty 和 Tavoni（2013）发现，虽然实施减缓气候变化与改善能源贫困的措施会对彼此产生不利影响，但是配合其他措施，可以有效对冲这种不利影响。

基于上述分析可以看出：截至 2021 年，关于个人碳市场中相关价格参数、数量参数等方面的研究较少。碳税可以达到改善能源贫困和减少碳排放的目的，同样，作为减少碳排放的碳定价机制之一，个人碳交易对于改善能源贫困的作用尚不明确。然而，能源贫困作为一种新型贫困，在政府的扶贫工作中很少涉及。因此，本书尝试对个人碳交易机制中的重要参数，即初始碳配额、碳交易价格进行参数设计，以分析碳定价对于能源贫困改善的作用，避免个体同时陷入能源贫困与碳贫困的双重陷阱。本章可能的创新与贡献在于：①分析了个人碳交易机制除减少碳排放之外的其他作用，即改善能源贫困的效果；②基于初始碳配额的大小、分配方式、碳价格等核心参数，对个人碳交易机制进行参数设计，为将来中国建立个人碳交易市场提供有益参考。

本章余下的内容安排如下：第二节是理论分析，即对个人碳交易机制进行了再设计，并根据消费者行为理论及能源阶梯理论分析个人碳交易机制的货币补偿作用对能源消费的影响；第三节是数据说明；第四节是分析在初始碳配额的合理取值下，个人碳交易机制对改善能源贫困的作用；第五节是中国个人碳交易机制的核心参数设计，即分析个人碳交易机制中的数量和价格参数的调整在改善能源贫困上的差异性；第六节是本章的结论与政策建议。

第二节 理 论 分 析

本节是对个人碳交易机制的优化，在现有的个人碳交易模型下，引入新的核心参数，对个人碳交易模型进行优化。在此基础上，根据消费者行为理论和能源阶梯理论分析个人碳交易的货币补偿机制对于个体的能源消费影响。

一、个人碳交易机制的市场均衡

基于消费者行为理论，假设所有的消费者都是理性的，将根据自身的消费目标和拥有的资源确定最佳的消费组合，从而达到效用最大化的目的。在个人碳交易机制的约束下，消费者的能源消费品 x 与非能源消费品 y 的消费组合 (x, y) 会受到自身的经济情况及碳排放权的双重约束。Bristow 等（2010）指出初始碳配额 ω

的大小是个人碳交易机制的核心参数，对个人碳交易机制的公平性及政策效果有重要影响。同时，工业碳交易市场的初始碳配额分配方式正在逐渐地由免费分配向有偿分配过渡。有偿分配是一种价格发现手段，即未来个人碳交易的价格可以间接地根据碳配额的分配方式在二级碳交易市场上进行调整。

因此，本章将针对个人碳交易市场中的核心参数，即初始碳配额和碳交易价格，进行参数设计，分析个人碳交易机制对改善能源贫困的作用，即在缓解气候变化的背景下，能够实现能源贫困发生率降低和能源贫困强度减弱的最优的个人碳交易机制。基于此，参考 Li 等（2016）、刘自敏等（2018）提出的优化的个人碳交易模型：

$$U = x^{\alpha}y^{1-\alpha}, \quad \text{s.t.} \begin{cases} xp_x + yp_y + \psi p_c + \beta\omega p_\omega \leqslant I(\text{影子价格}\partial_1) \\ \lambda x - \psi \leqslant \omega(\text{影子价格}\partial_2) \end{cases} \tag{5-1}$$

式中，U 为效用；x 和 y 分别为能源消费品和非能源消费品；p_x 和 p_y 为能源消费品和非能源消费品的价格；α 为能源消费支出占总收入的比例；λ 为碳排放因子；ω 为初始碳配额；ψ 为碳配额的交易量；p_c 为碳交易价格；ψp_c 为购买（出售）碳配额的支出（收益）；β 为初始碳配额中的有偿分配比例；p_ω 为向政府购买初始碳配额的单价；$\beta\omega p_\omega$ 为居民购买初始碳配额的支出；∂_1、∂_2 为影子价格。

在不等式的约束下，式（5-1）的 KKT 条件为

$$\begin{cases} 0 \leqslant x \perp \alpha x^{\alpha-1}y^{1-\alpha} - \partial_1 p_x - \partial_2\lambda \geqslant 0 \\ 0 \leqslant y \perp (1-\alpha)x^{\alpha}y^{-\alpha} - \partial_1 p_y \geqslant 0 \\ 0 \leqslant \psi \perp \partial_1 p_c + \partial_2 \geqslant 0 \\ 0 \leqslant \partial_1 \perp xp_x + yp_y + \psi p_x + \beta\omega p_\omega \geqslant 0 \\ 0 \leqslant \partial_2 \perp \omega - x\lambda + \psi \geqslant 0 \end{cases} \tag{5-2}$$

式中，"$\perp$" 为向量两两正交。那么，根据式（5-2），可以得到高碳排放者 i（$i=1,2,\cdots,m$）和低碳排放者 j（$j=1,2,\cdots,n$）的碳配额交易量分别为

$$\begin{cases} \psi_i = \dfrac{\alpha\lambda_i(I_i - \beta\omega p_\omega) - \omega p_x - \omega(1-\alpha)\lambda_i p_c}{p_x + p_c\lambda_i} \\ \psi_j = \dfrac{\omega p_x + \omega(1-\alpha)\lambda_j p_c - \alpha\lambda_j(I_j - \beta\omega p_\omega)}{p_x + p_c\lambda_j} \end{cases} \tag{5-3}$$

式中，I 为收入。

在碳排放市场均衡的条件下有 $\sum_{i}^{m}\psi_i = \sum_{j}^{n}\psi_j$，由此可得

$$p_c = \frac{\dfrac{\alpha\lambda}{m+n}\left(\displaystyle\sum_{i=1}^{m}I_i + \sum_{j=1}^{n}I_j\right) - \omega\overline{p}_x - \alpha\beta\lambda\omega p_\omega}{\lambda\omega(1-\alpha)} \tag{5-4}$$

式中，$\overline{p}_x$ 为 x 这类商品的平均价格。

当初始碳配额全部免费分配时 $\beta=0$；当初始配额的分配方式为免费分配与有偿分配共存时 $0<\beta<1$；当初始配额全部有偿分配时 $\beta=1$。同时，只有当政府有偿分配的配额价格小于或等于碳交易市场上的交易价格时，消费者才会向政府购买相应的配额，否则更偏好在市场上交易。因此，本章假设 $p_\omega=p_c$，即政府有偿分配的配额价格与碳交易市场上的交易价格相等，那么：

$$p_c = \frac{\dfrac{\alpha\lambda}{m+n}\left(\displaystyle\sum_{i=1}^{m}I_i + \sum_{j=1}^{n}I_j\right) - \omega\overline{p}_x}{\lambda\omega(1-\alpha+\alpha\beta)} \tag{5-5}$$

消费者通过在个人碳交易市场上进行碳配额的交易，可以获取碳排放权或货币收入。其中，高碳排放者通过购买碳配额获得碳排放权，其福利变化为 $\Delta cs = (\omega - x_i \times \lambda) \times p_c$，这部分支出的费用将转化为碳排放权。低碳排放者通过出售碳配额获得收入，其福利变化为 $\Delta cs = (\omega - x_j \times \lambda) \times p_c$，这部分增加的费用居民可以用于改善能源消费情况。实际是否如此，我们将通过数值模拟验证个人碳交易的这一收入再分配作用对于能源贫困改善的作用。

二、个人碳交易对能源消费的货币补偿机制

因为各地区的能源基础设施建设与经济发展水平不一致，对于能源基础设施建设较为缓慢的地区，居民的能源消费种类更替速度较慢，对于碳排放量高、热量低的传统燃料（能源）的使用较多，如图 5-1（a）所示。

可见，居民的能源消费阶梯一般可以分为三类（Han et al., 2018）。第一阶梯是热量较低、碳排放量较高的传统生物质能源，如秸秆、薪柴等；第二阶梯是热量和碳排放量中等的传统商品能源，如煤炭、柴油、汽油等，这类能源一般需要在市场上购买得到；第三阶梯是热量较高且碳排放量较低的新型商品能源，如电力、天然气、液化石油气等。能源贫困人群的能源利用效率较低，能源消费质量不高。传统生物质能利用效率低下、热量较低，会使居民陷入能源贫困（Sadath and Acharya, 2017）。对于发展中国家的居民而言，传统生物质能源（薪柴等）是满足日常生活所需能源的重要来源。因此，能源贫困的改善，还需要从提升能源消费质量入手。基于能源阶梯理论，Hanna 和 Oliva（2015）指出，加快经济发展、促进居民的能源消费升级可以改善能源贫困，如增加电力的可获取性。

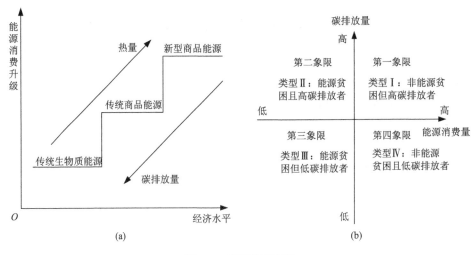

图 5-1　能源阶梯理论

　　因为消费者的能源消费种类、消费量等存在异质性，所以碳排放量也存在异质性。根据能源消费及碳排放特点，可以将消费者分为四大类，如图 5-1（b）所示。其中，能源贫困群体可能是低碳排放者也可能是高碳排放者。对于能源贫困且高碳排放者而言，他们处于能源阶梯中的第二象限，能源消费质量低且消费量不足，是我们重点关注的群体。对于这部分群体而言，实施个人碳交易机制可能会减少他们的福利。对于能源贫困但低碳排放者而言，他们的能源消费质量相对较高，但是消费量不足，通过实施个人碳交易机制可以改善现状。同样地，非能源贫困群体可能是低碳排放者也可能高碳排放者。

　　进一步地，本章将基于消费者行为理论分析个人碳交易机制的货币补偿机制对能源消费的影响。首先，本章将对图 5-1（b）类型Ⅰ和类型Ⅲ的消费者进行分析。对于低碳排放者而言，可以通过出售碳配额获取货币补偿，因此，在其他条件保持不变的情况下，这部分消费者的预算约束线将由 A_3B_3 向 A_0B_0 的方向移动。此时，消费者的能源消费能力增强，可以获取更多的能源，当居民的能源消费量超过能源贫困线 EF 的时候，居民将脱离能源贫困，从而实现能源减贫的目的。

　　对于高碳排放者而言，在实施个人碳交易机制后，因为碳排放配额相对不足，需要购买额外的碳配额，并支付一定的货币。因此，在其他条件保持不变的情况下，预算约束线将由 A_1B_1 向 A_0B_0 的方向移动。在此过程中，其能源消费量将会减少，如果减少至能源贫困线 EF，将会面临陷入能源贫困的风险。同样地，对于图 5-1（b）类型Ⅱ和类型Ⅳ的消费者的分析如图 5-2（b）所示。

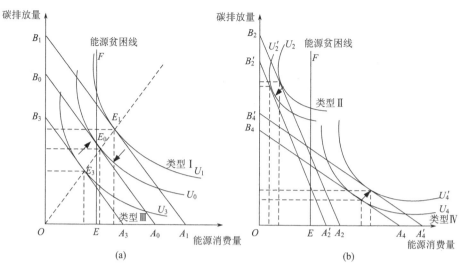

图 5-2 个人碳交易的货币补偿机制

结合图 5-1 和图 5-2 可以看出，碳排放与能源贫困之间的关系较为复杂，消费者可能会面临以下几种情况：从碳排放的角度来看，高碳排放者属于碳贫困人群，低碳排放者属于碳富裕人群；从能源消费量的角度来看，无论是否属于碳贫困人群，均可能面临能源贫困问题。本章试图达到的目标是通过个人碳交易的核心参数设计，在改善能源贫困的同时，避免消费者陷入能源贫困与碳贫困的双重陷阱。

第三节　数据说明

本章使用的数据为中国人民大学能源经济系执行的 2012 年和 2014 年中国家庭能源消费调查（Chinese Residential Energy Consumption Survey，CRECS）[①]的微观数据，该调查以全国人口普查数据为基础，采用分层设计、多阶段 PPS（probability proportional to size，概率与大小成比例）抽样调查法。作为最新公开的微观调查数据，这两年的截面数据均有专门的模块对中国各个省区市城乡居民生活能源消费的调查，该模块的问题详尽且分类仔细。其中，家庭能源使用情况包括电力、集中供暖、煤球、煤块、管道天然气、管道煤气、液化石油气、汽油、柴油、柴草等多方面的消费支出、消费量、获取方式等问题，很好地契合了本章的研究主题。

---

① CRECS 数据作为家庭能源消费的专项调查数据，每次是独立进行的，是非跟踪调查数据。虽然 2016 年又进行了新一轮调查，但直至 2023 年，2016 年数据尚未公开。

相对于其他的微观调查数据，如 CFPS、CHNS（China Health and Nutrition Survey，中国健康与营养调查）、CHIP（Chinese Household Income Project Survey，中国家庭收入项目调查）等，CRECS 数据对家庭能源消费的调查较为详细，对于当前中国所进行的家庭微观能源经济行为的调查而言，CRECS 数据是一份样本量较大、问题较全面、样本质量较高的数据。其中，CRECS（2012 年）涵盖全国 20 余个省区市[①]，调查问卷涵盖六个主要领域，共 324 个问题：家庭人口统计、居住特征、家用电器、取暖状况、交通模式、电费账单、不同类型的能源消费情况等，总共 1640 户家庭被邀请参加这项调查；CRECS（2014 年）涵盖全国 28 个省区市[②]，主要包括：个人基本特征情况，如性别、年龄、民族、政治面貌、工作情况、婚姻情况、住房情况等；受访者的家庭情况，如家庭人口数、住房面积等。就能源消费模块来看，2012 年和 2014 年调查问卷较为一致，包括家庭电器、取暖状况、交通模式、各项能源获取方式、消费量及支出等，其中，参与家庭能源消费调查的有效样本为 3863 户家庭。结合本章的研究的主题，通过对数据进行整理，清除无效样本，最终得到 CRECS（2012 年）有效样本 1307 个，CRECS（2014 年）有效样本 3137 个，合计 4444 个样本。

同时，基于《2006 年 IPCC 国家温室气体清单指南》[③]《2015 年中国区域电网基准线排放因子》计算家庭能源使用的碳排放量。其中，非电力能源的碳排放量计算公式如下：

$$\mathrm{CO_2} = \sum_{e=1}^{n} Q_e \times \lambda_e, \quad \lambda_e = \mathrm{NCV}_e \times \mathrm{CC}_e \times \mathrm{COF}_e \times 44/12 \qquad (5\text{-}6)$$

式中，$\mathrm{CO_2}$ 为居民使用能源所产生的二氧化碳排放量；Q_e 为能源 e 的消费量；λ_e 为能源 e 的碳排放系数；NCV_e 为能源 e 的热值；CC_e 为能源 e 的含碳量；COF_e 为能源 e 的碳氧化值；44/12 为碳转换为 $\mathrm{CO_2}$ 的系数。同时，电力能源的碳排放量计算根据中国区域电网的碳排放因子计算，即 $\mathrm{CO_{2elec}} = Q_{\mathrm{elec}} \times \lambda_{\mathrm{elec}}$，各类能源的碳排放系数见附录 A。

为了准确识别出中国的能源贫困人口，测算能源贫困发生率及能源贫困强度，本节选取了一系列变量，包括家庭的能源消费信息、家庭特征信息、气候因素、宏观经济因素等。相关变量的基本特性如表 5-2 所示。

---

① 江苏、广东、陕西、青海、海南、西藏、香港、澳门、台湾除外。

② 西藏、新疆、海南、香港、澳门、台湾除外。

③ IPCC 为 Intergovernmental Panel on Climate Change，联合国政府间气候变化专门委员会。

表 5-2 相关变量的基本特性

变量	均值	标准误	最小值	最大值
能源消费量	318.35	511.48	9.83	5 049.81
能源消费支出	1 031.48	904.87	7.80	3 490.00
其中：电力消费	593.81	757.41	6.24	4 800.00
集中供暖	178.40	442.65	0	4 999.00
其他能源消费	329.38	735.15	0	12 440.00
水电燃料价格指数的对数	4.62	0.02	4.59	4.68
家庭人均年收入	30 147.33	33 791.19	600.00	325 000.00
年龄（周岁）	49.00	15.49	14.00	92.00
性别（1=男，0=女）	0.55	0.50	0	1.00
是否城镇居民（1=是，0=否）	0.48	0.50	0	1.00
是否就业（1=是，0=否）	0.58	0.49	0	1.00
受教育水平	2.42	1.53	0	6.00
家庭人口规模	2.85	1.31	1.00	10.00
住房面积	116.95	70.36	12.00	400.00
家庭电器	2.84	1.42	0	8.00
是否拥有汽车（1=是，0=否）	0.20	0.40	0	1.00
是否有供暖改造（1=是，0=否）	0.12	0.32	0	1.00
是否有住房产权（1=是，0=否）	0.61	0.49	0	1.00
年平均气温	14.58	4.28	4.60	21.60
年平均湿度	66.02	10.65	46.00	85.00
人均 GDP	49 586.13	21 537.58	19 710.00	105 231.00
人均碳排放量	1 389.53	2 107.03	7.81	24 821.05

注：①能源消费量均通过标准煤折算系数折算为标准煤。②能源价格为国家统计年鉴公布的水电燃料价格指数取对数。③各省份的气候信息以该省会城市的气候作为代理变量。④受教育程度为数值型变量，其中 0=文盲或半文盲；1=小学；2=初中；3=高中；4=专科；5=本科；6=研究生及以上。⑤气候因素和宏观经济因素的相关变量是作者根据历年《中国统计年鉴》整理所得，其中气候因素为所在省份主要城市的气候变量值

第四节 初始碳配额、均衡碳价格与能源贫困

本节首先利用家庭微观能源消费数据分析中国能源贫困的现状，其次基于个人碳交易机制，分析合理的初始碳配额。在此基础上，得到均衡碳价格，从而分析个人碳交易的货币补偿功能对于改善能源贫困的作用。

一、能源贫困测算

在对能源贫困的测算分析中，能源贫困线的确定是其中的焦点与难点。就测算能源贫困的方法而言，国际上较为常用的方法为 10%指标、低收入高支出和多

维能源贫困指数（李慷，2014）。但是，10%指标对于中国来说标准太高，具体应该为多少在 2018 年之前尚无定论（魏一鸣等，2018），而低收入高支出涉及的两条基准线也没有相应的标准，多维能源贫困指数方法对微观调查数据的要求较严格也无法准确地识别出能源贫困居民。此外，郑新业等（2016）、孙威等（2014）根据一个特定社会群体的基本能源需求量来测算能源贫困，即能源贫困线为400～600 千克标准煤/年。同时，有学者提出利用满足基本需求的最低能源需求的方法来测算能源贫困。

　　因此，将能源贫困定义为家庭能源使用无法满足基本需求的现象。在该定义下，测算能源贫困的基本思想是基本能源消费量对收入不敏感，即不随家庭收入的变化而变化。因此，我们借鉴 Khandker 等（2012）利用家庭微观数据计算基本能源需求和电力需求的做法，采用如式（5-7）所示的模型计算家庭能源消费基本需求，作为能源贫困线。

$$EC = \delta_0 + \delta_1 P + \sum_l \gamma_l X_l + \sum_{k=2}^{10} \eta_k Y_{\text{decile}ijk} + \phi D_d + \varphi T_t + \varepsilon \tag{5-7}$$

式中，EC 为家庭人均年能源消费支出；P 为能源价格；X 为其他影响因素；Y_{decile} 为收入的十分位数；i 为个体；j 为时间；k 为第 k 个收入十分位数；D_d 为省份固定效应；T_t 为年份效应；δ_0、δ_1、γ_l、η_k、ϕ、φ、ε 为估计的参数。估计结果如表 5-3 所示。

表 5-3　家庭能源消费基本需求的估计结果

变量		（1）模型一	（2）模型二	（3）模型三	（4）模型四	（5）模型五
综合能源价格		1.382 (1.219)				
电价			−5.594 (6.810)	−7.529 (8.086)	−14.616* (8.216)	−9.993 (8.662)
天然气价格				0.031 (0.070)	0.133* (0.073)	0.092 (0.077)
液化气价格					−0.095*** (0.021)	−0.102*** (0.021)
汽油价格						−0.112* (0.067)
收入十分位数	20%分位数	0.036 (0.064)	0.038 (0.064)	0.037 (0.064)	0.032 (0.064)	0.033 (0.064)
	30%分位数	−0.101* (0.059)	−0.103* (0.059)	−0.103* (0.059)	−0.104* (0.059)	−0.104* (0.059)

续表

变量		（1）模型一	（2）模型二	（3）模型三	（4）模型四	（5）模型五
收入十分位数	40%分位数	0.216*** (0.057)	0.216*** (0.057)	0.216*** (0.057)	0.205*** (0.057)	0.204*** (0.057)
	50%分位数	0.171*** (0.051)	0.170*** (0.051)	0.170*** (0.051)	0.163*** (0.051)	0.162*** (0.051)
	60%分位数	0.148* (0.085)	0.148* (0.085)	0.147* (0.085)	0.143* (0.085)	0.143* (0.085)
	70%分位数	0.129** (0.064)	0.127** (0.064)	0.127** (0.064)	0.112* (0.064)	0.108* (0.064)
	80%分位数	0.354*** (0.062)	0.355*** (0.062)	0.355*** (0.062)	0.347*** (0.062)	0.345*** (0.062)
	90%分位数	0.212*** (0.063)	0.212*** (0.063)	0.212*** (0.063)	0.200*** (0.062)	0.198*** (0.062)
	100%分位数	0.385*** (0.067)	0.385*** (0.067)	0.385*** (0.067)	0.379*** (0.067)	0.375*** (0.067)
控制变量		控制	控制	控制	控制	控制
省份效应		控制	控制	控制	控制	控制
年份效应		控制	控制	控制	控制	控制
常数项		19.132** (8.343)	27.388*** (8.305)	28.210*** (8.509)	36.662*** (8.689)	35.198*** (8.731)
组群数		24	24	24	24	24
个体数		4444	4444	4444	4444	4444
R^2		0.193	0.193	0.193	0.197	0.198

注：括号内为标准误

***、**、*分别表示在 1%、5%、10%的显著性水平上显著

由表 5-3 的结果可以看出，在不同的模型下，收入十分位数对能源消费水平的影响基本一致，即在收入 30%分位数显著性水平开始变化，说明收入 30%分位数的平均能源消费支出水平为基本能源需求水平，即本章所说的能源贫困线。收入十分位数下的能源消费支出水平如表 5-4 所示。

表 5-4 收入十分位数下的能源消费支出水平 单位：元/年

项目	10%分位数	20%分位数	30%分位数	40%分位数	50%分位数	60%分位数	70%分位数	80%分位数	90%分位数	100%分位数
支出水平	620.24	673.93	670.45	940.89	1018.93	938.07	1080.90	1389.67	1287.73	1541.37

结合表 5-3、表 5-4 的估计结果可以看出，为保障居民的基本能源需求，家庭能源消费的最低支出水平需要达到 670.45 元/年，否则家庭的基本消费与生产活动难以持续，670.45 元/年也是能源贫困线。通过能源贫困线，可以有效地识别出能源贫困居民，当居民的家庭人均能源消费支出低于能源贫困线时为能源贫困居民，如式（5-8）所示：

$$\rho_i = \begin{cases} 1, & \text{EC}_i < 670.45 \\ 0, & \text{EC}_i \geqslant 670.45 \end{cases} \tag{5-8}$$

此外，能源贫困强度可以反映能源贫困家庭的能源消费情况相对于能源贫困线的缺口大小，可以衡量个体能源贫困的强弱。当不存在能源贫困时，能源贫困强度为 0；当存在能源贫困时，偏离能源贫困线越远，说明能源贫困越严重，能源贫困强度越大，此时取能源消费支出缺口与能源贫困线的比例作为衡量能源贫困强度（Int）的标准，如式（5-9）所示：

$$\text{Int} = \begin{cases} \left| \dfrac{\text{EC}_i - 670.45}{670.45} \right|, & \rho_i = 1 \\ 0, & \rho_i = 0 \end{cases} \tag{5-9}$$

基于式（5-8）、式（5-9）可以有效识别出中国能源贫困人口及其能源贫困强度。同时，本章采用了 ELES 模型来测算能源贫困线，以识别出能源贫困人口，结果与式（5-7）估计的结果基本一致。各地区的能源贫困发生率及其综合能源贫困指数如表 5-5 所示。

表 5-5　各地区的能源贫困发生率及其综合能源贫困指数

组群	2012 年				2014 年			
	H	G_P	I_P	Sen_P	H	G_P	I_P	Sen_P
东部	39.11%	0.348	0.370	0.230	38.42%	0.423	0.431	0.265
中部	45.09%	0.374	0.409	0.280	60.50%	0.510	0.532	0.460
西部	52.78%	0.412	0.406	0.331	71.96%	0.534	0.585	0.573
全国	43.45%	0.369	0.392	0.268	54.03%	0.488	0.502	0.403

注：H、G_P、I_P、Sen_P 分别代表能源贫困发生率、能源贫困差异度、能源贫困深度及综合能源贫困指数

由表 5-5 的结果可以看出，从 2012 年到 2014 年，中国居民的能源贫困没有得到改善反而恶化。总体而言，全国能源贫困发生率由 43.45%增加到了 54.03%，全国综合能源贫困指数由 0.268 增加到了 0.403。分区域来看，中国东部、中部、西部地区的能源贫困差异较大，从能源贫困发生率、能源贫困差异度、能源贫困深度、综合能源贫困指数等方面来看，东部地区的能源贫困情况较中西部均偏低。

2014年较之2012年中国的能源贫困不降反升的可能原因在于：自2012年底以来，中国在全国范围内实施了递增阶梯定价政策，包括阶梯电价、阶梯气价、阶梯水价等。大量研究表明，阶梯定价政策的实施对于节约能源、收入再分配、降低交叉补贴等目标起到了非常积极的作用（刘自敏等，2015a，2015b，2017b），但由于阶梯定价的第一阶梯是原有的统一定价，而其他阶梯实施阶梯加价，因此这极有可能加剧了部分低收入但高能源消费居民的能源消费支出压力，增加了这部分家庭的能源的不可支付性，最终导致能源贫困的恶化。同时，随着智能电表的引入，中国的电费支付方式由"用多少付多少"的后付费机制逐步演变为"提前支付"的预付费机制，该政策也可能会引致部分低收入家庭陷入能源贫困陷阱（O'Sullivan et al.，2011）。

二、基准场景的选择

式（5-5）中的各项参数设定如下：有学者认为对于不同的能源种类 e 而言，我们可以得到一个合适的能源价格 $\overline{p}_x$ 和能源消费量 $\overline{x}$，使得 $p_1x_1 + p_2x_2 + \cdots + p_ex_e = \overline{p}_x\overline{x}$。因为，我们并未具体分析各类能源之间的关系，而是将其作为一种综合性的能源商品进行研究。所以，本章利用各地区居民的能源消费支出与平均能源消费量的比值来衡量各地区居民的能源价格 $\overline{p}_x$；平均能源消费量占比 α 是能源消费支出占总收入的比例。经计算，居民的能源价格 $\overline{p}_x$ 为 5.14 元/千克标准煤；平均能源消费量占比 α 为 0.053。

此外，初始碳配额作为个人碳交易机制的核心参数之一，配额大小的设定十分重要，这也是个人碳交易市场建设的重点与难点。范进等（2012）认为每个人都应该拥有相同的碳排放权。将产权界定给碳排放方还是受害方对于排放权分配的公正性至为关键，因此基于外部性理论，国务院发展研究中心课题组等（2009）提出任何一个人均没有无偿对他人施加净外部危害的权利，且任何一个人均有不无偿承担他人温室气体排放造成的净外部危害的权利，这是一种互不产生净伤害的准则（范进，2012）。也就是说，当各地区的消费者数量为 $m+n$，每个人的碳排放量为 ω_i 时，在没有补偿机制的条件下，每个人的排放对他人均不产生净外部危害，同时不受到其他消费者产生的碳排放危害，二者的关系为

$$\omega_i \times (m+n-1) = \sum_{i}^{m+n} \omega_i - \omega_i \tag{5-10}$$

由式（5-10）可得

$$\omega_i = \sum_{i}^{m+n} \omega_i / (m+n) = \overline{\omega} \tag{5-11}$$

即每个消费者的初始碳配额等于所有消费者碳配额的均值 $\overline{\omega}$。如果一个地区的人

均实际排放大于其人均初始碳配额，即 $\omega_i > \bar{\omega}$，其排放就对其他消费者产生了净外部危害，需要对超额排放进行补偿，反之则相反。因此，我们可以得到各地区的初始碳配额以及相应的均衡碳价格，具体如表 5-6 所示。

表 5-6　基本场景：各地区的初始碳配额以及相应的均衡碳价格

地区	$\bar{\omega}$	$\bar{p}_c$	ω^*	$\Delta\eta$	实际调整比例	p_{c0}
甘肃	2346.472	−376.48	1269.585	−45.89%	−50%	72.06
吉林	1981.874	−371.14	1301.875	−34.31%		11.10
四川	1264.771	−268.19	902.1593	−28.67%	−35%	93.12
黑龙江	3399.024	−166.01	2484.595	−26.90%		73.55
宁夏	1722.653	−205.72	1434.708	−16.72%	−20%	9.39
内蒙古	1430.289	−74.94	1270.323	−11.18%		73.84
上海	1754.786	−124.94	1583.433	−9.76%		3.34
辽宁	1554.144	−86.40	1418.015	−8.76%		13.60
湖南	1067.812	−138.30	984.5485	−7.80%	−10%	32.58
重庆	1443.729	−44.50	1334.742	−7.55%		43.48
安徽	1218.155	−130.39	1127.72	−7.42%		28.94
天津	951.6829	−71.69	905.2096	−4.88%		83.47
广西	1588.696	0.51	1608.331	1.24%		61.84
湖北	963.4942	15.80	977.2025	1.42%	−5%	89.68
浙江	1297.437	37.59	1340.064	3.29%		112.12
江西	838.8912	102.63	889.3015	6.01%	5%	8.48
贵州	1417.816	96.66	1519.651	7.18%		27.97
北京	1483.125	266.05	1776.951	19.81%		116.61
河北	1585.407	153.32	1924.465	21.39%	10%	153.32
云南	973.8177	254.93	1184.406	21.63%		116.64
山西	1309.548	205.19	1633.295	24.72%		111.08
山东	837.1224	401.66	1127.906	34.74%	20%	144.28
河南	766.7978	556.71	1108.77	44.60%	35%	88.75
福建	1415.121	603.77	2225.118	57.24%		169.69
东部	1328.797	170.43	1504.153	13.20%	3.37%	95.40
中部	1433.402	−232.96	1296.946	−9.52%	−15.42%	55.19
西部	1417.881	−86.74	1193.946	−15.79%	−20.93%	74.08
全国	1433.299	41.64	1376.508	1.12%	−12.51%	74.19

注：东部地区包括天津、浙江、辽宁、福建、上海、山东、河北、北京共 8 个省市，西部地区则有贵州、四川、云南、甘肃、宁夏、重庆共 6 个省区市，中部地区则包括内蒙古、山西、吉林、黑龙江、安徽、江西、河南、湖北、湖南、广西共 10 个省区市。$\bar{\omega}$、ω^* 的单位是千克，$\bar{p}_c$、p_{c0} 的单位是元/吨

从全国层面来看，如果以地区人均碳排放均值 $\bar{\omega}$ 作为初始碳配额，此时全国的碳交易价格是 41.64 元/吨。根据中国碳排放交易网公布的数据，自中国碳排放交易试点的碳市场建立以来，中国七个碳市场试点成交价格在 1.2 元/吨～106.17 元/吨。Li 等（2016）计算得出汽油市场的碳价格为 160 美元/吨；有学者研究发现当年的国际碳价格约为 150 元/吨。因此，从七大碳试点地区的碳交易价格来看，这是一个合理的碳交易价格。但是，分地区、分省份来看，部分省份的碳交易价格小于 0，其可能的原因在于初始碳配额过高；部分省份的碳交易价格过高可能是因为初始碳配额设置过低。因此，需要在此基础上对初始碳配额的大小进行参数设计。相对而言，本章在基准场景下的碳交易价格差异较大，这种配额分配方式不一定是合理的。因此，我们将根据各个省区市的实际情况对初始碳配额 ω 这一重要的碳交易参数进行设计。

假设在碳排放市场均衡的条件下，存在最小的碳交易价格，即此时的碳交易价格 $p_c^* = 0$，即消费者可以在碳交易市场上自由交换碳排放权，且无任何成本，或者初始碳配额刚好满足消费者的碳排放量。由此，基于式（5-5）的碳交易价格计算公式，可以初步计算碳交易价格为 0 时的最大碳配额 ω^*。理论上，该配额水平为各地区初始碳配额的最大值，否则将会出现碳配额交易量为负值的情况。进一步地，我们将 ω 与各地区的碳配额均值 $\bar{\omega}$ 进行比较，可以得到二者之间的缺口，从而得到相应的碳配额理论调整空间值，即

$$\Delta \eta = \frac{\omega^* - \bar{\omega}}{\bar{\omega}} \times 100\% \qquad (5\text{-}12)$$

进一步地，根据式（5-12）的理论调整空间值对初始碳配额 $\bar{\omega}$ 进行调整，得到一个合理的碳配额及相应的碳交易价格，达到效率与公平兼顾的目的。各地区的初始碳配额理论调整比例与实际调整比例如表 5-6 所示。对于 $\Delta \eta \leqslant 0$ 的地区，需要对相应的初始碳配额均值 $\bar{\omega}$ 进行下调；对于 $\Delta \eta > 0$ 的地区，需要对相应的初始碳配额均值 $\bar{\omega}$ 进行上调[①]，从而得到本章基准场景下的初始碳配额 ω_0 及相应的碳交易价格 p_{c0}。从调整后的初始碳配额和均衡碳价格来看，全国的碳交易价格为 74.19 元/吨。现有研究发现，中国碳试点与统一碳排放市场的均衡碳价格分别为 99 元/吨及 53 元/吨（Cui et al.，2014）。进一步地，分地区来看，东部地区的碳交易价格最高为 95.40 元/吨；西部地区次之，为 74.08 元/吨；中部地区最小，为 55.19 元/吨。

---

① 需要说明的是，若 $\Delta \eta$ 的理论调整空间很小，接近于 0，此时的碳交易价格过低，我们也尝试对 ω_1 进行下调，以得到一个更合理的碳价格。

三、基准场景下实施个人碳交易机制的政策效果

进一步地，我们将根据上述情况得到的初始碳配额及碳交易价格 p_{c0} 作为基准场景，分析这一参数下个人碳交易机制的实施对于能源贫困的改善作用。结合第二节的模型设定，个人碳交易机制实施前后能源贫困的变化情况如表 5-7 所示。

表 5-7　个人碳交易机制实施前后能源贫困的变化情况

地区	能源贫困发生率		ΔEP_0	ΔInt_0
	实施前	基准场景：实施后		
北部沿海	35.82%	26.92%	−24.16%	−31.82%
东部沿海	39.05%	38.04%	−1.98%	0.32%
东北	41.79%	35.75%	−13.79%	−7.04%
南部沿海	36.96%	21.74%	−41.18%	−13.27%
黄河中游	64.97%	60.72%	−7.24%	−24.38%
长江中游	65.19%	63.41%	−2.75%	−4.85%
西南	67.24%	63.39%	−7.24%	−9.34%
西北	69.50%	53.19%	−23.89%	−39.90%
全国	53.98%	48.81%	−9.58%	−10.95%

注：ΔEP_0、ΔInt_0 分别代表能源贫困发生率、能源贫困强度的变化

总体来看，在实施个人碳交易机制后，中国的能源贫困发生率相对于不实施个人碳交易机制的情况将下降 9.58%，同时，能源贫困强度下降 10.95%。可见，实施个人碳交易机制对于改善能源贫困发生率、减弱能源贫困强度存在一定的促进作用。具体地，从八大经济区的结果来看，在实施个人碳交易机制前，黄河中游、长江中游、西南地区、西北地区的能源贫困发生率较高，超过了全国平均水平。同时，在基准场景下，即在实施个人碳交易机制后，虽然能源贫困发生率和能源贫困强度均有所下降，但是能源贫困占比依旧很高。从能源贫困发生率的角度来看，南部沿海地区的能源贫困改善最为明显，北部沿海地区次之，西北地区位居第三，能源贫困发生率依次下降了 41.18%、24.16%、23.89%。从能源贫困强度来看，西北地区的能源贫困强度改善最大，北部沿海地区次之，黄河中游地区位居第三，但是，东部沿海地区的能源贫困强度不降反升，提高了 0.32%。

通过观察原始数据发现，实施个人碳交易机制后，能源贫困群体中一些地区没有脱离贫困或者贫困加剧具有两方面的原因：一是碳配额交易获取的货币补偿不足以帮助其填补贫困缺口，因此并未使其脱离贫困；二是居民在陷入能源贫困陷阱的同时，还属于高碳排放者，实施个人碳交易机制加剧其福利损失。这部分能源消费质量较低的高碳排放者，因为能源消费量不足等，还属于能源贫困人

群①。因此，对于这部分群体而言，个人碳交易机制的实施往往不利于其能源贫困的改善，在实施个人碳交易机制前，需要加快提升其能源消费质量②。

第五节　中国个人碳交易机制的核心参数设计：数量与价格

面对碳减排的压力与中国的现实情况，基于配额还是价格工具进行参数调整是一个重要的问题。Weitzman（1974）指出在完全信息条件下，数量和价格的调整对于结果没有差异，但是当信息不完全时，二者之间会存在一定的差异性。本节将在第四节的基础上进行敏感性分析，即如果要进一步降低能源贫困发生率与减弱能源贫困强度，PCT 机制的核心参数中，调整配额还是调整价格，哪一个更加有效？

一、初始碳配额参数：选择免费分配还是有偿分配？

碳配额的分配方式一般为两种：免费分配和有偿分配，其中有偿分配包含拍卖和固定价格出售两种形式。通过拍卖方式分配初始碳配额可以减少税收扭曲和初始碳配额分配不合理的问题，是一种更具成本效率的分配方式。并且，不同的拍卖方式会对初始碳配额分配产生影响（Cong and Wei，2010），对初始碳配额进行拍卖可以筹集资金，补贴能源消费短缺的家庭。固定价格出售与公开拍卖一样，都体现了"谁污染，谁付费"原则，可以通过市场化定价机制，为个人碳市场提供稳定的价格信号。

从中国碳交易试点的发展来看，初始碳配额的分配方式正在逐渐由免费分配过渡到有偿分配，并且以免费分配为主、有偿分配为辅。2019 年 11 月广东省生态环境厅发布《广东省 2019 年度碳排放配额分配实施方案》（简称《方案》），《方案》中明确规定，2019 年度配额实行部分免费发放部分有偿发放，其中，电力企业的免费配额比例为 95%，钢铁、石化、水泥、造纸和航空企业的免费配额比例为 97%。2018 年 7 月《天津市碳排放权交易管理暂行办法》（简称《办法》）发布，《办法》规定："配额分配以免费发放为主、以拍卖或固定价格出售等有偿发放为辅。"根据欧盟碳排放交易体系、北美区域温室气体减排行动及西部气候倡议的配额分配经验来看：电力行业配额分配方法正在由以免费分配为主向拍卖分配过渡，并且拍卖的比例在逐步增加，甚至全部通过拍卖进行配额分配。常见的三种个人碳交易初始碳配额的分配方案为 100%免费、60%免费配合 40%收费、100%收费。

因此，本章以固定价格出售作为有偿分配的方式，参考中国七大碳交易试点

---

① 不同人口特征碳排放水平对比见附录 B。

② 实施个人碳交易机制后各省份的能源贫困变化见附录 C。

的碳配额分配经验，对居民的个人碳交易分配方式进行比较，即通过免费分配与有偿分配之间的参数设计来分析分配方式对能源贫困的改善作用，具体的计算结果如表 5-8 所示。

表 5-8　有偿分配机制对能源贫困的影响

地区	均衡碳交易价格			能源贫困发生率			能源贫困强度		
	β=5%	β=10%	β=50%	β=5%	β=10%	β=50%	β=5%	β=10%	β=50%
	Δp_{c1}	Δp_{c2}	Δp_{c3}	ΔEP_1	ΔEP_2	ΔEP_3	ΔInt_1	ΔInt_2	ΔInt_3
北部沿海	−0.24%	−0.47%	−2.31%	0	1.25%	1.25%	0.03%	0.05%	0.25%
东部沿海	−0.19%	−0.37%	−1.79%	0	0	0	−0.01%	−0.02%	−0.07%
东北	−0.26%	−0.52%	−2.54%	0	0	0	−0.05%	−0.10%	−0.46%
南部沿海	−0.31%	−0.62%	−3.03%	0	0	4.76%	−0.03%	−0.06%	−0.27%
黄河中游	−0.25%	−0.49%	−2.40%	0	0	0.26%	0.02%	0.04%	0.21%
长江中游	−0.33%	−0.67%	−3.24%	0	0	0	0	0.01%	0.03%
西南	−0.34%	−0.68%	−3.27%	0	0	0	0	0	0
西北	−0.29%	−0.58%	−2.82%	0	0	−1.22%	−0.03%	−0.06%	−0.26%
全国	−0.27%	−0.55%	−2.67%	0	0.07%	0.13%	−0.01%	−0.01%	−0.07%

　　由表 5-8 的结果可以看出，随着免费分配配额的减少、有偿分配配额的增加，与基础场景相比，各地区的均衡碳交易价格均呈现出递减的趋势，并且价格的下降空间随着有偿分配比例的增加而增加。可以看出，有偿分配机制相当于间接的降价行为。具体地，从个人碳交易机制的能源减贫效果来看：首先，有偿分配比例很小（β=5%）时，对能源贫困群体福利的影响较低，个人碳交易机制对能源贫困的改善没有效果或不明显，其中能源贫困发生率并未发生改变，但部分地区的能源贫困强度下降，如东部沿海地区、东北地区、南部沿海地区和西北地区。其次，有偿分配的比例较小（β=10%）时，个人碳交易机制的作用开始逐渐显现，相对于基准场景，个人碳交易机制提高了能源贫困发生率，其中以北部沿海地区为代表，但是，大部分地区的能源贫困强度的下降比例开始增加。最后，有偿分配的比例适度（β=50%）时，个人碳交易市场对于能源减贫的效果开始出现差异化，其中对西北地区的能源贫困发生率表现为改善作用，对北部沿海、南部沿海、黄河中游等地区表现为加剧作用，其余地区并未发生改变。此外，东北地区、南部沿海、西北地区的能源贫困强度下降的比例均更高。出现这一现象的可能原因在于：第一，初始碳配额的分配方式对于碳交易价格的影响较小，即变化幅度较小，同时交易配额较低，因此福利变化也较小，对于能源消费的影响变化不大；第二，能源贫困群众的能源贫困强度较大，出售碳排放权的收益不足以填补能源贫困缺口；第三，高碳排放者同时属于能源贫困者，实施个人碳交易机制

不利于其能源贫困的改善。

因此，未来对于个人碳交易市场的建立，不能"一刀切"地进行，可以参考工业企业的碳市场建立情况，先选取几个省份作为建立个人碳交易市场的试点地区，检验个人碳交易政策的有效性等。在积累一定的经验后，再逐渐向全国推广，建立全国统一的个人碳交易市场需要分为几个阶段：一阶段针对能源贫困群体中能源消费质量较高，不属于高碳排放者的人群；二阶段针对能源贫困群体中能源消费质量高，但是能源消费缺口较大的人群；三阶段针对能源贫困群体中能源消费质量较低的人群，这部分人群往往也属于高碳排放者，因此需要先提高其能源消费质量，使其脱离高碳排放人群后，再实施个人碳交易机制。

二、均衡碳价格参数：如何规避能源贫困与碳贫困的双重陷阱？

能源贫困和碳贫困作为新型贫困，与居民日常生活中的能源消费密切相关。通过碳交易可以把碳贫困的外部性内部化。碳贫困的改善一方面需要减少碳排放，另一方面要增强获取"碳汇"的能力。碳交易根据"谁污染，谁付费"的原则，将碳排放产生的社会成本转化为私人成本，增强碳贫困群体获取"碳汇"的能力，同时将碳交易的货币补贴转化为扶贫资金。一般来说，部分能源贫困群体的碳排放额度是富裕的，属于非碳贫困群体；而高能源消费或低能源消费的个体，因为其排放量大，容易陷入碳贫困。但是，部分能源贫困人群的能源消费质量低，也可能造成排放量大，从而陷入碳贫困。那么，能源贫困与碳贫困之间是互补关系还是替代关系呢？如何通过合理的碳价格机制规避能源贫困与碳贫困的双重陷阱？

根据国家发展改革委的初步估计，从长期来看，300 元/吨的碳价是真正能够发挥绿色低碳引导作用的价格标准。相比之下，基准场景之下的碳交易价格 74.19 元/吨还存在较大的上升空间。因此，我们将在初始碳交易价格不变的情况下，提升碳交易价格，通过敏感性分析比较碳交易价格提升对能源贫困的影响，结果如表 5-9 所示。

表 5-9　碳交易价格提升对能源贫困的影响

地区	能源贫困发生率				能源贫困强度			
	提升 5%	提升 10%	提升 25%	提升 50%	提升 5%	提升 10%	提升 25%	提升 50%
	ΔEP_4	ΔEP_5	ΔEP_6	ΔEP_7	ΔInt_4	ΔInt_5	ΔInt_6	ΔInt_7
北部沿海	0	0.61%	0.14%	−1.99%	−0.72%	−1.42%	−2.64%	−3.60%
东部沿海	−0.68%	−1.35%	−1.35%	−1.35%	0.18%	0.36%	0.92%	2.21%
东北	0.39%	0.39%	0.78%	0.78%	0.83%	1.73%	4.50%	9.26%

续表

地区	能源贫困发生率				能源贫困强度			
	提升 5%	提升 10%	提升 25%	提升 50%	提升 5%	提升 10%	提升 25%	提升 50%
	ΔEP_4	ΔEP_5	ΔEP_6	ΔEP_7	ΔInt_4	ΔInt_5	ΔInt_6	ΔInt_7
南部沿海	−4.76%	−9.52%	−9.52%	−23.81%	0.62%	1.40%	3.81%	8.97%
黄河中游	0	0	−0.26%	−0.79%	−0.32%	−0.63%	−1.58%	−3.14%
长江中游	−0.28%	−0.08%	−0.76%	−0.76%	−0.04%	−0.07%	−0.16%	−0.27%
西南	0.27%	0.27%	0.46%	−0.15%	0.11%	0.23%	0.61%	1.31%
西北	0	2.95%	2.95%	6.61%	0.62%	1.25%	3.22%	7.04%
全国	0	0	−0.20%	−0.66%	0.18%	0.38%	1.08%	2.45%

基于表 5-9 的结果可以看出,在不同的碳交易价格提升幅度下,能源贫困的变化不同。从能源贫困发生率的角度来看,总体上,相对于基准场景,随着碳交易价格的提高,中国的能源贫困发生率会逐渐下降,并且主要作用于南部沿海地区;此外,除了东北地区和西北地区的能源贫困发生率有所提升,其余地区均有所下降。从能源贫困强度的角度来看,全国整体的能源贫困强度有所增强。具体地,除了北部沿海地区、黄河中游地区、长江中游地区的能源贫困强度有所下降外,其余地区均有所增强。具体地,碳交易价格提升后各省份能源贫困的变化类型汇总如表 5-10 所示。

表 5-10　碳交易价格提升后各省份能源贫困的变化类型汇总　　　　　　单位:个

能源贫困强度	能源贫困发生率	场景一:提升 5%	场景二:提升 10%	场景三:提升 25%	场景四:提升 50%
改善	改善	0	0	6	6
	无变化	11	9	3	3
	恶化	0	2	1	1
恶化	改善	3	4	4	5
	无变化	8	6	6	5
	恶化	2	3	4	4

从表 5-10 的结果可以看出,个人碳交易对各地区的能源贫困改善作用产生了异质性。结合附录 C 表 C-3 可以看出,与基准场景相比,提高碳交易价格后,居民的能源贫困会出现两种变化:能源贫困强度减弱或增强。对于能源贫困强度减弱的省份而言,随着碳交易价格的提高,个人碳交易机制中的价格参数对能源贫困的改善作用逐步显现。同时,部分地区会随着碳交易价格的提高,由能源贫困发生率较低的地区演化为能源贫困发生率较高的地区。相同情况下,对于能源贫

困强度增强的省份而言，碳交易价格的调整均不利于地区的能源贫困改善，如四川和黑龙江地区。同时，以湖南、浙江、福建为代表，随着碳交易价格的提高，虽然能源贫困强度会增强，但是能源贫困发生率会下降。因此，未来对于不同地区的居民而言，应该针对其所在地区的具体情况，实施差异化的碳交易价格调整机制。

具体地，结合表 5-8 和表 5-9 的结果可以对比分析在基准场景的基础上，实施有偿分配和碳交易价格提升两种政策的结果，即选择价格工具还是配额工具，结果如表 5-11 所示。

表 5-11 有偿分配与碳交易价格提升对比结果

地区	能源贫困发生率			能源贫困强度		
	有偿分配	碳交易价格提升	个人碳交易调整方式	有偿分配	碳交易价格提升	个人碳交易调整方式
北部沿海	+	+	不作调整	+	–	碳交易价格提升
东部沿海	0	–	碳交易价格提升	–	+	有偿分配
东北	0	+	不作调整	–	+	有偿分配
南部沿海	+	–	碳交易价格提升	–	+	有偿分配
黄河中游	+	–	碳交易价格提升	+	–	碳交易价格提升
长江中游	0	–	碳交易价格提升	+	–	碳交易价格提升
西南	0	+	不作调整	+	+	不作调整
西北	–	+	有偿分配	–	+	有偿分配
全国	+	–			+	

注："–"表示与基准场景相比能源贫困改善，"+"表示恶化，"0"表示无变化

从表 5-11 的结果可以看出：不同的政策，在不同的地区表现出了不同的特征。就能源贫困强度而言，除西南地区外，有偿分配政策与碳交易价格提升政策表现为相反的作用。总体来看，碳交易价格提升有助于降低能源贫困发生率，有偿分配有助于减弱能源贫困强度，基于此，提出相应的个人碳交易机制实施措施。一方面，通过个人碳交易机制降低能源贫困发生率，减缓绝对能源贫困；另一方面，通过个人碳交易机制能减弱能源贫困强度，减缓相对能源贫困。

具体地，为减缓绝对能源贫困，在东部沿海地区、南部沿海地区、黄河中游地区、长江中游地区，实施碳交易价格提升政策，即在基准场景实施个人碳交易机制的情况下，对均衡碳价格提升一定的幅度；在西北地区可以实施有偿分配政策，即拿出一部分的初始碳配额进行有偿分配；北部沿海地区、东北地区、西南地区不作调整。同样地，为减缓相对能源贫困，相应的个人碳交易机制调整方式如表 5-11 所示。总体上，实施碳交易价格提升政策更有利于降低能源贫困发生率；

实施有偿分配政策更有利于减弱能源贫困强度。

第六节　结论与政策建议

本章首先构建改进后的个人碳交易模型，然后通过能源阶梯理论分析能源贫困与碳排放之间的关系，以通过个人碳交易的参数设计分析个人碳交易机制对能源减贫的作用。其次，利用CRECS（2012年，2014年）的微观数据，测度出中国居民能源贫困的现状。最后，基于不同的参数，进行场景分析，评估不同参数的个人碳交易机制对各地区缓解能源贫困的影响。本章的结论与政策建议主要包括以下几点。

首先，基于"互不产生净伤害"的原则，将初始碳配额设置为各地区人均碳排放均值后，碳价将出现小于零或者过高的现象。因此，需要在此基础上进行调整，"一刀切"的配额设定政策并不合理。根据各地区的理论调整空间，将初始碳配额进行调整后，均衡碳价格与中国七大碳交易试点的碳价格相比更加合理。因此，未来政府对于初始碳配额的设定应该把握初始碳配额设置的松紧度，配额不宜过高也不宜过低。具体初始碳配额的大小可以在设定一个基准值后，根据各地区的情况进行调整。同时，要把握好碳排放总量的大小，碳排放总量的具体额度要根据经济发展水平及碳减排目标等进行相应的调整。

其次，基于能源贫困发生率及能源贫困强度的双重视角，实施个人碳交易机制后能源贫困均有所改善，但是东部沿海地区的能源贫困强度有所增强。对于能源贫困未得到改善的群体而言，其碳排放量较高，属于能源消费阶梯中的第一阶梯，实施个人碳交易机制可能会使其福利受损，因此，对于高碳排放者且能源贫困的居民而言，政府在实施个人碳交易机制前，应该加快帮助其提升能源消费质量，促进能源产品升级，降低碳排放量，进而再采取措施改善能源贫困。一方面，加快推进能源基础设施的建设，在硬件条件上保障消费者可以获取清洁高效的现代化能源，为实施个人碳交易机制提供保障；另一方面，通过直接提供能源配额这一手段，增加能源贫困群体的能源可获得性，改善能源贫困。

再次，从配额调整政策来看，与基准场景相比，实施配额有偿分配后，个人碳交易机制对能源贫困改善的效果并不明显,但在西北地区的能源贫困有所改善，并且有偿分配政策对于改善能源贫困强度的作用更强。因此，对于不同的地区而言，要实施差异化的配额有偿分配机制：对于能源贫困改善效果好的地区，有偿分配的比例可以略微高一点；但是，对于能源贫困改善效果较差的地区，有偿分配比例应该低一点，追求减贫目标的同时，需要保障市场的公平性。配额分配要把握好免费分配与有偿分配的比例，为保障市场的有效运行及消费者的可接受度，有偿分配的配额应该逐渐增加。此外，参考工业企业的碳交易市场建立模式，可以通过"试点"的方式，检验个人碳交易机制的有效性及其在运行过程中可能出现的问题，在个人碳交易机制逐渐完善后，逐步向全国推广。

最后，从价格调整政策来看，个人碳交易机制中价格参数的调整相对于配额的调整，对能源贫困的改善作用更加明显。总体上，随着碳交易碳价格的提升，能源贫困发生率的下降比例逐渐增加，并且主要作用于南部沿海地区。碳交易价格提升政策对于减缓绝对能源贫困即降低能源贫困发生率的作用更强。由此可见，制定合理的碳交易价格比配额有偿分配更为重要，合理的碳交易价格有助于保障碳交易的公平性，可以保障高碳排放者能够负担得起，也可以保障低碳排放者能够获取利益，达到约束与激励的双重目的。此外，碳交易价格的调整比例对各地区的能源贫困改善作用存在异质性。因此，未来对于个人碳交易市场中价格参数的调整应该具有差异性，否则无法有效地达成政策目标。基于不同的政策目标，选择不同的参数政策。一方面，通过个人碳交易机制降低能源贫困发生率，减缓绝对能源贫困；另一方面，通过个人碳交易机制降低能源贫困强度，减缓相对能源贫困。

探索有效的能源贫困改善方式显得尤为重要。以往的研究更多地集中在个人碳交易机制的减排效果，但是缓解气候变化与减缓能源贫困作为世界能源体系面临的两大难题，探索一个合理的机制以使两者达到协同作用是本书一次有益的尝试。事实上，当前中国居民的能源消费质量普遍偏低，能源消费转型升级较为困难，这不利于减排。由此，未来探索个人碳交易机制对于提升居民能源消费质量的可行性，从而达到改善能源贫困的效果将是我们关注的重点。

第三篇　优化设计篇

第六章 递增阶梯电价的分档电量优化设计：基于个人碳交易视角

第一节 引　　言

碳排放导致的全球气候变化已经成为人类发展的巨大威胁，为此，国际各界积极探索控制碳排放的可行措施，并逐渐形成了以碳税、碳交易为典型的多种规制手段。基于工业领域排放量大、可操作性强等特点，世界各国针对工业领域开征碳税、建立碳交易市场等，有效控制了工业领域的碳排放。但是，随着经济社会的发展，个人消费领域的碳排放增速逐渐超过工业领域，但当前全球范围内却鲜有针对个人消费领域碳排放的规制手段。在大多数发达国家，个人消费所产生的碳排放已经是碳排放的主要来源，随着中国的持续发展，中国居民消费及其引致的碳排放占比正在大幅增加。因此，为建设新时代生态文明，形成绿色发展格局，对个人消费的碳排放进行规制是新形势下生态环境保护的必然选择和必然趋势。

2016 年 4 月，中国政府正式签署了《巴黎协定》，并于 2017 年启动全国碳市场。由于能源消耗和碳排放之间的同源性，且电力行业作为高耗能、高排放的典型代表，对电力行业的排放控制自然成为政府实现规制目标的重要突破口。21 世纪以来，电力行业在发电效率和新能源等技术碳减排方面取得了显著成效，并且在资源环境价格改革的背景下，居民递增阶梯电价制度也发挥了积极作用。日益严峻的污染形势下，更加需要严格控制碳排放，为此，国家发展改革委于 2017年底印发了《全国碳排放权交易市场建设方案（发电行业）》。但是，要想更有效地实现绿色低碳发展，只针对工业领域实施碳排放规制手段是不够的。

实际上，基于个人消费领域的减排潜力，国际社会早已在个人消费领域开展了对碳减排的探索。瑞典于 1991 年起对家庭每吨碳排放征收 100 欧元碳税；2006年，英国环境大臣戴维提出了 PCT 计划，标志着 PCT 机制的实施；2015 年 7 月，广东省正式开展"碳普惠"试点建设，规定居民日常生活中的低碳行为可以转换为碳积分，从而兑换一些商品或折扣券等。但是，当前针对个人消费领域的碳排放控制手段并没有得以真正意义上的实施，而且对于个人消费领域的节能减排的相关研究明显不足。因此，基于电力资源的高排放属性以及个人消费领域碳排放的控制需要，本章将结合个人碳排放规制手段中的 PCT 机制，对居民阶梯电价制度的分档电量参数进行优化设计，以创新居民用电价格政策，实现相应的碳控制目标。

　　基于居民阶梯电价的实践要求与 PCT 机制的发展情况，国内外相关文献主要围绕阶梯电价的政策评估与优化设计、PCT 机制的理论基础及实践等方面展开。

　　阶梯电价政策推行以来，引发了学术界的广泛关注。基于阶梯电价的政策目标，学者主要研究了当消费者面临不同定价方式时电力消费行为的变化，包括用电量及居民用电支出变化等方面，进而评估阶梯电价在效率、公平、再分配及环境保护等方面的实施效果。有学者发现了阶梯电价对低收入群体的补贴作用。有学者更进一步地使用 Hausman（1981）的等价变化方法，衡量了阶梯电价政策的福利影响。有国内学者认为阶梯电价比统一电价更能兼顾福利与节能、公平与效率的问题，冯永晟（2014）提出阶梯电价更多地承担了社会调节的功能。有学者基于微观个体效用最大化原则对递增阶梯定价进行评估，发现递增阶梯定价结构确实减少了居民用电总量进而减少了终端能耗。

　　随着政策环境的变化，对阶梯电价政策相关参数进行优化设计的研究也逐渐增多。有学者指出，递增阶梯电价作为一种非线性定价机制，通过对不同收入和不同需求的用户群体的用电量进行划分，以实现对不同用户的区别定价，分段电量的科学核定是阶梯电价实现对不同用户群进行差别定价的关键。有学者对阶梯电价的分档电量做了理论研究，并认为每阶梯分档电量的确定需要根据收益率以及分档数来决定。Dahan 和 Nisan（2007）认为，由于各地区颁布的政策、经济发展水平等均有差异，所以阶梯长度、阶梯数都应有所不同。有学者通过变密度聚类的方法研究了中国阶梯分档电量的设置问题。随后，李媛等（2012）基于居民的需求响应，运用斯通-吉尔里（Stone-Geary）函数优化了上海市阶梯分档电量的水平。还有学者进一步通过 DCC（discrete continuous choice，离散连续选择）模型对比了杭州与上海的阶梯分档电量，提出应进一步优化阶梯分档电量个数及所包含的电量。

　　个人消费领域的碳排放正逐渐受到学术界的关注。Lenzen 和 Murray（2001）发现全球碳排放增长的主要原因是个人能源消费的提高，而且工业领域的终端能源消费量和碳排放量增速已经不及个人消费领域（Reinders et al.，2003）。王建明和王俊豪（2011）的研究表明中国家庭能源消费产生的直接碳排放量约占全社会碳排放总量的 21%。碳排放本质上是经济发展过程中的环境外部性问题，解决这一问题的本质办法就是将外部成本内部化（陈波，2013）。但是现行的碳交易市场参与主体主要是生产领域中的企业，并未包括消费者个体层面，忽视了个人消费领域的节能减排潜力。因此参照企业碳交易模式，部分学者从个人消费领域着手，研究 PCT 理论。

　　在 PCT 机制下，每个参与主体每年都可以获得由政府免费发放或者低价出售的一定数量的碳配额，在消费电力、汽油等产品时，参与主体不仅需要花费金钱，还要花费其个人碳账户中的配额（Betz et al.，2006）。Fawcett（2010）比较全面地总结了 PCT 机制的特征：碳配额免费分配、覆盖家庭能源消费、排放权可交易、初始碳配额逐年降低。部分学者通过焦点群体、问卷调查等方法研究了 PCT 的公平性、有效性及社会接受性等问题，其他学者则通过构建 PCT 的理论模型具体模拟了 PCT 机制可能产生的影响。例如，有学者基于 PCT 视角，通过构建消费者燃气电力资源与燃煤电力资源的选择模型，从电力生产的成本角度对阶梯电价进行了重新定价；Li 等（2015）指出由于每个参与主体的消费水平、收入水平以及消费偏好不一样，PCT 机制下的参与主体在保持效用水平不变的前提下，低碳排放者可以通过出售多余的碳配额进而获取额外的经济收入，高碳排放者可以通过购买额外的碳配额进而增加效用，实现了收入再分配功能，进而提高社会总福利水平；Li 等（2016）通过 PCT 机制对中国的汽油消费领域进行重新定价，结果表明，当把汽油价格由线性定价转化为两阶梯定价时，可以同时实现碳排放控制目标与增加社会福利目标。刘自敏等（2017c）对 PCT 视角下的阶梯电价最优价格进行了有益的探索。

通过上述梳理可以看出，一方面，大量文献对阶梯电价的分档电量进行了优化设计，但并没有文献从碳排放视角对分档电量的优化设计进行研究。随着人们生活水平的提高，个人能源消费领域如电力、（交通）燃油、燃气等能源需求将会大幅提高。就电力消费领域来说，中国政府利用价格手段应对资源与能源短缺压力，但日益严峻的气候形势迫切需要进一步的规制手段来解决。另一方面，上述文献表明一个更具合理性及可行性的做法是深入挖掘个人能源消费领域的节能减排潜力，PCT 机制则为解决个人消费领域的外部性提供了可行路径。另外，近年来政府越发重视收入再分配以及资源保护问题，所以基于此政策目标的结构设计也显得日益重要。那么以节能环保和改善收入分配为出发点的阶梯电价政策能否直接从终端消费领域进一步发挥减排作用，并进一步释放阶梯电价的再分配潜力将是一个非常具有研究意义的问题。

本章试图从 PCT 视角对阶梯电价的分档电量参数进行优化设计，可能的贡献与创新点包括：①在 PCT 理论及其应用方面，PCT 的施行仍然缺乏系统完善的理论支撑，本章从家庭电力消费层面探究 PCT 在能源领域应用基础的同时，为其他个人能源消费领域如（交通）燃油、燃气等提供经验借鉴，进一步地，也为 PCT 在全国层面的实施提供了前瞻性的思考。②在分档电量优化设计方面，没有文献从 PCT 视角对已经实施的阶梯电价政策进行优化设计，本章补充了环境目标如何嵌入个人能源消费的相关研究，为现行阶梯电价政策优化设计提供了新的视角，为更好地实现阶梯电价的政策目标以适应复杂的现实环境提供思路。

需要指出的是，分档电量和每档价格是中国阶梯电价机制的两个重要参数，这两个参数的确定，将为中国碳目标约束下的阶梯电价设计提供重要参考。在对价格进行优化设计的基础上，本篇关注设计分档电量、模拟碳交易在电力消费市场的应用，对现行阶梯电价机制的分档电量进行优化设计，以期改善现有电力消费领域收入再分配的情况并实现碳排放控制目标。余下结构安排如下：第二节构建 PCT 的理论模型及阶梯分档电量优化模型，第三节是数据说明，第四节分析具体的实证结果，第五节是结论与政策建议。

第二节　模　型　设　定

本节构建 PCT 的理论模型，求解不同碳约束程度下 PCT 市场的均衡碳价格。在此基础上，结合阶梯电价的定价结构对阶梯电价的分档电量进行再设计。

一、PCT 模型

PCT 机制覆盖微观个体生产生活中产生的碳排放，包括燃料、电力、交通等方面。PCT 的实质是通过价格机制来改变消费者的消费选择，碳价格最终影响的是消费者的收入。在此情况下，通过模拟 PCT 机制下消费者的收入变化量，并在此基础上将其转嫁到实际的碳排放活动中，达到将碳排放的外部性内部化的目的。这就可以避免构建 PCT 机制实际过程中的相关技术以及成本问题，但并不影响实际结果。借鉴 Li 等（2016）的研究，本章试图构建居民电力消费层面的 PCT 模型，并在此基础上对现行阶梯电价政策分档电量进行再设计。选择电力消费层面主要有以下三个原因：①电力行业是我国能源高消耗行业，其每年碳排放量约占中国全部碳排放量的 50% 以上，是减排潜力最大的行业；②中国现有电力系统的用户网络系统健全，可以获得精确、全面的居民电力消费数据；③单一研究电力消费层面的 PCT 机制，可以避免现有技术条件下不同层面碳交易机制的交叉交易成本难以估计的问题。

我们以家庭为单位，基于消费者效用最大化原则，在不失一般性的前提下出于研究方便，将居民消费的商品分为电力商品 x 和其他商品 y。消费电力商品将产生碳排放，而消费其他商品不产生碳排放，用电越多，相应的碳排放也就越多。假设 PCT 市场上有 m 个高碳排放者和 n 个低碳排放者，在 PCT 机制下，每个电力消费家庭将受到收入与碳配额的双重约束。PCT 机制中的一个关键点就是初始碳配额的分配问题，碳配额是政府适度干预 PCT 机制的一种有力手段，碳配额分配合理与否直接影响碳排放资源配置的效率和公平。有学者认为在 PCT 机制下所有人拥有平等的排放权，范进等（2012）通过外部性理论也论证了初始碳配额分配时的公平性，因此本章也假设每个消费者拥有相同的初始碳配额 ω。

实施 PCT 机制时，每一个碳排放量低于初始碳配额 ω 的家庭 l 可以在碳交易市场上出售剩余的碳配额 ψ_l；相反，每一个碳排放量高于初始碳配额 ω 的家庭 h 必须在市场上购买相应的碳配额 ψ_h。对于两种商品的效用模型，本章采用 Cobb-Douglas 效用函数建立消费者效用模型，同时假定消费者收入和商品价格水平相对固定。

$$U(x,y)=x^\alpha y^{1-\alpha}, \quad \text{s.t.}\begin{cases} p_x x + p_y y + p_c \psi \leqslant I\left(\text{影子价格}\,\varphi_1\right) \\ x\lambda - \psi \leqslant \omega\left(\text{影子价格}\,\varphi_2\right) \end{cases} \quad (6\text{-}1)$$

式中，x 为电力商品；y 为其他商品；ψ 为 c 这类产品的数量；p_y 为产品 y 的价格；α 为消费者电力消费占收入的比例；λ 为电网平均二氧化碳排放因子；p_x 为电价；$p_c\psi$ 为购买（出售）碳配额的花费（收入）。基于前面的介绍，电力商品 x 直接消耗碳配额，而其他商品 y 则不会消耗碳配额，消费者将根据效用函数确定 x 和 y 的份额大小。第一个约束条件表示消费者的所有消费之和应不超过收入 I，第二个约束条件表示消费者在扣除碳交易后的碳排放量应不超过初始碳配额 ω。如果 $\psi<0$，代表此消费者是低碳排放者，反之为高碳排放者。影子价格 φ_1 和 φ_2 被定义为约束条件每变化一单位所引起的消费者效用变化量。

式（6-1）的 KKT 条件如下：

$$\begin{cases} 0 \leqslant x \perp \alpha x^{\alpha-1}y^{1-\alpha} - \varphi_1 p_x - \varphi_2\lambda \geqslant 0 \\ 0 \leqslant y \perp (1-\alpha)x^\alpha y^{-\alpha} - \varphi_1 p_y \geqslant 0 \\ 0 \leqslant \varphi_1 \perp I - p_x x - p_y y - p_c \psi \geqslant 0 \\ 0 \leqslant \varphi_2 \perp \omega - x\lambda + \psi \geqslant 0 \\ 0 \leqslant \psi \perp \varphi_1 p_c + \varphi_2 \geqslant 0 \end{cases} \quad (6\text{-}2)$$

式中，"$\perp$" 为向量两两正交，即对偶理论中的互补松弛条件。

根据式（6-1）和式（6-2），PCT 市场中高碳排放者和低碳排放者的交易量分别为

$$\psi_h = \frac{\alpha\lambda_h I_h - \omega p_x - \omega(1-\alpha)p_c\lambda_h}{\lambda_h p_c + p_x} \quad (6\text{-}3)$$

$$\psi_l = \frac{\omega p_x + \omega(1-\alpha)p_c\lambda_l - \alpha\lambda_l I_l}{\lambda_l p_c + p_x} \quad (6\text{-}4)$$

在 PCT 市场上，将所有买者的需求函数与卖者的供给函数加总可以得到碳交易市场的总需求函数与总供给函数。假设居民用电平均价格为 $\bar{p}_x$，根据式（6-3）和式（6-4），市场总需求函数与总供给函数如下：

$$D = \frac{\lambda\alpha\sum_{h=1}^{m}I_h + m\omega\alpha\lambda p_c}{\lambda p_c + \bar{p}_x} - m\omega \quad (6\text{-}5)$$

$$S = n\omega - \frac{n\omega\alpha\lambda p_c + \lambda\alpha\sum_{l=1}^{n}I_l}{\lambda p_c + \overline{p}_x} \tag{6-6}$$

在一个封闭经济体中，市场出清时 $D = S$，求解均衡碳价格的公式为

$$p_c = \frac{\dfrac{\alpha\lambda}{m+n}\left(\sum_{h=1}^{m}I_h + \sum_{l=1}^{n}I_l\right) - \omega\overline{p}_x}{\omega\lambda(1-\alpha)} \tag{6-7}$$

PCT 机制下，低碳排放者可以通过出售剩余的碳配额而获得补贴，相反高碳排放者需要购买额外碳配额，从而实现碳交易市场的再分配效应。碳交易机制下的收入再分配效应和阶梯电价政策实行的初衷也是相契合的，PCT 行为将对消费者的电力消费选择产生影响。

二、阶梯分档电量优化模型

阶梯电价机制设计的参数包括阶梯数量、阶梯长度、阶梯价格、接入费以及免费用量等五类参数。五类参数中，在我国当前的现实背景下，阶梯数量是既定的，在阶梯电价中，在不同省区市尝试试行过两个、三个或四个阶梯，但在 2012 年全国实施阶梯电价后，统一实行三级阶梯定价。此外，我国的阶梯电价政策中不存在接入费和免费电量（给五保户的免费电量只针对极少数特殊人群）。因此，我们在进行最优阶梯定价机制设计时，需要重点关注最优阶梯长度与阶梯加价。因此，在刘自敏等（2017c）聚焦于 PCT 下居民电价优化设计的基础上，本章聚焦于另一个重要参数——分档电量，对两个阶梯门槛值进行优化设计。以期通过对电价与电量的完整优化设计，对中国阶梯定价机制进行系统与完整的分析和设计。

鉴于各省执行阶梯电价的具体方式不同，为突显阶梯电价的本质特征及简单起见，本章仅考虑纯递增阶梯定价的形式。阶梯电价的定价结构即当居民用电量小于某个门槛值时，居民用电价格为相对较低的第一阶梯价格，当超过这个门槛值时，居民将面临高于第一阶梯价格的第二阶梯价格，以此类推。阶梯电价下，居民用电成本可以表示为

$$C(Q) = \begin{cases} p_1 Q_1, & Q \leqslant Q_1 \\ p_1 Q_1 + p_2(Q - Q_1), & Q_1 < Q \leqslant Q_2 \\ p_1 Q_1 + p_2(Q_2 - Q_1) + p_3(Q - Q_2), & Q > Q_2 \end{cases} \tag{6-8}$$

式中，Q_1、Q_2 分别为阶梯电价的两个分档电量门槛值；p_i 为各阶梯价格；$C(Q)$ 为用电量为 Q 时的总成本。

接下来我们把 PCT 机制下的消费者收入变化量转嫁到居民电力消费上，消费者对 PCT 机制的反应就会体现在消费者电力消费选择上。但是在这之前，需要先

设定初始碳配额。由于各地执行政策时面临的环境及经济发展水平不同，截至
2021 年国内各省份的阶梯分档电量差异巨大，且各省份电网平均二氧化碳排放因
子数值差异明显，因此在设定初始碳配额 ω 时不能只考虑国家碳排放总量控制目
标，也应该兼顾各地区实际情况。在国家碳排放总量控制目标下，首先要考虑各
地区居民用电基本需求产生的碳排放，其次考虑由于各地区耗电排放因子的不同
而导致的居民用电实际碳排放量的差异，从而有针对性地分配初始碳配额 ω。故
本章首先以各地区居民平均用电量为参照点，求得覆盖各省区市居民平均用电量
所需的碳配额 ω_0，其次依照初始碳配额逐年递减的原则进行场景模拟（Fawcett，
2010）。根据 2020 年单位 GDP 二氧化碳排放在 2015 年基础上进一步降低 18% 的
碳减排目标，假设 GDP 的增长和人均能源消费同比例增加，那么要想完成此目标，
每年需要降低 3% 左右的碳排放量，因此我们在参照点的基础上将初始碳配额设
定为依次减少 2.5%、5% 以及 10%，即

$$\omega_{ij}=\bar{x}_i \times \lambda_i \times r_j \qquad (6\text{-}9)$$

式中，$\bar{x}_i$ 为各地区的居民平均用电量；λ_i 为平均二氧化碳排放因子；r_j 为初始碳
配额递减比率；ω_{ij} 为各地区逐年递减的初始碳配额。图 6-1 为初始碳配额的设定。
确定初始碳配额后，消费者将在碳市场上进行交易以满足用电需求从而使得自身
效用最大化。

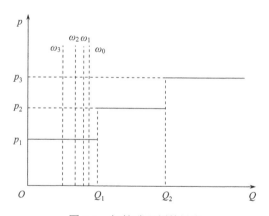

图 6-1　初始碳配额的设定

一般来讲，低收入群体的用电量要低于高收入群体，而用电量越高的居民其
产生的负外部性越大。那么在递增阶梯电价的定价结构下，考虑到收入再分配目
标，一个可行的做法是通过延长其所在的低价格阶梯长度来补贴低收入群体，即
利用其在 PCT 机制中所获收入换取延长当前所处的低价格阶梯长度的权利。对碳
市场中的买者来说，他在碳市场中的额外花费表示他失去了当前所处低价格阶梯

的权利，而提前进入了相对高价格的阶梯。根据初步计算，样本省区市居民年平均用电量为 1952.83 千瓦时，而第二阶梯平均门槛值为 2290.61 千瓦时，这意味着用电量处于第一阶梯的家庭绝大多数是碳市场上的卖者，那么预期大部分第一阶梯内的家庭将获得额外收入，第一阶梯长度将增加；类似地，第二阶梯及第三阶梯家庭将需要购买额外的碳配额来满足用电需求，那么第三阶梯门槛值将有所减小。

根据零利润均衡条件，两个阶梯门槛值的变化可以表示为

$$
\begin{cases}
Q_1^* = Q_1 + \dfrac{\sum\limits_{l=1}^{n}(\omega - Q_l\lambda)p_c}{p_1}, & Q_l \leqslant Q_1 \\[4mm]
Q_2^* = Q_2 - \dfrac{\sum\limits_{h=1}^{m_1}(Q_h\lambda - \omega)p_c + \sum\limits_{h=1}^{m_2}(Q_2\lambda - \omega)p_c - \sum\limits_{h=1}^{m}(Q_1^* - Q_1)(p_2 - p_1)}{p_2}, & Q_h > Q_1
\end{cases}
$$

$$(6\text{-}10)$$

式中，m_1 为第二阶梯的买者数量；m_2 为第三阶梯的买者数量。PCT 机制下的第二阶梯门槛值将在原门槛值的基础上有所增加，增加值相当于用电量处于第一阶梯内的家庭出售剩余碳配额所获平均收入除以第一阶梯价格；第三阶梯门槛值将在原门槛值的基础上有所减小，减小量等于用电量处于第二阶梯、第三阶梯家庭购买额外碳配额的平均花费减去由第一阶梯变长而导致的电费减少量，之后再除以第二阶梯价格。

第三节　数　据　说　明

本章使用的数据包括两部分，其中家庭层面数据来自 2014 年和 2016 年 CFPS，各省份的阶梯电价相关信息与电网平均二氧化碳排放因子来自国家发展改革委及国家统计局。

CFPS 数据是通过由北京大学中国社会科学调查中心自 2010 年在全国 25 个省区市（不包括新疆、西藏、青海、内蒙古、宁夏、海南、香港、澳门和台湾）实施的调查获得的，调查每两年进行一次，跟踪调查个体、家庭和社区三个层面的数据。其中家庭层面数据包括家庭人口、住房等特征数据以及家庭各项收支的具体数据。在所有与用电相关的指标中，本章重点考虑用电、家庭和收支三个方面。电力行业产生的碳排放量可以根据电网平均二氧化碳排放因子（又称电网用电排放因子或耗电排放因子）来计算，它表示消耗每度电所产生的二氧化碳排放量。截至 2020 年地域层面的电网平均二氧化碳排放因子包括两种：中国区域电网

平均二氧化碳排放因子和中国省级电网平均二氧化碳排放因子，由国家气候中心发布。

由于全国层面的居民递增阶梯电价政策始于 2012 年 7 月，故本章使用 2014 年和 2016 年 CFPS 数据。首先将原始电力消费数据调整到年度水平，其次与各省政府下发的阶梯价格进行匹配，最终得到完整的用电量以及相应电费数据。原始数据共 27 979 组，经过剔除缺漏值及明显不合理值，并对收入、支出以及电费进行 1%缩尾处理，最终得到有效数据共 25 287 组。变量的描述性统计（年度）如表 6-1 所示。

表 6-1 变量的描述性统计（年度）

类别	变量名	平均值	标准差	最小值	最大值
家庭信息	家庭总人口	3.754	1.838	1	19
	家庭纯收入	51 978.991	50 410.167	1 500	300 000
	家庭总支出	37 570.547	40 137.686	1 000	250 000
用电信息	用电量	1 952.830	1 505.245	214.286	8 417.888
	电费	1 112.918	1 002.447	120	6 000
其他消费信息	燃料支出	955.939	1 196.462	0	7 200
	交通支出	2 334.959	3 927.805	0	24 000
	其他消费支出	24 961.802	16 034.590	6 108	84 684
电力信息	第一阶梯价格	0.536	0.045	0.450	0.617
	第二阶梯门槛值	2 290.606	339.351	1 920	3 120
	第二阶梯价格	0.588	0.046	0.500	0.667
	第三阶梯门槛值	3 860.194	930.559	2 880	6 000
	第三阶梯价格	0.837	0.043	0.756	0.917
	电力总消费量	1 978.476	261.687	667.810	5 235.230
平均二氧化碳排放因子	区域电网	0.671	0.133	0.526	0.884
	省级电网	0.669	0.175	0.247	0.898

资料来源：作者根据 CFPS 数据、国家发展改革委公告及国家统计局相关数据整理

根据表 6-1 可以发现，各地区居民用电量的平均值约 1953 千瓦时，小于全国第二阶梯门槛值的平均值 2290.606 千瓦时，也就意味着绝大多数居民用电量处于第一阶梯。家庭信息中包含家庭总人口，一般来说，一户家庭总人口越多，或者用电器的数量越多，则家庭中电量的消耗量也就越多；家庭总收支指标中包含收入和支出，收入或者支出越高，相应的用电量一般也就越高。根据电网平均二氧化碳排放因子，可以求得居民用电所产生的碳排放量。

第四节　实证分析

本节基于 2014 年和 2016 年 CFPS 混合截面数据，首先按照 PCT 模型及分档电量再设计的思路，求解不同碳约束强度下的各地区均衡碳价格，并在此基础上求解分档电量门槛值，分析比较分档电量的变化；其次是估计居民用电需求价格弹性，进而分析比较 PCT 视角下的居民用电量及电费变化，并由此评估其节能减排及收入再分配效应。

一、均衡碳价格及分档电量设计

在 PCT 市场上，高碳排放家庭通过购买额外的碳排放配额以使效用最大化，低碳排放家庭通过出售多余的碳配额以获得额外收入，市场机制将自动确定均衡碳价格。基于式（6-7），我们可以求解出各地区的均衡碳价格。

数据处理过程中，我们用各省份居民的平均电费支出除以平均用电量来表示各省份居民平均用电价格 $\bar{p}_x$；α 代表了居民愿意花费在电力消费的份额大小，我们用各省份居民的平均电费支出占平均收入的比例来衡量。经过计算，样本数据中我国 25 个省份居民平均用电价格 $\bar{p}_x$ 为 0.570 元/千瓦时，居民平均用电分配比例 α 为 0.021（各地区详细数据未列出）。按照前文设定，将初始碳配额设为覆盖居民平均用电量时所需的碳排放量，并在此基础上持续降低，ω_1 表示在此基础上降低 2.5%，ω_2 和 ω_3 分别表示降低 5%、10%。我们将 25 个省份按照《中国统计年鉴 2015》中的分区方法划分为东部、东北、中部和西部地区，根据式（6-7）、式（6-9）和式（6-10），计算各地区的均衡碳价格、分档电量门槛及其变化量，如表 6-2 所示[①]。

表 6-2　均衡碳价格、分档电量门槛及其变化量

地区	ω	p_c /（元/千克）	Q_1^* /千瓦时	ΔQ_1^* /千瓦时	Q_2^* /千瓦时	ΔQ_2^* /千瓦时
东部地区	场景一 ω_1	0.021	2694.022	27.355	4694.055	79.279
	场景二 ω_2	0.043	2719.299	52.633	4606.785	166.549
	场景三 ω_3	0.091	2762.932	96.265	4405.607	367.726
东北地区	场景一 ω_1	0.018	2092.520	12.520	3153.378	46.622
	场景二 ω_2	0.037	2103.476	23.476	3101.882	98.118
	场景三 ω_3	0.079	2120.180	40.180	2982.644	217.357
中部地区	场景一 ω_1	0.026	2158.045	18.045	3870.521	69.479

---

① 各省份不同碳约束程度下的分档电量变化见附录 D。

续表

地区	ω	p_c / (元/千克)	Q_1^* /千瓦时	ΔQ_1^* /千瓦时	Q_2^* /千瓦时	ΔQ_2^* /千瓦时
中部地区	场景二 ω_2	0.053	2174.230	34.230	3794.344	145.656
	场景三 ω_3	0.113	2200.397	60.397	3619.661	320.339
西部地区	场景一 ω_1	0.032	2161.492	18.635	3594.006	57.422
	场景二 ω_2	0.066	2178.446	35.589	3530.627	120.801
	场景三 ω_3	0.139	2206.749	63.892	3384.014	267.416
总体平均		0.060	2297.649	40.268	3728.127	163.064

表 6-2 中，总体平均均衡碳价格约为 0.060 元/千克，也即 60 元/吨。不同场景下的平均均衡碳价格如表 6-3 所示。

表 6-3　不同场景下的平均均衡碳价格　　　　　　　单位：元/吨

项目	场景一	场景二	场景三	平均
碳价格	24.25	49.75	105.51	59.84

2016 年国际可比碳价格约 150 元/吨；《中华人民共和国气候变化第一次两年更新报告》显示，截至 2015 年底，中国七大碳交易试点平均成交价格 28 元/吨。七大碳交易试点公开数据显示，2013～2016 年历史碳价格范围处于 3.28～130.90 元/吨。根据表 6-3 可以看出，在当前的参数设定下，计算所得的 PCT 市场的碳价格是合理的，这也反映了本章研究设定的合理性。随着碳约束的力度加大，碳价格的上涨仍处于合理范围，这可以防止工业与居民不同碳市场之间的套利行为。同时，Li 等（2016）通过对汽油市场阶梯定价进行研究，得出碳价格为 160 美元/吨，相比本章的碳价格更接近中国国情，价格水平较为合理且易于实施。

在碳价格的作用下，PCT 机制下的各地区分档电量门槛值发生了很大变化。首先，PCT 机制下的阶梯电价第二阶梯门槛值平均增加 40.268 千瓦时，约 1.78%，第三阶梯门槛值平均减少 163.064 千瓦时，约 4.19%，且第三阶梯门槛值减小量大于第二阶梯门槛值增加量。在碳约束下，由于各地区平均用电量大多处于第一阶梯内，所以第一阶梯居民将出售多余的碳配额从而获得收入，这份收入将换取额外享受第一阶梯低电价的权利，相当于延长第一阶梯长度，即提高第二阶梯门槛值；而第二阶梯与第三阶梯的居民需要购买额外的碳配额，在负外部性内部化的原则下，这份多余的花费意味着应降低第三阶梯门槛值，相当于提前将第二阶梯用电价格提高到第三阶梯的价格。这也从侧面反映了各地区阶梯长度设置得不合理，PCT 视角下的分档电量结果表明第一阶梯长度应该更长，而第二阶梯长度应该缩短。另外，从阶梯电价政策角度出发，一般来说，居民收入越高，其在更高阶梯上的分布比例越大，其用电量就越高。PCT 视角下的分档电量设计恰恰可以降低低收入水平居民的用电费用，同时提高中高收入水平居民的用电费用，递增阶梯电价政策的一个很重要的目标就是实现收入的再分配，即高收入水平居民补贴低收入水平居民，所以 PCT 机制下的分档电量设计方案强化了阶梯电价的收入再分配效应。

其次，初始碳配额显著影响分档电量门槛值的变化量，初始碳配额每减少1%，第二阶梯门槛值变化量增加约 31.18%，第三阶梯门槛值变化量增加约 43.08%，平均为 37.13%。碳配额的持续减少使得第一阶梯长度愈加增大，第二阶梯长度愈加减小。这个结果不难理解，碳配额的数量表示碳约束的强度，碳配额的持续减少即碳约束强度持续增大，碳市场的供求机制决定了均衡碳价格将随之提高。而均衡碳价格的提高也就表示购买（出售）碳配额的花费（收入）将随之变大，进而各分档电量门槛值的变化量也将变大。事实上，初始碳配额的逐年降低，将会促使消费者通过技术选择和改变行为方式，逐步适应低碳生活方式。这也就意味着，PCT 机制可以为政府规制者提供一个灵活的政策工具，即初始碳配额，通过对初始碳配额的控制为实现不同的碳排放控制目标提供了可能。另外，第三阶梯门槛值减小更快表示用电量较大的家庭将更快步入第三阶梯，从而更好地抑制可能存在的奢侈浪费用电现象；而第二阶梯门槛值变化趋势属于平稳增加，且增加值并不大，从而不会造成第一阶梯家庭过度用电。综合来看，PCT 机制提高了碳排放的可视性及消费者的碳意识，能够直接作用于消费者并影响其用电行为（范进，2012），促进了阶梯电价政策节能减排目标的实现。

最后，分地区来看，第二阶梯门槛值东部地区的变化量最大，其次是西部地区，之后是中部地区，最后是东北地区；而第三阶梯门槛值东部地区的变化量最大，其次是中部地区，之后是西部地区，最后是东北地区。第二阶梯门槛值的增加量越大，表示第一阶梯出售的碳配额越多，也就意味着第一阶梯内的居民用电比较靠近阶梯左端，用电量较低；第三阶梯门槛值的减小量越大，表示第二阶梯及第三阶梯购买的碳配额越多，这意味着第二阶梯内的居民用电靠近阶梯右端，且第三阶梯居民也占一定比例。具体来看，东部地区的各级分档电量门槛值均高于其他地区，其次是中部地区略高于西部地区，而东北地区的分档电量门槛均较小，这和当地的经济发展水平及居民收入水平是分不开的，各地区根据自身实际情况设置分档电量，但不可否认的是，前述结果证明了其分档电量设置仍存在不合理之处。可以发现，东部地区分档电量门槛设置得最不合理，没有精确迎合各收入群体用电需求，用电量呈两极分化趋势；东北地区的各阶梯门槛值变化量都是最小的，较之其他地区更合理，较好地满足了各收入群体的用电需求，但仍然存在调整空间。

二、弹性估计及不同场景的比较

PCT 视角下，居民用电第二阶梯门槛值增大，第三阶梯门槛值减小。那么，第一阶梯的阶梯长度将增加，第二阶梯的阶梯长度将减小。由此，第一阶梯门槛值增加引致的阶梯电量增加面临的电力价格将从 p_2 降低为 p_1，而第三阶梯门槛值减小引致的阶梯电量增加面临的电力价格将从 p_2 提高到 p_3。在价格弹性的作用下，居民的用电量将增加或减少。接下来，我们将检验 PCT 视角下阶梯电价的节能减排及收入再分配效应。首先在估计居民用电价格弹性的基础上，依次分析当分档电量门槛值发生变化时不同收入水平居民的用电量及用电费用的变化，其次是比较不同收入水平的居民在不同阶梯分布比例的变化。

在求解价格弹性时，首先需要明确非线性定价情况下消费者对何种价格做出反应，学界对此稍有争议。Taylor（1975）指出消费者并不只对单一价格（平均价格或边际价格）做出反应，Borenstein（2012）认为消费者是对边际价格做出反应，而 Ito（2014）的研究表明消费者是对平均价格做出反应。本章假设消费者对阶梯电价平均价格做出反应，基于此可以在求得价格弹性的基础上分析比较不同场景下的居民用电量及电费差异，即根据弹性定义 $\varepsilon = \dfrac{\Delta q}{q} \Big/ \dfrac{\Delta p}{p} = \dfrac{(q-q_1)}{(q+q_1)/2} \Big/ \dfrac{(p_1^* - p_1)}{(p_1^* + p_1)/2}$，可得

$$q = \frac{q_1\left[(1-\varepsilon)p_1 + (1+\varepsilon)p_1^*\right]}{(1+\varepsilon)p_1 + (1-\varepsilon)p_1^*} \tag{6-11}$$

根据式（6-11），计算比较不同场景下居民平均用电价格由 p_1 变化至 p_1^* 导致的电量需求变化 Δq 以及新场景下的需求量 q。

在弹性估计方法中，由于 CFPS 数据中包括家庭各种生活支出方面的数据，为了更好地利用数据，所以本章采用 ELES 模型来估计居民用电价格弹性，同时，鉴于 ELES 模型较为成熟，这里不再对其进行赘述。CFPS 数据中包含居民能源消费信息及生活其他消费信息，其中能源消费支出包括电力支出、燃料支出及交通支出，生活其他消费支出包括居住、食品、衣着等支出。为了研究方便又不失科学性，把除能源之外的生活其他消费支出进行加总，统称为其他消费支出，之后分别估计四类支出的需求特征。

采用 OLS 分别估计 2014 年和 2016 年全国总体电力支出（X_1）、燃料支出（X_2）、交通支出（X_3）及其他消费支出（X_4）与家庭可支配收入（I）之间的关系，ELES 模型估计结果如表 6-4 所示。

表 6-4　ELES 模型估计结果

系数	电力支出	燃料支出	交通支出	其他消费支出	总计
α_i	719.247***	850.271***	456.658***	15 621.050***	17 647.226
	(84.942)	(77.941)	(14.338)	(128.986)	
β_i	0.007***	0.002***	0.036***	0.180***	0.225
	(63.985)	(13.490)	(82.131)	(107.416)	

注：括号内为 t 统计值

***表示在 1% 的水平上显著

经过计算得到总体平均用电需求价格弹性为 –0.196，缺乏弹性，说明居民用电需求对价格不敏感。我们根据样本家庭收入百分位数特征，将年收入 10 000 元、25 000 元、75 000 元及 100 000 元作为划分五个收入水平居民的门槛值，即年收入小于 10 000 元的为低收入水平居民，年收入介于 10 000 元（含 10 000 元）与 25 000 元的为中低收入水平居民，以此类推。分档电量门槛值发生变化之后，居民面临的用电价格也发生变化，故其用电支出也将发生变化，随之变化的是其平均用电价格，根据式（6-11），可以求解居民用电量及电费的变化，如表 6-5 所示[1]。

表 6-5　不同收入水平居民用电量及电费的变化

场景	收入水平	变化类型	东部地区	东北地区	中部地区	西部地区
场景一 ω_1	低收入	用电量变化	–0.181	–0.039	–0.020	–0.128
		电费变化	0.598	0.123	0.063	0.390
	中低收入	用电量变化	–0.101	–0.133	–0.067	–0.133
		电费变化	0.367	0.410	0.215	0.412
	中等收入	用电量变化	–0.267	–0.246	–0.367	–0.388
		电费变化	0.893	0.730	1.214	1.194
	中高收入	用电量变化	–0.290	–0.519	–0.609	–0.864
		电费变化	0.992	1.549	2.000	2.529
	高收入	用电量变化	–0.952	–0.865	–0.916	–0.990
		电费变化	3.145	2.620	3.071	2.994
场景二 ω_2	低收入	用电量变化	–0.689	–0.090	–0.050	–0.285
		电费变化	2.067	0.280	0.156	0.856
	中低收入	用电量变化	–0.356	–0.290	–0.176	–0.297
		电费变化	1.158	0.894	0.561	0.920
	中等收入	用电量变化	–0.699	–0.534	–0.800	–0.854
		电费变化	2.255	1.590	2.648	2.621

[1] 各省份不同收入水平居民用电消费特征的变化见附录 E。

续表

场景	收入水平	变化类型	东部地区	东北地区	中部地区	西部地区
场景二 ω_2	中高收入	用电量变化	−0.833	−1.114	−1.404	−1.902
		电费变化	2.696	3.329	4.589	5.553
	高收入	用电量变化	−2.199	−1.840	−2.025	−2.140
		电费变化	7.174	5.585	6.778	6.474
场景三 ω_3	低收入	用电量变化	−2.072	−0.239	−0.166	−0.719
		电费变化	6.085	0.734	0.512	2.174
	中低收入	用电量变化	−1.138	−0.686	−0.555	−0.822
		电费变化	3.548	2.113	1.762	2.498
	中等收入	用电量变化	−2.009	−1.260	−1.983	−2.164
		电费变化	6.327	3.762	6.554	6.600
	中高收入	用电量变化	−2.446	−2.550	−3.583	−4.601
		电费变化	7.730	7.662	11.685	13.456
	高收入	用电量变化	−5.624	−4.189	−5.014	−5.294
		电费变化	18.199	12.773	16.754	16.110

注：用电量的单位为千瓦时，电费的单位为元

从表 6-5 中可以看出，各收入水平居民的用电量均稍许下降，而电费均增加，且随着初始碳配额的减少以及收入水平的提高，用电量下降程度与电费增加程度也越大。理论上来说，第二阶梯门槛值的增加会降低电费，从而促使居民增加用电量；第三阶梯门槛值的减小会增加电费，从而促使居民减少用电量。从结果来看，整体上电费是增加的，且居民用电量的减少量多于增加量，所以平均来说用电量相对减少。

分地区和收入水平来看，以场景三为例，东部地区低收入水平居民与高收入水平居民的用电量及电费变化量最大，而其他收入水平的变化量并无明显的地区差异。这和前文分档电量调整结果基本吻合，东部地区的分档电量变化量最大，而低收入水平居民与高收入水平居民基本分别分布在第一阶梯与第三阶梯，所以东部地区的低收入水平居民与高收入水平居民用电行为变化最大，东北地区刚好与之相反，其变化量最小。而其他收入水平居民分布在各阶梯上的比例并没有显著的地区性差异，所以其用电行为变化并没有体现在地区差异上。

此外，我们分析比较了不同收入水平居民的用电阶梯分布比例，如表 6-6 所示。

表 6-6　不同收入水平居民的用电阶梯分布比例

场景	电量分布	低收入	中低收入	中等收入	中高收入	高收入	合计
基准场景	第一阶梯	87.61%	81.50%	70.85%	57.81%	48.65%	70.87%
	第二阶梯	8.86%	13.58%	19.69%	26.74%	28.40%	18.97%

场景	电量分布	低收入	中低收入	中等收入	中高收入	高收入	合计
基准场景	第三阶梯	3.52%	4.92%	9.47%	15.45%	22.95%	10.16%
	合计	100.00%	100.00%	100.00%	100.00%	100.00%	100.00%
场景一	第一阶梯	87.91%	81.77%	71.14%	58.13%	49.05%	71.18%
	第二阶梯	8.53%	13.07%	19.06%	25.45%	27.24%	18.27%
	第三阶梯	3.56%	5.17%	9.80%	16.42%	23.71%	10.55%
	合计	100.00%	100.00%	100.00%	100.00%	100.00%	100.00%
场景二	第一阶梯	87.91%	81.77%	71.14%	58.13%	49.05%	71.18%
	第二阶梯	8.42%	12.95%	18.95%	24.81%	26.68%	18.06%
	第三阶梯	3.67%	5.28%	9.91%	17.06%	24.26%	10.76%
	合计	100.00%	100.00%	100.00%	100.00%	100.00%	100.00%
场景三	第一阶梯	88.17%	82.18%	71.42%	58.50%	49.40%	71.50%
	第二阶梯	7.49%	11.53%	16.93%	22.41%	22.02%	15.89%
	第三阶梯	4.34%	6.29%	11.65%	19.09%	28.58%	12.60%
	合计	100.00%	100.00%	100.00%	100.00%	100.00%	100.00%

注：表中数据之和不为 100%是数据修约所致

　　表 6-6 显示，分档电量门槛值调整之后，不同收入水平居民在各阶梯上的分布比例发生了变化，但变化量并不明显。总体来看，不管是哪个场景下，大部分居民的电力消费处于第一阶梯，随着收入水平的提高，高收入水平居民在更高阶梯上的占比也越大。具体来讲，在 PCT 机制下，随着初始碳配额的减小，第一阶梯居民占比由 70.87%逐渐上升至 71.50%，而第二阶梯居民占比由 18.97%逐渐下降至 15.89%，第三阶梯居民占比由 10.16%上升至 12.60%。PCT 视角下的分档电量调整，相当于把原第二阶梯左边一部分划为第一阶梯，右边一部分划分为第三阶梯，那么在此情况下，上述结果确实体现了此过程。虽然如前文所述，分档电量门槛发生变化之后，居民平均用电价格会发生变化，从而在价格弹性的作用下居民用电行为会随之变化，但从结果来看，这种变化并不明显。这在很大程度上是因为分档电量调整的居民数量较少，与之前的分析结果一致，居民用电存在两极分化现象，所以分档电量的调整并没有改变大多居民所处的阶梯分档。

　　但值得注意的是，阶梯电价自 2012 年实行以来，各地区仅对其进行小幅度调整甚至不调整，正如刘自敏等（2017a）的研究所述，规制者应考虑每隔三年左右做一次定价调整。而且，随着 PCT 机制的逐年施行，递减的碳配额将会提升居民的节能减排意识，另外，随着贫富差距的缩小，居民用电会逐渐趋于分散，此时的 PCT 视角下的分档电量调整将会显著影响各阶梯的居民占比情况，进而实现国家设定的第一阶梯、第二阶梯覆盖 80%及 95%居民用电的政策目标。

第五节　结论与政策建议

利用 2014 年和 2016 年 CFPS 数据及宏观公开数据，本章首先构建了 PCT 的理论模型，进而求解 PCT 市场的均衡碳价格，其次在此基础上对我国现行阶梯电价政策分档电量参数进行再设计，再次采用 ELES 模型估计了居民用电需求价格弹性，最后分析比较了 PCT 视角下阶梯分档电量调整引起的居民用电量以及电量分布特征的变化，以探讨 PCT 机制的实施及其政策效果。本章的结论与政策建议主要包括以下几点。

首先，PCT 视角下的阶梯电价第二阶梯门槛值增加，第三阶梯门槛值减小。PCT 视角下的分档电量调整，实质上是将电力消费领域的环境负外部性内部化，并将由此引起的收入变化转化为相应的低电价权利。阶梯电价实行十余年以来，整体上基本实现政策设计的初衷，如促进节能减排与收入再分配等，但通过本章的分析可以看出，居民收入提高的同时贫富差距依然存在，导致居民用电存在相应的两极分化现象，尤其是低收入水平居民用电量仍然较低，在此情况下，PCT 视角下的第一阶梯长度增加则可以使其增加用电量的同时而不进入第二阶梯，这在一定程度上降低了其用电负担。因此，PCT 视角下的阶梯定价为规制者实现不同的政策目标提供了一个新的思路。

其次，初始碳配额的大小显著影响分档电量门槛的变化量，随着初始碳配额的减少，分档电量门槛变化量增大。初始碳配额的设定，关系到 PCT 机制公平与否及其实施效果。随着中国环境与能源形势的日益趋紧，中国政府面临的国内外舆论与民生保障压力也进一步加大。因此，PCT 机制的实施为政府完成碳排放总量控制目标提供了一个灵活可行的解决方案，政府根据整体环境资源的实际情况来定制具体的节能减排目标，之后按照一定原则来分配初始碳配额，且应该动态调整初始碳配额的大小来达到调整碳交易价格的目的，从而调整阶梯电价的分档电量，配合阶梯电价政策更好地完成节能减排目标。

再次，PCT 视角下的分档电量调整强化了阶梯电价政策的节能减排效果以及收入再分配功能。当前中国居民收入普遍上涨，居民用电需求增长加快，而居民用电需求却相对缺乏弹性，造成居民用电铺张浪费现象愈加严重。PCT 机制下的分档电量调整降低了总体用电量的同时有选择地提高了居民电费，这对发电侧的效率利用具有极大的促进作用，同时对总电费的调节改变了消费者的福利水平，高收入水平家庭增加的电费远大于低收入水平，从而实现了收入再分配功能。PCT 机制的探索为政府提供了一个节约能源以及调整收入分配的有力工具。

最后，PCT 视角下的分档电量调整，使得第一阶梯与第三阶梯家庭占比增加，第二阶梯家庭占比减少，但变化并不明显。PCT 视角下，虽然分档电量发生变化，但由于居民用电呈现一定程度的两极分化现象，居民用电行为并没有产生很大幅度的阶梯跳跃，从而各阶梯分布比例变化不太明显，尤其是第一阶梯居民占比仍没有达到80%的覆盖目标。那么此时或许可以结合阶梯价格的调整来扩大第一阶梯占比，如提高第二阶梯、第三阶梯价格，可以更直接地降低其居民占比。

碳排放控制目标的趋近和《国家发展改革委关于创新和完善促进绿色发展价格机制的意见》的出台，将会使个人能源消费领域的碳减排问题得到更多关注。当然由于个人能源消费数据获取难度大，且不同能源、不同技术的排放系数的度量复杂，个人能源消费领域的碳交易手段的合理性及可行性还需要深入研究。因此，数据相对较完善的电力行业产品设计是PCT机制值得进行深入探索的研究方向，本章只对阶段电价的分档电量进行了优化设计，分档电量与阶梯价格的联合优化是本书的后续研究方向，这将涉及高维机制设计问题。

第七章 能源价格映射与阶梯碳税政策设计

第一节 引 言

低碳发展可推动绿色发展，构建绿色低碳、循环发展的经济体系。同时，大力发展清洁能源、可再生能源和绿色环保产业，可增强发展的可持续性。

工业行业是我国二氧化碳排放的主要领域，工业行业二氧化碳排放量占全国总排放量的80%左右，因此实现重点行业的碳减排是保证低碳发展的关键。刘甜等（2015）的研究表明经济结构的"重工业化"、能源消耗"高碳化"导致二氧化碳排放总量不断增加，使得单位GDP能耗从低于逐渐到高于全国水平，碳排放强度也高于国家平均水平。胡鞍钢（2021）的研究表明中国工业与制造业生产结构比重高，这反映了工业与制造业单位增加值能耗高，因此也成为全国节能减排的重中之重。因此，工业行业减排的效果是实现低碳发展需要重点关注的对象。

碳排放量与工业行业和经济发展密切相关，也与能源的消耗密切相关。减少化石能源的消耗，大力发展清洁能源，能促进低碳发展的实现并推动工业行业的绿色转型。能源绿色化对碳排放强度及总量的下降具有最重要的作用。它既可以作为能源发展的重中之重，也可以作为约束性指标。在要素市场供求机制中，化石能源价格上升不仅会促使企业为降低生产成本而减少化石能源类的生产项目，而且会促使社会群体减少对化石能源类产品的消费。在这一作用下，化石能源价格上升将带动产业结构从化石能源类高能耗与低技术密集型产业向清洁能源类低能耗与高技术密集型产业转变。魏一鸣等（2018）的研究表明能源系统各个行业如电力行业、化工行业、钢铁行业、交通运输部门等需要加快绿色转型步伐。

实现各行业绿色转型需要对行业生产时化石能源使用和排放行为进行限制，完善碳定价机制对工业行业二氧化碳减排有重要作用，因此政府通常通过开启碳排放权交易或是征收碳税的方式，对部分行业的碳排放量进行控制。中国已成立八个碳交易试点地区，而在碳税方面的政策则较少。胡鞍钢（2021）认为我国减排承诺的实现，必须有税收政策的支持，要使碳税成为新的税种税源，专用于节能减排。因此，为完善减排政策、灵活抑制碳排放，应将碳税的征收纳入减排政策。而且，由于节能减排与企业逐利行为以及个人消费自主性之间存在矛盾，高耗能、高碳排放企业和消费人群较难自主、自觉地参与碳减排任务。碳税由政府根据减排目标和市场情况来进行设计和制定并强制征收，因此能够解决这种矛盾。因此，许多学者和专家围绕碳税展开了较为详细的研究工作。现有文献对碳税政策的研究可分为以下三个方面。

第一方面是关于碳税政策产生影响的研究。大量的研究主要考察了碳税对环境污染治理的作用和对经济发展的影响，认为碳税既能减少环境污染也能促进经济增长，可实现双重红利。有学者提出了一个非线性优化模型，并选取中国典型的碳排放量巨大的渤海湾地区作为研究案例，结果表明优化的碳税可以实现双重红利、降低碳排放并促进经济增长。有学者的研究表明，存在减排效果最佳的碳率，同时征收碳税将会导致较大的 GDP 损失，因此应在开征碳税的同时降低其他税收。征收碳税对大部分地区的经济增长起到拉动作用，只对少数地区的经济增长产生较小的抑制作用。一般来说，碳税对经济增长的影响具有两面性：一方面，征收碳税会降低私人投资的积极性，对经济增长产生抑制作用；另一方面，征收碳税可以增加政府的财政收入，从而扩大政府的整体投资规模，对经济增长起到拉动作用。

第二方面是关于碳税政策类型的研究，其主要围绕单一碳税和阶梯碳税展开。在单一碳税的研究方面，石敏俊等（2013）的研究设计了单一碳税、单一碳排放交易以及碳税和碳交易相结合的复合政策等不同情景，分析结果显示碳税的 GDP 损失率最小，减排成本较低。姚昕和刘希颖（2010）通过有经济增长约束的中国气候与经济动态综合模型，得出渐进性最优碳税征收额并得出最优碳税为 18.28 元/吨。Dong 等（2017）发现碳税为 120 元/吨时减排效果最佳。有学者的研究表明中国碳税税率宜从低方案起征，按照循序渐进的原则，逐步形成完善的碳税，大概的增长过程为 2020 年提高到 50 元/吨，2030 年再提高到 100 元/吨。在阶梯碳税的研究方面，有学者认为单一碳税和阶梯碳税都能够将碳排放控制在规定范围，但是相较于单一碳税，阶梯碳税能显著减少行业的负担并鼓励低碳排放行业生产，对高碳排放行业具有更强的限制性，并且阶梯碳税能够灵活地适应政府碳税收入与行业碳税负担之间的关系，所以阶梯碳税能更好地达到对排放和产量的多样化的要求。张济建等（2019）的研究则表明，阶梯碳税对碳减排具有明显的促进作用，但不能制定过高的税率起点，应在推行过程中，逐渐提高税率，并制定适宜的碳税阶梯高度，碳税税率应遵循低起点、递进式提高的原则。

第三方面是对碳税的测算方法的研究。在对碳税进行测算时，可使用价格映射方法解决碳税数据缺失问题。Cullen 和 Mansur（2017）在研究碳定价如何减少电力部门的排放时，初次提出使用碳价格与天然气和煤炭比价的映射关系，并以此来估计碳价格的潜在近期影响。王班班和吴维（2017）通过构建价格与煤炭、天然气等五种能源价格之间的映射关系，研究碳价格对工业行业吸引国际直接投资的潜在影响。在碳税研究方面，Yang 等（2014）从要素、燃料间替代的角度，分地区进行分析，评估中国碳税政策在减缓二氧化碳排放方面的潜力，结果表明，50 元/吨的碳税可以使二氧化碳排放量在 2010 年的水平上减少近 3%。

通过梳理现有文献，可以发现：①由于征收碳税可实现双重红利，完善碳定价机制对碳税政策的研究是十分必要的；②截至 2021 年中国并未全国性地实施碳税政策，因此研究时缺乏碳税数据，所以较多文献中对碳税的研究主要借鉴外国征收碳税的经验或者通过模型进行预测，缺乏真实的碳税数据支持；③对于碳税的制定要分类进行，基于各行业的能耗数量和排放程度的不同，截至 2021 年对碳税进行研究的论文中较少将高耗能行业与非高耗能行业进行对比讨论；④截至 2021 年，对碳税定价和碳税作用的研究中单一碳税占比较大，而对阶梯碳价的研究较少。现有研究表明相较于单一碳税，阶梯碳税具有更强的限制性，能更有效地针对不同碳排放量进行限制，并可以针对不同行业制定分类的限制标准。

对此，本章在碳减排目标上借鉴了国内外对碳税的研究，在实证上通过价格映射方法解决了碳税数据缺失的问题，借鉴王班班和吴维（2017）分析的碳价格与能源价格之间的映射关系，并将能源价格作为碳价格的代理变量进行实证分析的方法，在碳税与能源价格之间建立一种映射关系，将能源价格作为碳税的代理变量加入实证模型中。首先通过行业利润对综合能源价格的实证回归，基于碳税与能源价格的映射关系，构建关于碳税预测区间的反事实场景并比较分析了碳减排目标下的中国工业行业利润，测算了设定的阶梯碳税的作用效果，其次进一步探究单一碳税和阶梯碳税对行业利润影响的差异性和有效性，最后设计了在能源价格映射下的阶梯碳税政策。

本章可能的贡献和创新点在于：①对行业进行分类研究，对比高耗能行业与非高耗能行业对能源价格变化的反应，从而得出碳税政策对两类行业的不同影响；②在能源价格映射的基础上，比较单一碳税与阶梯碳税的优劣；③基于不同类型碳税政策的比较，为碳税类型的选择和碳税价格的制定提供政策建议。

本章接下来的结构安排如下：第二节为模型设定，包括碳税与能源价格的映射关系构建、综合能源价格对工业行业利润影响的实证模型的设计和阶梯碳税的设定；第三节是数据说明和指标计算；第四节是实证结果分析及反事实场景模拟；第五节是稳健性检验；第六节是结论与政策建议。

第二节　模 型 设 定

截至 2021 年中国并未全国性地实施碳税政策，并且二氧化碳的排放很多时候难以准确度量，因此研究缺乏碳数据的支撑。张哲（2015）的研究表明在制定碳税价格时，将中国能源的使用情况纳入考虑范围，才能制定出适合中国国情的碳税政策。因此，为了解决碳数据缺乏的问题，本书在碳税与能源价格之间构建映射关系，将碳税看作能源价格的一个外生增量，并将能源价格作为碳税的代理变量加入实证回归。这不仅解决了缺乏碳数据支撑的问题，而且将碳税与行业利润联系起来，从而基于映射关系与实证回归，通过反事实场景模拟，得出碳税变化对行业利润的边际效应和累积效应，并依此得出阶梯碳税的作用机制。在此基础上，对碳税类型的设定进行对比研究。

一、映射模型设定

碳税与能源价格的映射是将碳税以外生变化的形式加入能源价格，即将碳税视作能源价格的外生增量。计算单位碳税变化所引起的能源价格的外生变化，此价格变化在整个能源价格中的占比便是单位碳税变化对能源价格的影响的百分比变化。

碳税变化对行业单位能源价格的影响为 UE_n，即单位碳税引起的该行业所使用能源的碳成本变化。计算方法见式（7-1），式中 n 为不同行业种类，ec_e 为各类能源的二氧化碳排放因子，本书运用的能源种类为主要的一次能源和二次能源，一次能源有煤炭、石油（本书中主要指柴油、汽油）、天然气，二次能源有电力。Q_{en} 为各行业中各种能源的消耗量，Q_n 为各行业的综合能源消耗量（以万吨标准煤计）。

$$UE_n = \frac{1 \times \sum ec_e \times Q_{en}}{Q_n} \tag{7-1}$$

单位碳税变化对行业能源价格的影响的百分比变化或边际成本为 MC_{nk}，即通过单位能源的碳成本来计算能源价格变化的百分比。计算方法见式（7-2），式中 n 为不同行业种类，k 为不同水平的碳税，P_e 为行业单位综合能源价格。

$$MC_{nk} = \frac{UE_n}{P_e + (k-1) \times UE_n} \times 100\% \tag{7-2}$$

二、实证模型设定

本书将综合能源价格作为碳税的代理变量，通过行业利润对综合能源价格等的实证模型式（7-3）得到综合能源价格对行业利润的影响。基于碳税与综合能源价格之间的映射关系，在综合能源价格上的外生变动可表示为碳税征收，故利用综合能源价格变动引起的行业利润的变动可计算出碳税对行业利润的间接影响。

$$\ln \pi_{nt} = \alpha + \beta \ln ep_{nt} + \gamma \ln Z_{nt} + \mu_n + \delta_t + \varepsilon_{nt} \tag{7-3}$$

式中，π 为行业利润；n 为不同行业种类；t 为年份；ep 为各行业的综合能源价格；Z 为其他的控制变量；μ 为行业之间的异质性；δ 为时间上的趋势变化；ε 为不可测量的随机干扰项；α、β、γ 为要估计的参数值。在选择其他的控制变量时，选择了主营业务收入、主营业务成本、固定资产合计、综合能源消耗量、工业生产者出厂价格指数加入式（7-3）。其中，主营业务收入指企业从事某种主要生产、经营活动获得的营业收入，本书中工业行业的主营业务收入是指产品销售收入，所以主营业务收入越高，行业利润越高；主营业务成本是指企业销售商品、提供劳务等经营性活动发生的成本，所以主营业务成本越高，行业利润越低；固定资产合计中包括累计折旧、后续改造和维修费用、弃置费用等，是除主营业务成本之外还需要支出的费用，所以固定资产合计越高，行业利润越低；综合能源消耗量指各行业每年用万吨标准煤计量的能源消耗总量，能源使用越多，二氧化碳排放量越多；工业生产者出厂价格指数反映了工业生产者出厂和购进价格的变化趋势和变动幅度。本书以 2000 年为基期，计算得出 2001～2017 年的价格指数以控制通货膨胀对行业利润的影响。

在设计实证模型的形式时，考虑到式（7-2）得出的结果是单位碳税变化而引起的能源价格的百分比变化，是一个半弹性的表达式，于是将实证模型中的变量全部取对数形式，以得到全弹性模型，从而得到关于一单位碳税变化对行业利润百分比影响的半弹性模型。

三、碳税对行业利润影响的反事实场景模拟

（一）边际效应与累积效应测算

在综合能源价格对行业利润的影响的基础上，利用映射关系在预测的碳税区间对碳税变化影响行业利润的过程进行模拟，可分别得出碳税对行业利润的边际效应和累积效应。边际效应表示在某一水平上，碳税的单位变化对行业利润的影响；累积效应表示某一水平的碳税对行业利润的总影响。

单位碳税变化对行业利润的潜在影响为 ME_{nk}，见式（7-4）。式中 β 为实证回归后的能源价格对行业利润的影响的系数，两者的乘积表示在 k 碳税水平上单位碳税变化对 n 行业利润的边际效应。

$$ME_{nk} = \beta \times MC_{nk} \tag{7-4}$$

在某一碳税水平上，单位碳税变化对行业利润的累积效应为 AE_{nk}。式（7-5）中，n 为不同行业种类，k 为各碳税水平。由式（7-5）可知，累积效应是在此碳税水平之前，所有单位碳税变化边际效应的累加。

$$AE_{nk} = (1 + AE_{n(k-1)}) \times (1 + ME_{nk}) - 1 \tag{7-5}$$

（二）阶梯碳税设计

在"十四五"时期，单位国内生产总值能耗和二氧化碳排放分别降低 13.5%、18%。在多项指标的约束下，"十四五"时期每年的二氧化碳排放量将降低 3.6% 且要保持至少 6% 的经济水平增长速度。

碳税总额等于二氧化碳排放量乘以碳税价格水平，其中碳税总额变动率与经

济增长速度相关，故变化率为 6%；二氧化碳排放量变动率与每年平均二氧化碳排放减少率相关，故变化率为 3.6%，因此可得到碳税价格水平变动倍数约为 1.6 倍。这表明，若要保证每年二氧化碳排放量降低 3.6%，经济水平增长速度 6% 的目标，碳税价格水平应该每年变动至少 1.6 倍，因此为了囊括工业行业排放的所有情况，每一个阶梯值至少在前一阶梯上变动 1.6 倍，即阶梯值变化依次为 1.6 倍、2.5 倍、4 倍等。中国截至 2021 年仍缺失碳税数据，因此将截至 2019 年底的碳交易平均价格作为碳税的参照点。

第三节　数据说明

本书利用 2001~2017 年中国规模以上工业企业的 31 个行业的面板数据，为保持数据的一致性，本书将开采辅助活动、其他采矿业、纺织业、汽车制造业、铁路、船舶、航天航空和其他运输设备、文教体育用品制造业、其他制造业、废气资源综合利用业等规模以上工业行业的数据排除，将其他行业作为研究对象，并且对高耗能行业进行重点考察。数据来源为国家统计局官方网站、《中国物价统计年鉴》、《2015 中国区域电网基准线排放因子》。除了可获得的数据之外，需要计算和预测的指标有构建价格映射所需各种能源的二氧化碳排放因子 ec_e、行业单位综合能源价格 P_e 和预期的碳税范围。

一、各种能源的二氧化碳排放因子的计算

式（7-1）中的各种能源的二氧化碳排放因子包括煤炭、柴油、汽油、天然气以及电力的二氧化碳排放因子，其中煤炭、柴油、汽油、天然气直接排放二氧化碳。在陈晓科等（2012）关于电力系统的碳排放结构分解中将电力的碳排放结构分为三部分，其中包括电力消费部分。有学者在分析中国的碳排放测算方法时提到计算碳排放时要计入二次能源消费的碳排放量，而电力也属于二次能源，因此电力消耗的碳排放也应计入总的碳排放中，因此在计算碳排放时，需要计算消耗一次能源的直接排放量和消耗电力的间接排放量。

式（7-1）中，ec_e 是各类能源的二氧化碳排放因子，计算方法见式（7-6），式中，e 为不同能源种类，e_{CO_2} 为每种能源消耗时排放的二氧化碳总量，Q_e 为各种能源消耗的总量。计算二氧化碳的排放量 E_{CO_2} 采用排放因子法计算，此方法由《工业企业温室气体排放核算和报告通则》提供，见式（7-7）。式中，AD 为温室气体活动数据，包括各种燃料的消耗量和对应燃料的低位发热值的乘积，EF 为温室气体排放因子，包括燃料的单位热值含碳量和化石燃料的碳氧化率的乘积，全球变暖潜能值（global warming potential，GWP）用来衡量全球变暖趋势，在本书

中取值为 1，44/12 为 C 和 CO_2 的相对分子质量之比。由式（7-7）可计算出煤炭、柴油、汽油、天然气四种燃料的二氧化碳排放量，而计算电量排放时需要的排放因子数据来自国家发展改革委公布的《2015 中国区域电网基准线排放因子》。

$$ec_e = \frac{e_{CO_2^e}}{Q_e} \tag{7-6}$$

$$E_{CO_2} = AD \times EF \times GWP \times (44/12) \tag{7-7}$$

二、综合能源价格的计算

式（7-8）中 e 为不同能源种类，n 为不同行业种类，P_e 为行业单位综合能源价格，$\overline{P}_e$ 为通过各种渠道收集得到的分品种能源价格[①]，Q_{en} 为 n 行业中各种能源的消耗量，Q_n 为 n 行业综合能源消耗量。

$$P_e = \sum \overline{P}_e \times Q_{en} / Q_n \tag{7-8}$$

三、碳税区间确定

从 2016 年底福建省加入碳交易试点地区行列,中国已成立八个碳交易试点地区，分别是北京、天津、上海、广东、深圳、湖北、重庆和福建地区，截至 2019 年底在碳配额成交的过程中，成交均价为 35.39 元/吨，其中最高平均成交价为 77.08 元/吨，最低平均成交价为 10.04 元/吨，预期的碳税区间至少需涵盖碳交易的平均价格区间。而且参考现有文献中提及的最优碳税价格，可发现最优碳税价格一般位于 200 元/吨以内。因为碳税由政府制定，相对于碳交易价格更加稳定，根据各国的碳税征收经验，碳税会随着时间逐渐增加。基于碳税征收低起征点并逐年增加的特点，本书假设碳税（单位：元/吨）征收的价格区间为（0, 200）。

四、变量描述统计

本书使用 2001～2017 年规模以上工业企业分行业的面板数据。根据《中华人民共和国 2010 年国民经济和社会发展统计公报》，高耗能行业的虚拟变量 he 代表的六个高耗能行业分别为石油加工、炼焦及核燃料加工业，非金属矿物制品业，有色金属冶炼及压延加工业，化学原料及化学制品制造业，黑色金属冶炼及压延加工业以及电力、热力的生产和供应业。剔除了存在缺失值的行业数据，用平均值代替异常值，并整合了不同年份对应的相应行业的数据。最终，本书得到 527 组有效数据。其中，分行业每年的综合能源价格 ep 由煤炭、柴油、汽油、天然气、

---

① 分品种能源价格数据来自《中国物价统计年鉴》，因此年鉴近几年的数据中并不包含能源价格，所以部分能源价格数据通过工业生产者出厂价格指数来计算。

电力五种能源的消耗量和价格计算，首先得出该行业该年份的能源总成本，再除以该行业该年份综合能源消耗量计算得到。变量的描述性统计（年度）如表 7-1 所示。

表 7-1 变量的描述性统计（年度）

变量及符号	变量个数	平均值	标准差	最小值	最大值
π（行业利润）	527	1 105	1 231	−561.9	5 665
F（固定资产合计）	527	6 221	10 128	131.2	83 812
C（主营业务成本）	527	14 316	17 740	138.2	92 787
I（主营业务收入）	527	16 976	20 137	178.5	106 222
ep（综合能源价格）	527	1 421	730	473	4 443
he（高耗能行业的虚拟变量）	527	0.2	0.4	0	1.0
index（工业生产者出厂价格指数）	527	101.7	7.7	62.7	145.3
Q_n（综合能源消耗量）	527	6 600.4	11 847.3	104.9	69 342.4

注：①在数据集中共包含 14 个为负数的利润数据，因为在进行实证回归时需要取对数，因此回归时将这 14 个负的数据去掉，故进行实证回归的有效数据为 513 组。②此表的数据包含的工业行业为煤炭开采及洗选业，石油和天然气开采业，黑色金属矿采选业，有色金属矿采选业，非金属矿采选业，农副食品加工业，食品制造业、饮料制造业，烟草制品业，皮革、毛皮、羽毛（绒）及其制品业，木材加工及木、竹、藤、棕、草制品业，家具制造业，造纸及纸制品业，印刷、记录媒介的复制，石油加工、炼焦及核燃料加工业，化学原料及化学制品制造业，医药制造业，化学纤维制造业，橡胶及塑料制品业，非金属矿物制品业，黑色金属冶炼及压延加工业，有色金属冶炼及压延加工业，金属制品业，通用设备制造业，专用设备制造业，电气机械及器材制造业，通信设备、计算机及其他电子设备制造业，仪器仪表及文化、办公用机械制造业，电力、热力的生产和供应业，燃气生产和供应业，水的生产和供应业规模以上工业行业

表 7-1 统计了 2001～2017 年共 17 年的 31 个规模以上工业企业分行业的行业利润 π、固定资产合计 F、主营业务成本 C、主营业务收入 I、综合能源价格 ep、高耗能行业的虚拟变量 he、工业生产者出厂价格指数 index、综合能源消耗量 Q_n 的数据特征。

第四节 实 证 分 析

通过构建碳税与能源价格的映射关系，将碳税视作能源价格的外生增量，基于综合能源价格对行业利润的影响，得出碳税对行业利润的边际效应和累积效应，比较分析在碳减排目标下的工业行业利润。为了覆盖所有的碳排放情况，设置阶梯碳税的阶梯数为三，并假定在第一阶梯内实现基于碳交易均价的碳税水平满足二氧化碳减少和经济增长目标，第二阶梯内基本包括大部分行业，在第三阶梯内对过高排放的行业进行限制。利用碳税对行业利润的累积效应，观察阶梯碳税对

行业利润的影响特征，并对比单一碳税与阶梯碳税的效果，设计在能源价格映射下的阶梯碳税政策。

一、碳税映射

在碳税区间为（0，200）时，根据式（7-1）和式（7-2），高耗能行业碳税的边际成本变动区间为（0.001，0.7）；非高耗能行业碳税的边际成本变动区间为（0.004，0.5）。六大高耗能行业与六大非高耗能行业之间存在差异：在六大高耗能行业中，有色金属冶炼及压延加工业碳税的边际成本最高且随碳税的变化最大；电力、热力的生产和供应业碳税的边际成本最低且随碳税的变化最小。在六大非高耗能行业中，各行业碳税的边际成本差异不大，变化最大的是有色金属矿采选业。但从总体来看，边际成本都呈现下降趋势，这表明行业的碳税边际成本都随着碳价格的增加而呈递减趋势，即碳税水平变化一单位映射到能源价格变化的百分比会逐渐减小，这表明碳税过高对能源价格的映射趋于不变，即碳税对行业的影响也趋于不变。

二、实证模型估计结果

本书在实证回归部分检验能源价格等变量对行业利润的影响，利用中国规模以上工业企业2001～2017年的面板数据，基于式（7-3）进行回归，共使用了四个模型对综合能源价格对行业利润的影响进行对比说明，结果如表7-2所示。

表 7-2　综合能源价格对行业利润的影响

变量	模型 7-1	模型 7-2	模型 7-3	模型 7-4
lnephe	0.126***	−0.804	−0.504***	−0.794***
	(5.85)	(−1.51)	(−4.82)	(−3.83)
lnep	0.681***	0.938**	0.462***	0.342
	(4.96)	(2.17)	(6.55)	(1.47)
ln$I$			2.092***	1.697***
			(19.08)	(5.32)
ln$C$			−1.027***	−0.103
			(−10.32)	(−0.25)
ln$F$			0.0301	−0.746**
			(0.51)	(−2.69)
index			0.0145***	0.009**
			(4.75)	(2.63)

续表

变量	模型 7-1	模型 7-2	模型 7-3	模型 7-4
$\ln Q_n$			0.0122 (0.29)	0.461 (1.55)
常数项	1.237 (1.26)	−1.316 (−0.48)	−8.615*** (−15.78)	−8.363*** (−5.85)
高耗能行业变量	控制	不控制	控制	不控制
时间虚拟变量	不控制	控制	不控制	控制
行业虚拟变量	不控制	控制	不控制	控制
N	513	513	513	513
R^2	0.103	0.851	0.882	0.919

注：括号中为 t 值

***、**分别表示在 1%、5%的水平上显著

表 7-2 中 lnep 为综合能源价格的对数、lnephe 为综合能源价格与高耗能行业的虚拟变量的交互项，因变量为规模以上工业企业分行业利润。模型 7-1 为基准模型，加入了综合能源价格 lnep 及综合能源价格与高耗能行业的虚拟变量的交互项 lnephe。结果发现，高耗能行业与非高耗能行业的综合能源价格变化 1%对行业利润的影响分别为 0.126%和 0.681%，而且都是正向显著的。在模型 7-2 中加入时间虚拟变量和行业虚拟变量，综合能源价格对非高耗能行业利润影响的显著性变大，且高耗能行业中的综合能源价格对行业利润影响是不显著的。模型 7-3 和模型 7-4 在基准模型上都加入了对数形式的主营业务收入 $\ln I$、主营业务成本 $\ln C$、固定资产合计 $\ln F$、综合能源消耗量 $\ln Q_n$、规模以上工业生产者出厂价格指数 index，将其他可能影响行业利润的因素加入回归方程，再对综合能源价格影响行业利润的效果进行验证。模型 7-3 中，在高耗能行业中，综合能源价格变化 1%对行业利润的影响为−0.504%，并且在 1%的水平上是显著的，而相较而言，在非高耗能行业的情况下，综合能源价格对行业利润的影响正向显著，系数为 0.462%。模型 7-4 在模型 7-3 的基础上加入了时间虚拟变量和行业虚拟变量，高耗能行业中综合能源价格对行业利润的影响依旧在 1%的水平上显著，而在非高耗能行业中，综合能源价格对行业利润的影响在任何水平都不显著。这说明，行业之间存在明显的异质性，相对于非高耗能行业而言，综合能源价格是高耗能行业利润变化的主要原因之一。

实际上，相较于非高耗能行业，高耗能行业具有高耗能、高污染、高排放的特点。高耗能行业使用更多的化石能源进行生产，即化石能源作为高耗能行业的主要生产资料之一，导致综合能源价格成为影响高耗能行业成本的主要因素之一，这与非高耗能行业形成对比。因此当综合能源价格改变时，高耗能行业生产所需

成本会大幅变动,其将直接对行业利润产生较大影响,而对非高耗能行业的生产成本的影响较小,对行业利润产生的影响也较小。因此,高耗能行业与非高耗能行业在综合能源价格的影响方面存在显著的异质性,相对于非高耗能行业,高耗能行业在进行生产时,综合能源价格是其需要考虑的主要因素之一。

因此,基于碳税与综合能源价格的映射关系,碳税对行业利润的影响情况也视行业是否为高耗能行业而定,向高耗能行业征收碳税对其行业利润的负向影响更大,而对非高耗能行业而言,征收碳税对其行业利润的影响正向且不显著。因为高耗能行业生产时使用大量的化石燃料将导致其排放的二氧化碳量远超非高耗能行业,所以征收碳税时,高耗能行业由于其产生的巨大的二氧化碳排放量将面临更大的碳税负担,即征收碳税将使高耗能行业生产成本大幅增加,因此行业利润会大幅减少。相反,因为非高耗能行业在生产时对化石能源的使用远少于高耗能行业,其排放的二氧化碳量导致的碳税也将远小于高耗能行业,因此碳税对非高耗能行业利润的影响较小。因为征收碳税使得政府收入增加,在碳减排目标下的政府政策偏向于行业的绿色转型,因此对于非高耗能行业的政府投资将会增加,从而碳税的征收反而会使非高耗能行业的利润增加。因此,高耗能行业与非高耗能行业在综合能源价格对行业利润影响的方面存在显著的异质性。在制定碳税时,面对不同的耗能类型的行业,应设置不同的碳税水平。

三、反事实模拟结果

(一)碳税变化对行业利润的边际效应

本书通过反事实模拟方法,以实证回归中模型 7-4 的系数为准,计算了六大高耗能行业在 0~200 元/吨的碳税区间中碳税变化对行业利润的边际效应和累积效应。

在六大高耗能行业中,碳税变化对行业利润的边际效应都随着碳税增加而减少,变动区间为(–0.31, –0.01),即碳税变化对高耗能行业利润的影响为抑制性影响。在区间(0, 100)内,碳税变化对行业利润的边际效应的变化较明显。在 100 元/吨之后的碳税区间,碳税变化对行业利润的边际效应的变化极小,基本趋于–0.001,即碳税水平的单位增加对行业利润的影响几乎为 0。

在六大非高耗能行业中,碳税变化对行业利润的边际效应都随着碳税增加而减少,变动区间为(0.001, 0.20),即碳税增加会使非高耗能行业利润增加。在区间(0, 100)内,碳税变化对行业利润的边际效应的变化较明显。在 100 元/吨之后的碳税区间,碳税变化对行业利润的边际效应的变化极小,基本趋于 0.001,即在 100 元/吨之外边际效应基本趋于不变。

在碳税较低的区间,碳税变化对行业利润的边际效应的变化较大,而在较高的区间边际效应的变化则较小，即较高水平的碳税的单位变化对行业利润的影响较小。由边际效应的变动趋势可得，碳税的边际效应的减小速度越来越慢。在（0，100）区间内，碳税使行业利润减小的程度随着碳税的单位增加而有明显的变化，当碳税处于此区间时，碳税的变化对高耗能行业利润的影响是有效的。

（二）碳税变化对行业利润的累积效应

累积效应为某一水平的碳税对行业利润的总影响，是边际效应的加总。基于累积效应可得出每一碳税水平对行业利润的影响，为研究阶梯碳税与单一碳税的对比提供数据基础。

在高耗能行业中，随着碳税的增加，其对行业利润的总影响逐渐增加，变动区间为（–0.9，–0.002）。在较低的碳税水平上，碳税变化对行业利润的累积效应较低，而在较高水平上则较高，即较高的碳税对行业利润的负向影响较大。在（0，100）的碳税区间，碳税的增加对行业利润的影响有明显变化。而在碳税大于 100 元/吨的区间，碳税变化对行业利润的累积效应的变化微小，基本趋于不变，即当碳税超过 100 元/吨后，增加碳税对行业利润的影响无明显变化。

在非高耗能行业中，随着碳税的增加，其对行业利润的总影响逐渐增大，变动区间为（0.05，4.0），碳税变化对行业利润的总影响为正且碳税水平越高对行业利润的正向影响越大。碳税变化对行业利润的累积效应的变化速度越来越小，但是在（0，200）区间内都呈现出明显的上升趋势。

碳税变化对行业利润的影响随碳税的增加而增大。在较低的碳税水平上，碳税变化对行业利润的累积效应较低，而在较高水平上则较高。但是高碳税成本将使每单位二氧化碳的排放成本增加，使得行业面临的碳税负担过重，导致行业产出的进一步减少进而影响经济的发展。由以上分析可得，由于边际效应在 100 元/吨的区间内趋于不变，因此 100 元/吨以上的碳税区间是无效率的，即碳税变化对行业利润累积效应的变化趋于不变。

（三）阶梯碳税与单一碳税的比较分析

以截至 2019 年底的碳交易平均成交价格 35.39 元/吨作为参照点，按照前文设定，碳税水平是参照点的 1.6 倍（第一阶梯）、2.5 倍（第二阶梯）、4 倍（第三阶梯），因此三个阶梯上的碳税水平依次为 57 元/吨、88 元/吨、142 元/吨。计算得出不同阶梯下的碳税价格及其对高耗能行业利润和非高耗能行业利润的累积效应，对其进行整理得表 7-3。

表 7-3　不同阶梯下的碳税价格及其对高耗能行业利润和非高耗能行业利润的累积效应

阶梯名称	碳税价格/(元/吨)	高耗能行业名称	累积效应	非高耗能行业名称	累积效应
第一阶梯	57	石油加工、炼焦及核燃料加工业	−0.67%	煤炭开采及洗选业	1.62%
第二阶梯	88		−0.72%		1.98%
第三阶梯	142		−0.78%		2.46%
第一阶梯	57	化学原料及化学制品制造业	−0.82%	石油和天然气开采业	1.46%
第二阶梯	88		−0.85%		1.80%
第三阶梯	142		−0.88%		2.24%
第一阶梯	57	非金属矿物制品业	−0.82%	黑色金属矿采选业	2.00%
第二阶梯	88		−0.85%		2.43%
第三阶梯	142		−0.88%		2.98%
第一阶梯	57	黑色金属冶炼及压延加工业	−0.82%	有色金属矿采选业	2.09%
第二阶梯	88		−0.85%		2.55%
第三阶梯	142		−0.88%		3.13%
第一阶梯	57	有色金属冶炼及压延加工业	−0.83%	非金属矿采选业	1.89%
第二阶梯	88		−0.86%		2.30%
第三阶梯	142		−0.89%		2.83%
第一阶梯	57	电力、热力的生产和供应业	−0.79%	食品制造业	1.91%
第二阶梯	88		−0.83%		2.33%
第三阶梯	142		−0.86%		2.86%
第一阶梯	57	平均	−0.79%	平均	1.83%
第二阶梯	88		−0.83%		2.23%
第三阶梯	142		−0.86%		2.75%

表 7-3 中计算得出的阶梯碳税价格是合理的，且在本章预测的碳税区间（0，200）内，碳税水平的上涨也处于合理范围。同时，根据前文累积效应的计算，可以得到在不同碳税水平下，碳税变化对行业利润的影响，因此将单一碳税看作任一固定不变的碳税水平，将其与表 7-3 中的阶梯碳税引起的累积效应变化作对比也是较为合理的。

1. 阶梯碳税对高耗能行业利润的影响

由表 7-3 可得，阶梯上碳税价格越高，碳税变化对行业利润影响的累积效应就越大。平均看来，第一阶梯的行业利润平均减少 0.79%，第二阶梯平均减少 0.83%，第三阶梯平均减少 0.86%，因此在较高阶梯上的碳税征收对行业利润的累积效应较大，即对行业的生产行为产生的负向影响便越大，对二氧化碳排放的限制力度便越大。这与谢鑫鹏和赵道致（2013）的观点一致，企业在追求利润最大化的同时会产生更多的碳排放，若要减少排放总量，必须减少一定的产量。因此阶梯碳税具有以下两个优点：一是以二氧化碳排放量为基准，对具有不同二氧化碳排放水平的行业征收不同的碳税，能较好地满足不同排放水平行业的生产和减排需要，更具有合理性；二是不同的碳税水平不仅可以使低碳排放行业面临较小的碳税负担，保证在对二氧化碳征税的同时不过多地影响行业的生产行为，而且可以有效地限制高碳排放行业的生产和排放行为，起到保护环境作用，帮助实现减排目标。

单一碳税作为固定水平的碳税，其对行业利润的累积效应也是固定的。例如，将碳税价格设定为 57 元/吨时，单一碳税对石油加工、炼焦及核燃料加工业行业利润的累积效应为–0.67%。此时，无论该行业二氧化碳排放量或者化石能源使用量的多寡，每吨二氧化碳的成本为 57 元且此碳税对利润的影响不变。因此，当二氧化碳排放量过多时，单一碳税并不能对该高耗能行业的排放行为产生较大的限制作用。如果将碳税价格设定为 142 元/吨，单一碳税对该行业利润的累积效应为–0.78%，此时对二氧化碳排放过高的行为起到限制作用，但是低的二氧化碳排放区间也将面临 142 元/吨的碳税成本，这将对该行业的生产行为带来极大的限制作用，破坏行业的正常生产过程。

2. 阶梯碳税对非高耗能行业利润的影响

由表 7-3 可知，在非高耗能行业中，阶梯上碳税价格越高，碳税对行业利润的影响也越大。平均来说，第一阶梯的行业利润平均增加 1.83%，第二梯平均增加 2.23%，第三阶梯平均增加 2.75%，因此在越高的阶梯上，碳税水平越高，碳税对行业利润的累积效应越大，即对行业利润的正向影响越大，对行业生产的鼓励性越大，可见阶梯碳税对不同排放量级的行业有不同的作用。在非高耗能行业中，阶梯碳税同样具有两个优点：一是非高耗能行业在生产时使用化石能源较少，因此二氧化碳排放量也相应较少，因此阶梯碳税以二氧化碳排放量为基准，能满足不同排放水平行业的排放和生产需要；二是碳税对非高耗能行业利润的影响为促进作用，即对非高耗能行业征收碳税会促进该类行业生产和发展。在对行业排放行为进行征税惩罚的同时，非高耗能行业的生产行为甚至会增进该类行业的生产和收益。在限制高耗能行业生产的基础上，发展非高耗能行业可使二氧化碳排放量减少，因此可促进行业的绿色转型并尽快实现碳减排目标。

在单一碳税的情况下，碳税水平固定不变，碳税对行业利润的影响也固定不变。例如，在煤炭开采及洗选业中，碳税价格为 57 元/吨时，对行业利润的影响为 1.62%，而当碳税价格为 142 元/吨时，对行业利润的影响为 2.46%。虽然，碳税水平越高对行业利润的正向影响越大，但是单一碳税没有考虑以下两个问题：第一，因为非高耗能行业在生产时较少使用化石能源，二氧化碳排放量也较少，所以即使在第三阶梯的碳税对行业的发展作用更大，但是低碳排放量的行业也不会进入第三阶梯，因此碳税对低排放量的行业不产生任何作用；第二，如果单一碳税水平较低，高排放行业的碳税负担则较低。相较于对应的高碳税水平，低的碳税对非高耗能行业的促进作用较小，此时碳税的征收效率相对较低。

因此，对比两种碳税类型可发现：相对于单一碳税，阶梯碳税更加灵活有效。①相对于单一碳税，阶梯碳税对行业利润的影响是随碳税水平和行业二氧化碳排放量变化而变化的。较低水平的碳税对行业利润的影响较小，较高水平的碳税对行业利润的影响较大。②相较于单一碳税，阶梯碳税对行业利润的作用更有针对性，无论是在低的二氧化碳排放区间还是高的二氧化碳排放区间，阶梯碳税对于行业利润都能起到相应的限制作用或促进作用。例如，在高耗能行业中，低水平碳税对行业的排放行为进行征税的同时不过多地影响行业的生产行为，而高水平碳税则针对高排放区间的行业生产和排放行为进行限制；在非高耗能行业中，对排放量低的行业进行征税可使其利润增加，即对经济增长有益，而水平较高的碳税会对行业的排放行为进行惩罚且不会影响行业的生产甚至会促进行业的发展。但是由前文可得，碳税的有效区间为（0，100），所以虽然本书对阶梯碳税进行设定能较好地发挥限制排放和促进增长的作用，但仍然存在调整空间。

第五节　稳健性检验

在进行实证模型的回归分析之后，需要对模型的稳健性进行检验，即验证改变模型中的某些参数后是否能得到与原模型一样的结论，以检验回归的可靠性。表 7-4 包含两种对实证结果稳健性检验的方式：模型 7-1 与模型 7-2 使用 OLS 回归模型进行稳健性检验，模型 7-3 使用替换因变量进行稳健性检验。

表 7-4　稳健性检验

变量	模型 7-1	模型 7-2	模型 7-3
lnephe		-0.504^{***}	-0.521^{***}
		(-4.82)	(-3.20)
lnep	0.229^{***}	0.462^{***}	0.367^{**}
	(3.85)	(6.55)	(2.06)
he		3.118^{***}	
		(4.06)	
_cons	-6.616^{***}	-8.615^{***}	-0.163
	(-13.59)	(-15.78)	(-0.12)

注：括号里为 t 值，模型 7-3 省略了变量 $\ln I$、$\ln C$、$\ln F$、$\ln Q_n$、index 的系数以及常数项

***、**分别代表在 1%、5%的水平上显著

（1）OLS 回归模型检验，结果见表 7-4 的模型 7-1 与模型 7-2。采用 OLS 回归，在基准模型 7-1 的基础上，模型 7-2 加入了综合能源价格与高耗能行业的虚拟变量的交互项及其他有关变量，结果表明高耗能行业利润对综合能源价格的回归系数在 1%的水平上显著，即前文的结论依然成立。

（2）替换因变量检验。因为行业利润代表了行业生产和营业情况，因此用同样能反映行业生产和营业情况的主营业务收入、主营业务成本、累计折旧来代替行业利润，将行业利润 π 替换为 R（其中 $R=I+K-C$，K 表示累计折旧）。回归结果见表 7-4 模型 7-3。结果表明综合能源价格对高耗能行业的 R 的影响显著，和行业利润一样可以表示行业的生产状况，因此结论仍然成立。

从其他回归方式检验和替换因变量检验两种稳健性检验的模型中得到的结论可以证明在高耗能行业中，综合能源价格变化对行业利润影响具有显著性，即前文结论仍然成立，因此实证模型具有合理性、实证结果也具有稳健性。

第六节　结论与政策建议

本书构建了碳税与综合能源价格的映射关系，利用 2001～2017 年的工业企业分行业的面板数据，通过实证回归得到综合能源价格对行业利润的影响。在反事实场景下根据预测的碳税区间并基于映射关系得出碳税对高耗能行业利润的边际效应和累积效应，并比较分析了在碳减排目标下的中国工业行业的利润。根据碳减排目标设定了阶梯碳税，对阶梯碳税与单一碳税进行对比，最终在综合能源价格映射的基础上设计了阶梯碳税政策。本章的结论与政策建议主要包括以下几点。

首先，相较于非高耗能行业，碳税变化对高耗能行业的影响更大，即碳税水平的增加会使高耗能行业利润显著减少。高耗能行业与非高耗能行业在能源消耗、二氧化碳排放、环境污染等方面有较大差异，因此相较于非高耗能行业，高耗能行业在其生产过程中会使用大量的化石能源，二氧化碳排放量较大，导致碳税负担更重，碳税自然成为高耗能行业生产时要考虑的主要生产成本之一，因此综合能源价格的变化和碳税水平的变动对高耗能行业利润的影响更大。所以在考虑碳税定价时，对不同种类行业征收碳税的区间应该是不同的。可参考碳交易的试点地区，先区域性地对高耗能行业征收碳税，从碳税征收的效果中总结征收模式，再逐步向其他地区进行碳税政策扩散，最终逐渐对其他能源能耗水平的行业进行征税；或者，同时对各类型的行业征税，但对高耗能行业与非高耗能行业征收不同的碳税，对高耗能行业的征税水平应高于非高耗能行业。

其次，相较于征收单一碳税，阶梯碳税能对处于不同碳排放水平的行业进行分阶段的限制，因此征收阶梯碳税是更有效率的选择。根据阶梯碳税对高耗能行业利润的累积效应可以看出，阶梯碳税在不同的碳税水平上对行业利润的影响不同，且这个影响逐渐增大。因为碳税的征收视各行业的二氧化碳排放量而定，如果只实施单一碳税，那么碳税对所有行业的影响没有差异，无法兼顾限制排放和经济发展的双重目标的实现，也无法区别企业的异质性。可见相较于实施单一碳税，实施阶梯碳税既能很好地限制高排放又能提高其他行业的生产效率，实现碳税的双重红利。因此在考虑碳税政策时，一方面需要考虑近几年的碳交易价格来设定相应的阶梯碳税，并将单一碳税与阶梯碳税结合起来，如先对高耗能行业征收阶梯碳税，对非高耗能行业征收单一碳税，以此抑制行业的排放行为，发展工业经济；另一方面，阶梯碳税的征收范围应逐渐扩大，且对阶梯碳税的制定应逐渐完善，结合不同阶段中国的经济状况和环境情况，逐步构建适合中国国情的碳税政策。

最后，当对行业征收阶梯碳税的价格小于 100 元/吨时，碳税增加对行业利润的影响较为显著，即对行业生产碳排放行为的影响较大。此时，随着碳税水平的增加，行业利润的边际效应和累积效应会发生显著变化。具体地，在此区间内，碳税对行业利润的边际效应都随着碳税增加而减少，且累积效应逐渐提升。当碳税大于 100 元/吨时，增加碳税给政府带来的税收收益较大。但是，此时增加碳税对行业生产碳排放的限制较（0，100）区间内的水平差异不大，过高的碳税反而会增加行业的生产成本，降低行业的生产效率。故（0，100）区间外的碳税征收对限制行业碳排放是无效的。因此，一方面，建议对高耗能行业征收碳税的价格区间为（0，100），而且阶梯碳税的起征点应该较低，在不同的阶梯上逐渐增加，并且随着时间变化碳税的价格区间范围应该逐渐扩大；另一方面，如果对非高耗能行业征收碳税，区间应在高耗能行业的阶梯碳税值以内，即应小于高耗能行业的阶梯碳税值。随着阶梯碳税区间的逐渐扩大，应逐步形成对整个工业体系征收碳税的政策，从而形成一个较为完善的碳税体系。

中国截至 2021 年并未开征碳税，要结合中国国情和中国工业行业情况，在碳减排目标下制定适合中国的碳税政策，因此开征碳税还需要深入进行研究。本书构建了五类综合能源价格与碳税的映射关系，在分析综合能源价格对行业利润影响的基础上，分析对比了在碳减排目标下的工业行业的利润并预设了有效的阶梯碳税政策，但是并未设计精确的阶梯值。测算各工业行业的排放量、能源使用量并结合各相关税种的效应，制定相应的阶梯碳税政策、完善碳定价制度是未来的研究方向。

第八章 交叉补贴、工业电力降费与中国碳市场价格机制设计

第一节 引　　言

2015 年 3 月，新一轮的电力体制改革将合理形成电力价格与减少交叉补贴作为改革的重点内容。党的二十大报告指出，要"深入推进能源革命，加强煤炭清洁高效利用""加快规划建设新型能源体系""积极参与应对气候变化全球治理"①。2018 年《政府工作报告》提出，将一般工商业电价平均降低 10%，之后相继出台四批配套措施进行落实。2019 年《政府工作报告》提出在此基础上将一般工商业平均电价再降低 10%。工商业用能成本下降将积极促进工商业用户减负，提高工商业企业的活力，推动中国经济转型。但同时，单纯降电价也可以引致用电量增加，在能源结构未能显著改善时，可能导致同期的碳排放目标难以实现，形成"降电价"与"碳上升"的两难困境。因此，为同时实现降低工业用能成本与碳排放等多重目标，基于电力行业存在交叉补贴的现实，从电力价格与碳价格联动的角度，对工业电力降费与碳价格机制进行设计，是当前学术界和政策机构急切关心的重要问题。

2016 年 4 月，中国政府正式签署了《巴黎协定》，并计划于 2017 年启动全国碳市场。截至 2021 年，全球范围内共有 21 个区域的碳市场已经运行，涵盖 51 个国家、州和省。这些碳市场覆盖了全球碳排放总量的 15%，世界经济总量的 50%。21 世纪以来，电力行业在发电效率和新能源等技术碳减排方面取得了显著成效。但 2021 年中国碳排放已经占到全球的 29%，电力生产碳排放已经占到中国碳排放总量的 40%，基于"中国要积极参与全球环境治理，落实减排承诺"，并"构建市场导向的绿色技术创新体系"的背景，2017 年 12 月 18 日，国家发展改革委正式印发《全国碳排放权交易市场建设方案（发电行业）》；2018 年 6 月，《国家发展改革委关于创新和完善促进绿色发展价格机制的意见》等文件，连续突出强调深化能源与资源环境价格改革、创新和完善价格机制的决心。由此，碳市场的建立将对电力发展产生碳约束，并通过碳约束倒逼电力结构优化，扭转电力价格

---

① 《习近平：高举中国特色社会主义伟大旗帜　为全面建设社会主义现代化国家而团结奋斗——在中国共产党第二十次全国代表大会上的报告》，https://www.gov.cn/xinwen/2022-10/25/content_5721685.htm，2023 年 8 月 5 日。

长期扭曲的现象，有利于减少交叉补贴、理顺市场关系，同时实现电力合理消费与节能减排的双重目标。

截至 2021 年 10 月，我国各省电价实行双轨制，但大部分地区的上网电价与销售电价仍由政府批复，电力价格还不是完全由市场决定。而且，现行的碳价也不能反映电价，随着 2017 年全国碳市场的建设启动，碳市场的关键参数设计问题亟须解决。以碳交易价格为核心的参数包括碳配额均衡价格、初始配额的分配、碳市场一体化步骤、碳衍生品市场等。林伯强（2018）指出，截至 2018 年能源领域的市场化程度相对较低，能源的非市场化定价和交叉补贴，不仅降低了能源生产量和效率，还对能源安全有负面影响。郑新业和吴施美（2018）指出，我国当前的电力体制改革与以碳市场为代表的节能减排政策并没有很好地融合。能源政策与环境政策缺乏有机结合会引致碳价格偏离。基于电力体制改革的要求，以及中国的电价改革必须与碳定价制度协调推进的现实，本章将从电力降费目标与碳排放总量约束的双重视角，对交叉补贴进行识别，并分析设计全国统一碳市场下的合理碳价格机制。

基于现实约束与政策目标，国内外当前对电力市场与碳交易市场的价格机制的理论与实证研究主要围绕着电力市场交叉补贴、电力市场与碳交易市场互动关系、碳交易市场价格机制三方面展开。

国内外市场在公用事业部门中存在大量的交叉补贴现象。Laffont 和 Tirole（1993）、Fjell（2001）、Heald（1996）对交叉补贴的定义、分类与规模进行了研究；Sawkins 和 Reid（2007）、阙光辉（2003a，2004）、张粒子等（2009）、刘思强等（2015）对俄罗斯、印度、加纳、美国、澳大利亚和中国等不同国家的电信、邮政、电力、自来水等不同行业交叉补贴的规模进行了估计。同时，林伯强等（2009）指出，微观层面上，补贴通常产生一些与初始目标相反的结果，包括给消费者传递错误的价格信号、产生过度且低效率的消费等；Lin 和 Ouyang（2014）则指出，宏观层面上能源补贴对 GDP 有负面影响，并导致一国的贫困与不平等状况加剧。在研究方法上，传统的基于最优价格的价差法与合理成本分摊法对最优价格的确定以及企业内部运营的成本数据提出了较高要求（Heald，1996），因此 Curien（1991）从不同服务间的交叉补贴应为零的假设出发进行分析，同时，Sawkins 和Reid（2007）都指出要考虑不同产品间交叉弹性不为零时的情况，分析两类或多类产品间的互补或替代关系。

国内外对电力市场与碳市场的联动机制研究存在较大差距。国外发达国家具有较长的碳交易历史，对两者之间的关系的研究较为深入。研究主题包括碳价与电价之间的非线性关系（Laing et al.，2014）、不同竞争结构下碳成本的转移归属（Sijm et al.，2006）、碳价格对工业与家庭能源强度的影响及其机制（Cao and Karplus，2014；Laing et al.，2014）等。随着我国气候变化与环境污染的加剧，电力市场与碳市场之间的关系逐步引起关注。有学者利用 36 个城市的数据，分析了电价改革与二氧化碳排放的关系，指出单纯通过解决电价交叉补贴问题，不能有效应对气候变化的压力，必须理顺电价与碳价的关系，建立电价与碳价间的联动机制，把引入碳成本作为理顺电价结构的必要步骤。有学者在开放经济条件下，基于两阶段动态博弈分析了碳峰值约束视角下的电力交叉补贴定价问题。有学者则基于五种场景假设，分析了不同电价管制方式和碳价收入返还方式下碳价的经济影响和减排效果。

碳定价问题则一直是国内外碳市场设计中的焦点问题。Coady 等（2018）指出研究有效能源定价的定义与测量时，必须包含对碳定价的正确设定。Boyce（2018）从效率与公平的双重角度分析了碳定价问题，并提出满足排放目标的有效率的碳定价必须将价格与数量目标捆绑起来。Amundsen 等（2018）指出解决不同的气候难题需要不同的政策工具，包括组合使用碳排放交易系统、对绿色能源补贴以及化石能源征税等。有学者构建理论模型并实证模拟分析了在碳预算约束下的最优碳排放路径。大量的国内外研究实证或模拟分析了不同水平的碳价格引致的社会经济效果，Floros 和 Vlachou（2005）指出，50 欧元/吨的碳税征收率导致希腊的碳排放比 1998 年下降了 17.6%。国内对碳税或碳交易的研究主要通过可计算一般均衡模型进行宏观和中观层面的模拟分析（张树伟，2011；田立新，2017），结果表明征收碳税导致火电与低碳电力的价格均有上升，但火电增幅大于低碳电力。有学者分析了碳价对电力市场均衡的影响。刘思东和朱帮助（2015）给出了碳排放与电价风险的优化调度模型。魏立佳等（2018）则基于实验经济学方法对碳市场的稳定机制进行了分析。

综上可以发现，大量的碳市场文献从碳价格水平、碳配额初始值等角度进行了理论探索、实证分析与市场设计研究。在不同的初始设定和模型假设下，所得结论差异巨大，尤其是在全球统一碳市场和强制性约束难以形成的条件下，不同国家与区域的次级碳市场的经验和参数难以供中国直接参考，这为本章针对中国全国统一碳市场的研究提供了空间。同时，当前尚无国内外文献基于交叉补贴理论，从电价与碳价联动的视角对碳价进行研究。在我国积极采取措施降低企业用能成本和工业电价，以及全国统一碳市场首先基于发电行业进行建设的双重现实背景下，通过减少交叉补贴以降低工业电价，同时设计合理的碳价格实现碳排放目标，是我国理论研究界和政策设计机构关注的焦点问题，本章即是对这一问题的有益尝试。

本章可能的贡献在于：①以价格为纽带，从能源的生产转化到消费排放，在一个统一框架下将电力行业与碳排放两个重要的上下游市场关联起来，厘清了两个市场价格参数之间的互动关系，这对于推动我国电力体制改革与节能减排目标的实现，均具有重要的理论指导与现实借鉴价值。②从减少电力价格交叉补贴的视角，在工业电力降费以减少社会福利扭曲与确定全国统一碳市场合理的碳价格以实现碳排放目标的双重约束下，基于不同的政策目标场景，对电价与碳价的价格联动机制进行了参数设计，以期对正在建设的全国统一碳市场的价格参数设定提供支持。

本章的余下结构安排如下：第二节分析电价调整和碳排放目标的两难冲突，在此基础上对电价结构中的交叉补贴进行识别并对碳价格参数进行机制设计；第三节是本章使用的 100 个城市数据的说明和描述性统计；第四节先估计价格弹性，在此基础上设计不同的电价调整机制，进而分析其引致的碳排放量变化；第五节是基于不同碳控制情景的碳价格参数设计；第六节是本章的结论与政策建议。

第二节　理　论　分　析

本节首先对现实情况下电价目标与碳排放目标的两难冲突进行分析；其次识别电价结构中的交叉补贴并测算其引致的无谓损失率；最后在降低交叉补贴无谓损失率的电价目标下，对碳价格参数进行机制设计。

一、电价目标与碳排放目标的两难冲突

在传统的能源管理体制下，由政府设定的能源产品价格往往难以反映生产成本和消费者偏好，使得价格结构扭曲，形成某类用户支付的能源价格高于（或低于）能源供应成本，而由其他用户分担成本的现象，这一现象为交叉补贴。中国长期以来实行电价交叉补贴的政策，工业电价承担了补贴居民电价的重任[①]。交叉补贴破坏了公平负担原则，也造成了能源利用效率的下降。同时，以燃煤发电为主的电力行业也是我国二氧化碳排放的主要行业。

当前降低交叉补贴的本质是让电力价格真实反映电力成本，其中的主要调整方向就是降低工业电价，提高居民电价。到 2020 年为止，在国家政策目标的指挥下，市场改革过多地侧重于降低工业终端用户的价格。如果单纯只考虑降电价，在价格机制的作用下工业用户的用电需求将相应增加，从而有可能破坏减排和提升空气质量的目标，更会影响到政府摆脱过度依赖重工业实现经济结构转型的目标，在电力体制与碳交易市场割裂的情况下，就会造成政府在提升电力资源配置效率与追求低碳发展目标之间的两难选择。

---

① 一般而言，电压等级越高的用户，供电成本越低；电压等级越低的用户，供电成本越高。居民用电位于电网供电最终端，电压等级最低，因而其供电成本最高。但由于历史、社会稳定等原因，我国居民电价长期低于工业电价，由此形成二者之间的交叉补贴。根据国际能源机构与 OECD 2005 年的报告，OECD 成员平均居民电价与工业电价之比为 1.7∶1，全世界主要国家中，只有印度、俄罗斯与中国的居民电价低于工业电价。

　　图 8-1 是居民用电以及工业用电的电价调整分析图。假设需求曲线是线性的，D_h 是居民用户的电力需求曲线，D_i 是工业用户的电力需求曲线。p_h 与 p_i 分别是电价调整前的居民电价与工业电价，p'_h 与 p'_i 分别是电价调整后的居民电价与工业电价，q_h 与 q_i 分别是电价调整前的居民用电量与工业用电量，q'_h 与 q'_i 分别是电价调整后的居民用电量与工业用电量。

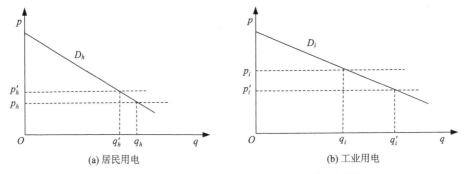

图 8-1　居民用电以及工业用电的电价调整分析图

　　从图 8-1 可以得出，虽然居民电价的上升会抑制居民用电的碳排放，但工业电价的下降会降低工业的用能成本，从而会刺激电力需求和二氧化碳排放。而且，中国的电力消费结构中，居民用电仅占 13% 左右，而工业用电约占 71%。这就意味着在不考虑其他二氧化碳排放控制政策的条件下，由于工业用电占比远远高于居民用电，单纯地理顺电价结构的改革很有可能会带来二氧化碳排放的增加。尤其是短期内居民电价难以大幅度提高，工业电价持续下降的情况下，碳排放总量必然增加，从而严重影响碳排放控制目标的实现。另外，在电力行业实行碳交易机制，二氧化碳的定价将会给电力行业带来额外成本，而这部分成本将会部分甚至全部通过电力价格转移给电力用户。因此，碳目标的实现也会影响电价调整的初衷，即降低工业用能成本。

　　综上，基于多目标约束的现实，尤其是在全国碳排放交易系统正式开始建设的背景下，将电价与碳价进行联合分析是反映电力生产真实成本的必然路径。具体地，电价改革不仅需要校正已有的价格扭曲，消除工业电价对居民电价的交叉补贴，更要让零售电价（及电力部门收入）更为合理地反映电力生产的实际成本以及应对气候变化的机会成本，维护碳市场的稳定以真正发挥碳约束的价值。

　　同时，在对电价与碳价进行联合分析的过程中，交叉补贴的消除不能仅依靠降低工业电价，提高居民电价也是一种解决方式。因此，不能单独分析降低工业电价对我国碳排放目标的影响，应同时考虑提高居民电价。这需要对我国的交叉补贴结构进行识别，设计出合理的降低交叉补贴的方式，在此基础上求解的碳价格才能满足不断变化的政策改革要求。

二、电价目标实现：电力交叉补贴的识别与无谓损失测度

识别与测度交叉补贴时，首先要确定无交叉补贴时的最优价格（或理想价格）。公用事业部门的最优价格确定可以采用 Ramsey（拉姆齐）定价法，但现实中并没有完全应用 Ramsey 定价法到电力市场中的实例[①]，且由于规制者难以获取成本数据、成本真实性难以被证实以及无法确定成本如何合理分摊等，规制者在分析补贴和交叉补贴时往往不能获得准确的最优价格，从而限制了交叉补贴规模的测算。

鉴于此，本章借鉴 Palmer（1992）对交叉补贴中独立成本的上限估计思路，对我国电力结构中交叉补贴额度的下限进行估计。具体地，假设不存在交叉补贴时居民最优电价与工业最优电价分别为 p_{0h} 与 p_{0i}。由电力工业生产特征以及 OECD 成员的居民与工业电价数据可知，工业供电成本低于居民供电成本，这就意味着无交叉补贴下的电价存在着 $p_{0i} < p_{0h}$ 的现象。最优电价的确定是交叉补贴研究中的核心问题和争论焦点，而本章并不去识别何为准确的 p_{0i} 与 p_{0h}，而是假设不存在交叉补贴时居民用电与工业用电的价格均为 p_0，此时必然存在着 $p_{0h} > p_0 > p_{0i}$ 的关系。那么，本章基于居民用电与工业用电的价格均为 p_0 时所做的交叉补贴估计值，事实上是中国真实居民电价与工业电价间交叉补贴值的下限[②]。

本章使用价差法计算工业用户与居民用户之间的交叉补贴[③]。如图 8-2 所示，

---

① Ramsey（1927）指出，受管制的垄断企业最有效率的定价应遵循逆弹性差别定价原则，即收费价格与需求价格弹性成反比，需求价格弹性较低的产品价格较高，反之则相反。其定价公式为 $(p_j - \mathrm{mc}_j) / p_j = \lambda / \varepsilon_j$。式中，$p_j$ 为对消费者 j 收取的价格，mc_j 为边际成本，ε_j 为消费者 j 的需求弹性，λ 为由企业收入目标确定的固定常数。但现实中运用 Ramsey 定价法还存在操作与执行上的障碍，包括需求弹性是在局部均衡下求得、定价对政府规制者的信息要求很高、选票约束条件下 Ramsey 定价法提出的提高居民电价甚至大幅超过工业电价的结论难以在现实中实施、只考虑效率最大而未考虑公平因素等。在现实中，即使在某些时候各方的竞价信息是公开的条件下，也没有完全应用 Ramsey 定价法到电力市场中的实例。由于难以掌握充分信息，对终端用户来说应用 Ramsey 定价法是一件非常困难的事情，现实中更多的是在 Ramsey 定价法的指导下实施可行定价。

② 另一条对交叉补贴值的思路是，假设不存在交叉补贴时居民电价与工业电价间的关系为 $p_{0i} - p_{0h} = c$（c 可以由行业数据得出），此时可以（大致）计算出居民与工业间的总交叉补贴总额。由于本书缺乏使用的 100 个城市的电力行业总体成本数据，因此采用交叉补贴下限的估计思路。

③ 价差法的基本思想是对消费者的补贴降低了能源产品终端价格，进而引致更多的能源消费。因此通过计算无补贴情景下的参考价格与能源产品终端消费价格之差可以来衡量能源补贴的规模及效果，其基本公式为 $\mathrm{Cross\_Sub} = \mathrm{GP} \times C = (\mathrm{CP} - \mathrm{RP}) \times C$。式中，$\mathrm{Cross\_Sub}$ 为交叉补贴总额，GP 为单位交叉补贴额，CP 为存在交叉补贴时的（居民或工业）消费价格，RP 为不存在交叉补贴时的消费价格，C 为终端电力消费量。林伯强和刘畅（2016b）指出，价差法是当前估计能源交叉补贴唯一可行的办法，是测算能源交叉补贴最实用和最容易被接受的方法。无论是在理论界（林伯强等，2009；刘思强等，2015；李虹，2011），还是在国际组织，价差法均得到了广泛的使用。类似地，姚昕等（2011）、Lin 和 Jiang（2011）也使用价差法估计了中国化石能源交叉补贴的下限。

为便于分析，假设需求曲线是线性的，D_h 是居民用户的电力需求曲线，D_i 是工业用户的电力需求曲线，p_0 为前文假设的工业与居民共同的理想电价，p_h 与 p_i 分别是现行居民电价与工业电价，q_{h1} 与 q_{i1} 分别是当前居民用电量与工业用电量，q_{h0} 和 q_{i0} 分别是理想电价下的居民用电量和工业用电量。那么，对受补贴方居民用户而言，单位电量所受补贴为 p_0 与 p_h 的价差，其与居民用电量的乘积为受补贴总额（图 8-2 中的 $A+B+E$ 部分）；对于补贴方工业用户而言，单位电量补贴额为 p_i 与 p_0 的价差，其与工业用电量的乘积为补贴总额（图 8-2 中的 F 部分）。另外，由于仅估计工业与居民间的交叉补贴，并未分析工业与居民共同享受到的外部补贴或工业与居民对其他能源的补贴等，此时居民与工业用户间存在着"居民所得的受补贴额等于工业用户提供的补贴额"这一简单关系[①]，即满足：

$$(p_0 - p_h) \times q_{h1} = (p_i - p_0) \times q_{i1} \tag{8-1}$$

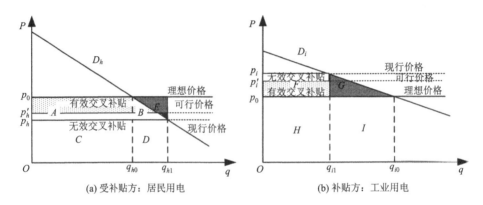

图 8-2　居民与工业用电交叉补贴福利分析图

由此，可得不存在交叉补贴时的电价 p_0 为

$$p_0 = \frac{p_h \times q_{h1} + p_i \times q_{i1}}{q_{h1} + q_{i1}} \tag{8-2}$$

求解 p_0 之后，根据价差法的基本公式，就可以计算出中国电力结构中居民电价与工业电价间交叉补贴值的下限。计算公式为

$$\text{Cross\_Sub} = |\Delta p \times q| = (p_i - p_0) \times q_{i1} = (p_0 - p_h) \times q_{h1} \tag{8-3}$$

式中，Cross_Sub 为交叉补贴总额；Δp 为新场景下工业（居民）电价与现行工业

---

　　① 因此，本章是集中关注电力市场定价中的内部交叉补贴问题，而不是广义的补贴问题。对企业来说，交叉补贴是一种满足预算平衡的机制，所以相对于补贴来讲，交叉补贴是在企业内部实现的。当前国内外的一些研究中并未正确区分补贴与交叉补贴，不同消费者获得的补贴额可能不同，但在两户间或多个用户间的交叉补贴分析中，所有用户得到的交叉补贴总额一定等于所有用户提供的交叉补贴总额（Curien，1991）。当为两种类型以上消费者时，即 $\sum$ 受补贴额＝$\sum$ 补贴额 。

（居民）电价之差；q 为当前现行电价下工业（居民）终端电力消费量[①]。

交叉补贴造成了效率损失，当前中国理顺电价结构的目标是逐渐解决交叉补贴问题。但直接取消工业与居民间的交叉补贴，将可能引致较大的公众阻力，不具备实际操作性（林伯强等，2009）。因此，如何在电价上涨且不影响居民实际生活水平的基础上，将电价补贴机制设计得更有效是一个值得研究的重要问题。实际上，交叉补贴虽然造成了效率损失，但交叉补贴却可能是有效的。有学者在分析中国能源补贴改革时提出"有效能源补贴"的概念，并将总补贴分为有效能源补贴与无效能源补贴，并指出我国能源补贴改革的方向是首先消除无效能源补贴。

按照此思路，具体到本章的电力交叉补贴中，我们不寻求完全取消居民与工业间的交叉补贴，而是寻求"有效交叉补贴"[②]。如图 8-2 所示，p_h' 与 p_i' 分别为居民电价与工业电价的可行价格，可行价格是指为实现社会经济各种目标和约束（如经济发展、能源普遍服务、环境可持续等）的综合福利最大化或成本最小化时的价格。有效交叉补贴是由可行价格偏离理想价格所致，而无效交叉补贴则由现行价格偏离可行价格所致。政府可以通过价格改革使现行价格逐渐调整至可行价格以消除无效交叉补贴。同时，由中国交叉补贴的目标可知，交叉补贴的重要作用之一是进行收入转移和再分配以及实施普遍服务等。因此，有效交叉补贴的目的是使得交叉补贴的利用效率最高，同时使得交叉补贴无谓损失率最小。当交叉补贴无谓损失率最小或达到一定标准时，即可求得有效的工业与居民定价水平（即图 8-2 中的可行价格），此时仍然存在的交叉补贴为有效交叉补贴。进一步地，还可以在此基础上计算出有效交叉补贴与无效交叉补贴的值及其所占的比例。

接下来，我们将通过分析交叉补贴引致的无谓损失构建交叉补贴无谓损失率指标[③]。图 8-2 中，当由不存在交叉补贴情形转化为存在交叉补贴情形时，社会总福利的变化就可以表示为 $\Delta SW = \Delta SW_h + \Delta SW_i = (\Delta CS_h + \Delta PS_h) + (\Delta CS_i + \Delta PS_i)$，

---

① 需要特别说明的是，价差法的基本公式为交叉补贴总额=（现行价格−新场景价格）×现行价格下的能源消费量，新场景价格即其他（非现实）场景下的价格，在图 8-2 中即可行价格或理想价格。因此，计算交叉补贴总额时只与现行价格下的能源消费量有关，而与新场景价格下的能源消费量无关。因此，式（8-3）仅能保证在当前的现行价格下成立。同时，因为价差法的公式并不涉及新场景价格下的使用量，也就无从计算新场景价格下的补贴支出额与补贴所得额，因此在新场景下无从构建式（8-3）中的左右等式。

② 相关研究也认为一定部分的有效交叉补贴是必要的。有学者指出政府电力补贴面临的主要挑战是如何寻找到具有成本效率的补贴方法。因此有必要寻找交叉补贴中的有效部分，以及如何在减少无效率损失的条件下设计有效的交叉补贴政策。

③ 社会总福利包括多种计算方法，除了本章采用的生产者剩余与消费者剩余之和表示总福利的方法之外，还可以采用社会福利函数进行计算。比较常见的社会福利函数是考虑了不平等因素的罗尔斯社会福利函数、阿特金森社会福利函数等。但早期的社会福利函数难以量化与比较，当代计算方法的本质仍然是不同类型人群福利的加总，这种方法只考虑了不同类型人群（尤其是穷人与富人）的权重。采用生产者剩余与消费者剩余计算社会总福利则较为直接，并且已经成为大部分主流文献衡量社会总福利的方式，因此本章也采用此方式计算社会总福利。

式中，ΔSW、ΔSW_h 及 ΔSW_i 分别为社会总福利变化量、居民用户总福利变化量和工业用户总福利变化量，ΔCS_h、ΔCS_i 分别为居民用户和工业用户的消费者剩余变化量，ΔPS_h 与 ΔPS_i 分别为居民用户与工业用户的生产者剩余变化量。借鉴 Chattopadhyay（2004）、张昕竹等（2010）的研究，假设电力提供者收入中性，即居民侧的生产者剩余损失通过工业部门的提价来完全补偿，此时社会总福利变化量就简化为

$$\Delta SW = \Delta SW_h + \Delta SW_i = (\Delta CS_h + \Delta PS_h) + (\Delta CS_i + \Delta PS_i) = \Delta CS_h + \Delta CS_i \tag{8-4}$$
$$= (A+B)-(F+G)$$

同时，对于电力提供者，电费收入不变意味着居民电费收入的减少额等于工业电费收入的增加额，即 $A+B+E=F$。因此，最终由交叉补贴导致的社会总福利无谓损失为 $DWL = \Delta SW = -(E+G)$，即图 8-2 中的阴影部分。

由此，借鉴公共经济学中对价格扭曲系数以及公共资金影子成本的测算方法（Atkinson and Halvorsen，1980，1984），构建交叉补贴无谓损失率（θ）的基本计算公式：

$$\theta = \frac{DWL}{Cross\_Sub} = \frac{E+G}{A+B+E} = \frac{E+G}{F} \tag{8-5}$$

由式（8-5）可知，当我们使用现行价格与理想价格进行计算时，得到的无谓损失率为当前定价下的交叉补贴无谓损失率，但此时的 θ 较之实现同一社会经济目标的方式（如税收等）所需要的 θ，其值可能较大，即为实现某些社会经济目标需要付出更多的无谓损失，或者在一定的无谓损失额约束下难以实现此社会经济目标（如能源普遍服务等）。因此，为使得交叉补贴实现社会经济目标的效率达到其他方式的水平，甚至比其他方式更高，在新的 θ 目标约束下，我们可以调整现行价格至新的价格水平，即图 8-2 中的可行价格水平。此时，虽然可行价格与理想价格仍然有差异，即交叉补贴仍然存在，但由于现行价格已经调整至可行价格水平，本章定义的无效交叉补贴消失，总交叉补贴只包含有效交叉补贴这一部分[①]。

由此总无谓损失占交叉补贴总额的比例为交叉补贴无谓损失率。利用价格弹性及真实居民与工业电价这几个变量来表达式（8-5），在仅考虑自价格弹性和同时考虑自价格弹性与交叉价格弹性的两种情形下，求得交叉补贴无谓损失率表达式，分别如式（8-6）与式（8-7）所示。具体分析过程见附录 F。

---

① 当然，需要明确的是，随着实现同样社会经济目标的其他方式效率的进一步提高，新的 θ 目标约束将进一步变化，对应的交叉补贴中有效交叉补贴部分将逐步缩小。其终极理想状态是 $\theta=0$，交叉补贴消失，有效交叉补贴也不存在。

$$\theta_1 = \frac{\sum(\mathrm{DWL}_i + \mathrm{DWL}_h)}{\mathrm{Cross\_Sub}} = -\frac{\varepsilon_h \dfrac{(\Delta p_h)^2}{p_h} q_{h1} + \varepsilon_i \dfrac{(\Delta p_i)^2}{p_i} q_{i1}}{\Delta p_h q_{h1} + \Delta p_i q_{i1}} \tag{8-6}$$

$$\theta_2 = \frac{\sum(\mathrm{DWL}_i + \mathrm{DWL}_h)}{\mathrm{Cross\_Sub}} = -\left[\frac{\varepsilon_h \dfrac{(\Delta p_h)^2}{p_h} q_{h1} + \varepsilon_{hi} \dfrac{(\Delta p_i)^2}{p_i} q_{h1} + \varepsilon_i \dfrac{(\Delta p_i)^2}{p_i} q_{i1} + \varepsilon_{ih} \dfrac{(\Delta p_h)^2}{p_h} q_{i1}}{\Delta p_h q_{h1} + \Delta p_i q_{i1}}\right]$$

$$\tag{8-7}$$

需要指出，上述公式在现行价格与可行价格的情形下均成立。其中，在真实的现行价格 p_h 与 p_i 下，$\Delta p_h = p_0 - p_h$，$\Delta p_i = p_i - p_0$；在可行价格下则只需要将式（8-6）与式（8-7）中的 p_h 与 p_i 更换为 p'_h 与 p'_i，即 $\Delta p'_h = p_0 - p'_h$，$\Delta p'_i = p'_i - p_0$。DWL_i、DWL_h 分别为工业侧与居民侧的价格扭曲造成的无谓损失，ε_h、ε_i 为居民用户与工业用户的自价格弹性，ε_{ih}、ε_{hi} 为工业用户与居民用户间的交叉价格弹性。由式（8-6）与式（8-7）可知，对能源价格扭曲引致的交叉补贴政策目标及其福利损失进行评估时，与传统方法比较，无须使用或估计成本信息，尤其是边际成本信息[①]。

三、碳排放目标实现：碳价格的设计

碳市场的价格参数是碳交易机制的核心参数之一，对于我国刚刚起步的统一碳市场来说，碳价格的合理形成更是亟须解决的重要问题。如果碳价格过高，将会给企业带来更多的成本负担，从而影响企业的参与积极性；反之，碳价格过低则影响企业的自主减排动力，直接造成碳市场的低效。因此，在电力改革和碳市场建设的双重背景下，我们将在电力目标和碳目标联合分析的基础上对碳价格进行参数设计，以探讨碳价格的合理水平。

基于前文所述，在电力体制改革的目标下，降低交叉补贴使得工业电价降低、居民电价提高，有可能导致碳排放净增加。在碳排放约束与工业电力降费的双重目标约束下，与前文设定一致，p_h 与 p_i 是电力价格调整前的居民用户电价与工业用户电价，p'_h 与 p'_i 是电力价格调整后的居民用户电价与工业用户电价，p_c 为碳价格，那么居民用户与工业用户各自的含碳总电价 p_{hc} 和 p_{ic} 为

---

① 另外，需要指出，常弹性下，需求曲线和供给曲线不是直线，计算福利时需要采用积分的方式求解。本书中基于福利变化计算的无谓损失率已采用积分形式，因此，即使是非线性的需求函数，本书中交叉补贴无谓损失率的计算公式仍然不变。

$$\begin{cases} p_{hc} = p_h + \Delta p_h' + p_c = p_h' + p_c \\ p_{ic} = p_i - \Delta p_i' + p_c = p_i' + p_c \end{cases} \tag{8-8}$$

需要指出的是，对电力厂商而言，电力生产过程中并不区分工业用电和居民用电，也就意味着碳成本的分摊也不区分工业用户和居民用户，工业电价和居民电价中都应包含碳成本，而且碳成本大小一致。式（8-8）的关系如图 8-3 所示[①]。

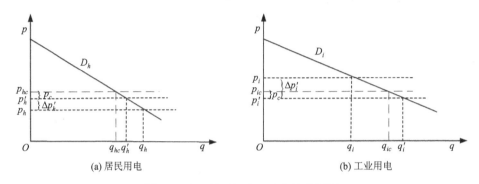

图 8-3　交叉补贴视角下碳价格分析图

图 8-3 中，基于不同的电价改革目标，电价调整方案以及幅度也是不同的。此时，针对既定的碳目标，就可以求得相应的碳价格。进一步地，在不同的经济发展阶段，国家的总体碳控制程度是有差异的，碳控制目标越严格，碳市场中的总配额越少，也就意味着交易过程中的碳价格越高。由此，针对现实情况中不同的电价调整方案和不同约束程度的碳目标，通过求解对应的合理碳价格可以为规制者提供一系列的选择方案，以保证电价目标与碳目标的同时实现。

第三节　数　据　说　明

本书使用的电价数据来自中国价格信息网[②]，该网站采集了我国 31 个省区市的 100 个典型城市（仅含市辖区）2006～2015 年的居民与工业用电月度价格，且分布较为均衡，每个省区市均包含 2～3 个城市（西藏除外），样本城市区域分布表如表 8-1 所示。

---

　　① 电力价格附加碳成本后，p_c 与 Δp_i 的大小关系并不一定，如果碳目标较严格，碳价格 p_c 较高将使得附加碳成本也较高，此时含碳电价可能高于原工业电价，即 $p_{ic} > p_i'$。

　　② 我们也尝试搜集了部分省份发改委及相关价格管理部门的调价公告与本章数据进行了对比，发现绝大多数调价政策在本章数据中均有体现，初步证明了本书所用数据的可靠性。同时，由于不能保证所有城市层面的价格数据完全搜集而不遗漏，我们最终采用了中国价格信息网的电价数据。

表 8-1　样本城市区域分布表

表 8-1　样本城市区域分布表

区域	城市数
东部	36
中部	30
西部	34
合计	100

　　100 个城市的二氧化碳排放量由用电量、电源结构和历年中国区域电网基准线排放因子的值共同计算得出。100 个城市的工业与居民能源和资源（含电力、燃气、用水等各项）消费量、地区 GDP、工资额、人口数、企业数、家用电器数等均来自历年《中国城市统计年鉴》，气候变量数据来源于中国气象数据网。因为所有控制变量均在年度层面，所以本章将月度电价数据加总平均到年度层面，得到年度电价并和其他变量进行匹配。各主要变量的描述性统计如表 8-2 所示。

表 8-2　各主要变量的描述性统计

类别	变量	观察值	平均值	标准误	最小值	最大值
用电量	工业用电量	927	92.660	121.800	0.220	805.800
	居民用电量	925	19.520	29.150	0.118	205.110
碳排放	工业碳排放	927	917.055	1 150.411	2.336	6 948.454
	居民碳排放	925	192.196	276.753	1.213	1 820.286
	排放因子	1 000	1.017	0.121	0.797	1.302
电价	工业电价	1 000	0.734	0.116	0.444	0.980
	居民电价	1 000	0.524	0.057	0.380	0.760
工业变量	工业总产值	947	2 787.233	4 656.126	7.856	32 014.020
	工业企业数	947	1 026.000	1 881.000	12.000	18 474.000
	第二产业从业人员	935	29.080	39.110	0.070	297.600
	第二产业生产总值	946	883.600	1 280.400	4.111	8 080.010
	石油气工业用量	927	34 752.000	90 155.000	0	771 690.000
	煤气工业用量	894	5.256	17.460	0	195.960
	区域面积	942	2 605.000	3 327.000	115.000	34 505.000
居民变量	工资总额	935	310.800	726.200	4.967	8 225.300
	总人口	945	231.100	271.900	18.640	2 129.310
	地区生产总值	947	1 980.000	3 285.000	25.160	24 838.320
	居民储蓄	928	1 690.280	3 132.100	33.890	23 914.190
	家用电器	880	4.751	1.061	3.162	8.027
	煤气家庭用量	894	12 065.240	30 370.100	1.000	621 483.000

续表

类别	变量	观察值	平均值	标准误	最小值	最大值
居民变量	居民用水	943	11 065.100	17 081.280	126.000	106 738.000
	石油气家庭用量	928	32 459.270	60 080.410	4.000	468 499.000
气候变量	平均气温	954	146.700	49.260	42.000	254.000
	最低气温	980	107.099	57.777	−7.000	220.000
	最高气温	980	199.967	43.394	98.000	282.000
	平均湿度	954	64.980	10.380	31.000	85.000

资料来源：中国价格信息网、《中国区域电网基准线排放因子》（2006～2015 年）、《中国城市统计年鉴》（2007～2016 年）、中国气象数据网

更详细地，我们从时间序列的角度分析 2006～2015 年居民与工业电价的总体变化，样本期内 100 个城市居民与工业电价变化趋势图如图 8-4 所示。

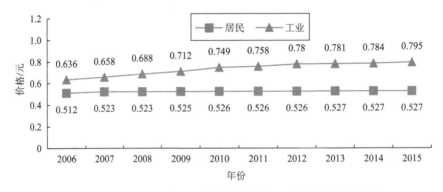

图 8-4　2006～2015 年 100 个城市居民与工业电价变化趋势图

从表 8-2 以及图 8-4 可以发现，平均来看，中国的城市工业电价比居民电价高 0.21 元。基于工业用电的成本本身低于居民用电、其他国家工业用电价格甚至低于居民用电的现实，可以初步判断，中国存在严重的工业用户补贴居民用户的交叉补贴现象。进一步地，交叉补贴引致了高的社会福利损失。同时，随着清洁能源技术的进步，排放因子发生变化，引致电力消费量与碳排放量之间存在非线性转换关系。

第四节　实证分析

基于式（8-6）和式（8-7），本节首先在工业与居民电价信息以及电量信息均可知的情况下估计工业用电与居民用电的自价格弹性与交叉价格弹性；其次在此基础上对交叉补贴无谓损失率进行测算，之后基于降低交叉补贴无谓损失率的政

策目标对电价结构进行机制设计；最后分析电价调整引致的碳排放量的变化情况。

一、价格弹性的估计

本章借鉴国际能源机构采用不变弹性的需求函数的形式来估计价格弹性[①]。国际能源机构估计价格弹性的公式 $q = p^{\varepsilon}$（p 为价格，q 为需求量，ε 为价格弹性）存在两方面的不足：一是该式缺少必要的控制变量以更准确地识别自价格弹性；二是该式仅考虑了某类产品消费量受到自身价格的影响，而并未将其他相关产品价格的影响考虑进去，如替代品或互补品价格变化对该产品消费量的影响。因此，本章将基于近似不相关回归（seemingly unrelated regression，SUR）方法，采用系统估计的形式估计居民与工业的自价格弹性与交叉价格弹性。

我们需要同时估计居民用户与工业用户的电力需求价格弹性。由前述理论分析可知，某些不可观测因素可能同时对两类用电量造成影响，因此两个方程的残差项之间存在相关性。因此，相比对单个方程进行逐一估计的方法，将居民用电估计方程与工业用电估计方程进行联合可以提高估计的有效性。并且，工业用电量与居民用电量的相互影响是通过自身与交叉的价格变化来实现的。因此，本章采用 SUR 对两个方程进行系统估计，估计方程如式（8-9）所示[②]。

$$\begin{cases} \ln q_{ht} = \alpha_1 + \beta_1 \ln p_{ht} + \gamma_1 \ln p_{it} + \phi_1 Z_{ht} + \mu_h + \upsilon_{1t} + \varepsilon_{ht} \\ \ln q_{it} = \alpha_2 + \beta_2 \ln p_{it} + \gamma_2 \ln p_{ht} + \phi_2 Z_{it} + \mu_i + \upsilon_{2t} + \varepsilon_{it} \end{cases} \quad (8\text{-}9)$$

式中，q_{ht} 与 q_{it} 为居民与工业的用电量；p_{ht} 与 p_{it} 为居民与工业的用电价格；Z_{ht} 与 Z_{it} 为表 8-2 中的控制变量，包括工业变量、居民变量和气候变量；β_1 与 β_2 为所估计的自价格弹性系数；γ_1 与 γ_2 为所估计的交叉价格弹性系数；采用固定效应估计时，μ_h 与 μ_i 为居民、工业所在城市的城市固定效应；υ_{1t} 与 υ_{2t} 为时间固定效应；α_1、α_2、ϕ_1、ϕ_2 均为估计参数；ε_{ht}、ε_{it} 为误差项。式（8-9）的估计结果如表 8-3 所示。

---

① 通过使用双对数模型，即以固定弹性假设估计价格弹性是较为常见的，尤其是在公用事业价格理论分析中，Vásquez Lavín 等（2017）通过对六种形式的弹性进行估计发现，双对数与对数–平方形式的弹性估计的拟合程度是最高的。当价格调整的幅度不大时，常弹性较为合理，在中国的现实场景中，价格变化不超过 10%（中国的政策目标为 10%），因此常弹性假设（在每一点处弹性相同）是合理的。

② 需要说明的是，SUR 回归中的价格相对外生，正如 Taylor（1975）、郑新业等（2012）对美国、中国的阶梯水价，冯永晟（2014）对中国的阶梯电价研究所指出的，中国集中式的资源与能源管理决策机制使得短期内基层（如市级层面）电价不随电力供求变化，成为相对外生的变量。在本章的分析中，电力价格的决策权主要是在国家层面（如国家发展改革委等），更高层面制定的电力指导价格较之城市层面的电力使用量具有较强的外生性。因此，在理论上，内生性是个问题，但在实际上这个问题的影响较小。

表 8-3　城市层面的工业与居民的价格弹性估计表

变量	OLS				SUR			
	$\ln(q_i)$	$\ln(q_h)$	$\ln(q_i)$	$\ln(q_h)$	$\ln(q_i)$	$\ln(q_h)$	$\ln(q_i)$	$\ln(q_h)$
$\ln(p_i)$	−1.210***		−1.296***	−0.246**	−1.232***		−1.192***	−0.271**
	(0.208)		(0.218)	(0.112)	(0.245)		(0.264)	(0.134)
$\ln(p_h)$		−0.626***	−0.269*	−0.572***		−0.668***	−0.152*	−0.537***
		(0.156)	(0.342)	(0.171)		(0.156)	(0.081)	(0.169)
控制变量	控制	控制	控制	控制	控制	控制	控制	控制
时间固定效应	控制	控制	控制	控制	控制	控制	控制	控制
城市固定效应	控制	控制	控制	控制	控制	控制	控制	控制
常数项	1.180	−1.847***	0.213**	−2.048***	1.132***	−1.777***	0.538**	−1.907***
	(1.121)	(0.363)	(1.042)	(0.347)	(1.160)	(0.368)	(1.098)	(0.372)
观察值	717	717	717	717	717	717	717	717
城市数	86	86	86	86	86	86	86	86
R^2	0.760	0.940	0.756	0.940	0.761	0.941	0.760	0.941
B-P 检验卡方					6.903***		6.837***	

注：B-P 为 Breusch-Pagan（布伦斯-帕甘），括号内为标准误

***、**、*分别表示在 1%、5%和 10%的水平上显著

　　表 8-3 展示了利用 OLS 回归方法基于单一方程估计得到的有限信息估计结果，即在估计工业与居民的价格弹性时不引入居民与工业用电价格方程所能提供的信息，两个方程独立进行估计。在此基础上，进一步考虑工业与居民用电价格方程的内在关联，通过系统估计方法，基于完备信息使用 SUR 方法对工业与居民的自价格弹性与交叉价格弹性进行了估计。结果显示，无论是在 OLS 回归还是 SUR 估计中，交叉价格弹性都显著。OLS 与 SUR 结果中的系数变化，正是两个方程残差项之间的相关性所引致的。从表 8-3 中最后一行 B-P 检验卡方结果可以发现，卡方统计量均在 1%的显著性水平上拒绝各方程的扰动项相互独立的原假设，证明了使用 SUR 较之 OLS 更加合理，提高了估计效率[①]。

　　估计结果显示，工业用电价格弹性大于居民用电价格弹性，工业自价格弹性接近 1，而居民自价格弹性较小，该结论与林伯强等（2011）、程瑜等（2003）等用微观数据估计与模拟出的结果一致。同时，SUR 的交叉价格弹性估计显示，工业与居民的电价对居民与工业电量的交叉影响显著存在。交叉价格弹性均为负，说明居民电价负向影响工业用电量，工业电价也会对居民用电量产生负向影响。

---

　　① Zellner（1962）、陈强（2014）指出，即使各方程的解释变量完全相同，有时也使用 SUR 而不使用单方程 OLS。如果存在跨方程的参数约束，则即使各方程的解释变量完全相同，SUR 与单一方程 OLS 也不再等价。

这是因为当工业电价上升，收入效应与替代效应将对居民用电量产生不同的影响，但由于收入效应的作用将更大，因此最终引致居民用电量下降[①]。居民电价上升时，同样受到收入效应与替代效应的共同影响，在收入效应影响更大的情况下，最终引致工业用电量下降。同时，数量关系显示，居民价格对工业用电量的影响较小，而工业价格对居民用电量的影响较大。

为进一步检验弹性估计结论的稳健性，结合《中国城市统计年鉴》中的人口数据，本章进一步在个体人均层面上对工业与居民用电的方程进行了估计。结果显示，无论是在城市层面还是在个体层面，所得的弹性估计结果均较为稳健。表8-4 呈现了个体人均层面的工业与居民的价格弹性估计表。

表 8-4　个体人均层面的工业与居民的价格弹性估计表

变量	OLS				SUR			
	$\ln(q_i)$	$\ln(q_h)$	$\ln(q_i)$	$\ln(q_h)$	$\ln(q_i)$	$\ln(q_h)$	$\ln(q_i)$	$\ln(q_h)$
$\ln(p_i)$	-1.457^{***}		-1.462^{***}	-0.159^{*}	-1.306^{***}		-1.276^{***}	-0.235^{*}
	(0.219)		(0.232)	(0.078)	(0.254)		(0.276)	(0.131)
$\ln(p_h)$		-0.583^{***}	-0.021	-0.477^{***}		-0.581^{***}	-0.128^{*}	-0.463^{***}
		(0.149)	(0.330)	(0.165)		(0.149)	(0.072)	(0.163)
控制变量	控制	控制	控制	控制	控制	控制	控制	控制
时间固定效应	控制	控制	控制	控制	控制	控制	控制	控制
城市固定效应	控制	控制	控制	控制	控制	控制	控制	控制
常数项	1.098	-2.039^{***}	1.081	-2.139^{***}	1.421	-2.142^{***}	-1.530^{***}	-2.252^{***}
	(0.968)	(0.355)	(1.003)	(0.361)	(1.142)	(0.368)	(0.316)	(0.372)
观察值	712	712	712	712	712	712	712	712
城市数	86	86	86	86	86	86	86	86
R^2	0.389	0.727	0.389	0.728	0.393	0.732	0.393	0.734
B-P 检验卡方					4.754**		4.864**	

注：括号内为标准误

***、**、*分别表示在 1%、5%和 10%的水平上显著

表 8-3 与表 8-4 的结果均表明，工业用电的价格弹性大于居民用电，这与现实情况一致。因为工业用户可以更灵活地对电价和电力供需做出实时反应，同时

---

① 当工业电价上升时，电价通过成本加成传递（pass-through）给最终产品，表现为最终产品价格上升，因为消费者购买的大多数产品是生活基本支出，这将占用总收入里面更大的比例，总收入不变的情况下，居民用电预算只能减少，在居民电价不变的情况下，收入效应将使得居民用电量减少。同时电力作为中间能源产品，工业电价增加通过成本加成传递给居民消费的商品，基于替代效应的分析，这类商品的价格上升确实对居民用电量有正向影响，但其替代效应较小。因此在收入效应与替代效应的共同作用下，工业电价上升使得居民用电量减少。

随着电力体制改革的不断推进，工业用电大户具有更强的市场谈判力，可以在不同能源提供商之间进行选择。

二、电价调整过程

根据式（8-7）计算出历年交叉补贴无谓损失率，如图 8-5 所示。具体数值以及各省份的交叉补贴无谓损失率见附录 G。

图 8-5 对 2006～2015 年的交叉补贴无谓损失率的分析显示，10 年间，中国的电力行业的交叉补贴无谓损失率从 24.32%提高到 40.35%，整体呈现上升态势，且其中大部分无谓损失是由工业用户导致的。另外，从 2012 年开始，交叉补贴无谓损失率呈现出波动的态势一方面可能是在居民侧，中国从 2012 年 7 月开始在全国推广实施居民用电递增阶梯定价；另一方面是在供给侧，与中国从 2013 年开始准备逐步实施输配电价改革相关。

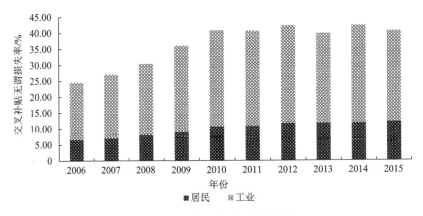

图 8-5　历年交叉补贴无谓损失率

接下来，我们将以降低交叉补贴无谓损失率为原则对电价结构进行机制设计。在理想状态下，最优电力价格机制为最小化交叉补贴无谓损失率 θ 的电价机制。一般地，交叉补贴无谓损失率 $\theta = 0$ 时，即不存在交叉补贴时，居民电价等于甚至高于工业电价。然而，在中国当前的现实背景下很难一步调整到位。因此，本章首先分析当交叉补贴无谓损失率 θ 达到一定标准下的价格调整机制。居民与工业用电价格优化前后的交叉补贴与无谓损失的变化如图 8-6 所示。

图 8-6（a）呈现了居民电价不变、工业电价调整时的无谓损失与交叉补贴变化，居民的无谓损失为阴影部分的三角形 E，交叉补贴为 $(p_0 - p_h)q_{h1}$；当工业电价由 p_i 调整为 p_i' 时，无谓损失由三角形 $(G + K)$ 变化为三角形 K，交叉补贴支出额由 $(p_i - p_0)q_{i1}$ 变化为 $(p_i' - p_0)q_{i1}$。图 8-6（b）呈现了居民电价与工业电价同时调整时的无谓损失与交叉补贴变化，无谓损失与交叉补贴的变化分析类似。以居

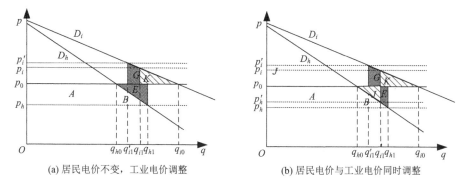

(a) 居民电价不变，工业电价调整　　　(b) 居民电价与工业电价同时调整

图 8-6　居民与工业用电价格优化设计图

民价格不变、工业价格调整［图 8-6（a）］的情景为例，在考虑自价格与交叉价格弹性下，对应的电力价格调整方式为

$$\theta_2(p_i') = \frac{\sum(\mathrm{DWL}_i + \mathrm{DWL}_h)}{\mathrm{Cross\_Sub}}$$

$$= -\left[\frac{\varepsilon_h \dfrac{(\Delta p_h')^2}{p_h'}q_{h1} + \varepsilon_{hi}\dfrac{(\Delta p_i')^2}{p_i'}q_{h1} + \varepsilon_i\dfrac{(\Delta p_i')^2}{p_i'}q_{i1} + \varepsilon_{ih}\dfrac{(\Delta p_h')^2}{p_h'}q_{i1}}{\Delta p_h' q_{h1} + \Delta p_i' q_{i1}}\right]$$

$$= -\left[\frac{\varepsilon_h \dfrac{(p_h'-p_0)^2}{p_h'}q_{h1} + \varepsilon_{hi}\dfrac{(p_i'-p_0)^2}{p_i'}q_{h1} + \varepsilon_i\dfrac{(p_i'-p_0)^2}{p_i'}q_{i1} + \varepsilon_{ih}\dfrac{(p_h'-p_0)^2}{p_h'}q_{i1}}{(p_h'-p_0)q_{h1} + (p_i'-p_0)q_{i1}}\right]$$

$$= \bar{\theta}_2$$

$$\mathrm{s.t.}\ p_i' \leqslant p_i$$

$$(8\text{-}10)$$

其中，图 8-6（a）的情景中，$p_h' = p_h$，$\Delta p_h' = p_0 - p_h' = 0$，$\Delta p_i' = p_i' - p_0$，通过式（8-10）求解满足 $\theta_2(p_i') = \bar{\theta}_2$ 条件下的 p_i'。在政策目标（$\bar{\theta}_2$）下，政府规制者可以通过调整不同的工业或居民电价，以实现在一定的交叉补贴下最小化无谓损失额。交叉补贴要实现收入再分配、普遍服务等政策目标，需要付出一定的无谓损失，这与税收中讨论的公共资金使用的边际成本类似，因此可以借鉴现有对税收边际成本的研究作为可接受的有效交叉补贴无谓损失率参考值。已有研究指出，中国税收的平均边际成本是 1.208～1.451 元，根据刘明（2009）基于可计算一般均衡模型的测算，电气水生产与供应业的公共资金边际成本为 1.222 元。我们设定政策目标：$\bar{\theta}_2$=0.222。

2018年《政府工作报告》中提出，大幅降低企业非税负担，降低电网环节收费和输配电价格，一般工商业电价平均降低10%。基于上述政策目标以及现阶段的价格调整情况，可能的价格调整机制包括以下四类。

（1）居民电价不变，仅调整工业电价。分析在居民电价保持不变的情况下，为实现政策目标，工业电价需要进行调整。

（2）工业电价降低4.3%，居民电价调整。2018年3月底，国家发展改革委印发《关于降低一般工商业电价有关事项的通知》，提出决定分两批实施降价措施，落实一般工商业电价平均下降10%的目标要求。第一批降价措施自2018年4月1日起执行，包括临时性降低输配电价、降低区域电网和部分跨省跨区输电线路输配电价等，涉及降价金额为430亿元左右，可使一般工商业电价每千瓦时降低约4.3分，降幅达4.3%。

（3）工业电价降低7%，居民电价调整。2018年5月，国家发展改革委印发《关于电力行业增值税税率调整相应降低一般工商业电价的通知》，决定将因电力行业增值税税率调整、省级电网企业、期末留抵税额一次性退返腾出的电价空间，全部用于降低一般工商业电价。此项降价措施自2018年5月1日起执行。据统计，该项措施涉及金额约216亿元，可降低一般工商业电价每千瓦时2.16分，降幅达2.7%，累计降幅约7%。

（4）工业电价降低10%，居民电价调整。据2018年《政府工作报告》量化指标任务落实情况显示，2018年一般工商业电价降低10%的任务目标超额完成，全国平均每千瓦时降低8分钱，降幅超过10%。我们将分析此背景下的居民电价调整。

对应政策目标和四类价格调整机制，相应的工业与居民电力价格调整机制设计如表8-5所示。

表8-5　工业与居民电力价格调整机制设计

变量值	场景	工业电价	居民电价	工业降价比例	居民提价比例
$\theta=0.404$	现有价格	0.795	0.527	不变	不变
$\theta=0.222$	居民电价不变，仅调整工业电价	0.734		7.69%	
	工业电价降低4.3%，居民电价调整	0.761	0.546	4.30%	3.67%
	工业电价降低7.0%，居民电价调整	0.739	0.531	7.00%	0.74%
	工业电价降低10%，居民电价调整	0.715	无须提价	10.00%	

注：①基于2015年全国数据计算。②需要说明的是，从2015年电力体制改革以来，政府相继出台各种措施以降低工业电价，截至2017年底，电力价格已经有所下降。但限于数据的可得性，本章的数据期是2006～2015年，当前的测算的基础价格是2015年数据，计算出的电价下降额是所需下降额的下限值

从表8-5可以发现，当工业降价比例为7.69%时，交叉补贴无谓损失率可以

降至 0.222，此时居民电价也不需要调整。在现阶段工业降价比例分别为 4.30%、7.00%的情况下，居民电价分别需要提高 3.67%、0.74%，才能达到交叉补贴无谓损失率的下降目标。当工业降价比例 10.0%时，居民电价无须再提高，此时交叉补贴无谓损失率已经达到 0.222。当然，随着中国电力市场化改革的进一步推进，电力行业公共资金边际成本将进一步下降，此时交叉补贴无谓损失率将进一步减小，那么在新的标准下，居民电价可能需要提升。

三、电价调整后的碳排放量变化

在自价格弹性和交叉价格弹性的作用下，电价调整引起电力用户用电需求的变化，而电力产品的特殊性使得电力使用和电力生产是同步的，由此用电量的变化将引致电力生产侧碳排放的同步变化。在上述四类价格调整机制的基础上，我们可以测算由此引致的电力行业碳排放量的变化。具体地，由用电量和电力行业的排放因子的乘积即可求得相应的碳排放量。

由于排放因子和电力生产侧的能源投入种类与低碳技术水平等直接相关，能源投入结构的变化以及低碳技术创新等都会导致用电量和碳排放量的线性关系发生变化。随着时间的推移，排放因子的变化可能导致电力需求和碳排放的关系不再明确。我们首先给出 10 年间六大区域电网的基准线排放因子数据[1]，并在此基础上测算二氧化碳排放量的变化情况。表 8-6 显示了历年我国各区域电网的基准线排放因子。

表 8-6　历年我国各区域电网的基准线排放因子　　　单位：吨·CO_2/兆瓦时

区域	2006 年	2007 年	2008 年	2009 年	2010 年	2011 年	2012 年	2013 年	2014 年	2015 年
华北区域	1.1247	1.1208	1.1169	1.0069	0.9914	0.9803	1.0021	1.0302	1.058	1.0416
东北区域	1.2247	1.2404	1.2561	1.1293	1.1109	1.0852	1.0935	1.112	1.1281	1.1291
华东区域	0.9286	0.9421	0.9556	0.8825	0.8592	0.8367	0.8244	0.81	0.8095	0.8112
华中区域	1.3015	1.2899	1.2783	1.1255	1.0871	1.0297	0.9944	0.9779	0.9724	0.9515
西北区域	1.1289	1.1257	1.1225	1.0246	0.9947	1.0001	0.9913	0.972	0.9578	0.9457
华南区域	0.9604	1.0119	1.0634	0.9987	0.9763	0.9489	0.9344	0.9223	0.9183	0.8959
平均	1.1115	1.1218	1.1321	1.0279	1.0033	0.9802	0.9734	0.9707	0.9740	0.9625

从表 8-6 可以看出，10 年间，全国六大区域电网的基准线排放因子整体呈下

---

① 华北区域电网包括北京市、天津市、河北省、山西省、山东省、内蒙古自治区；东北区域电网包括辽宁省、吉林省、黑龙江省；华东区域电网包括上海市、江苏省、浙江省、安徽省、福建省；华中区域电网包括河南省、湖北省、湖南省、江西省、四川省、重庆市；西北区域电网包括陕西省、甘肃省、青海省、宁夏回族自治区、新疆维吾尔自治区；南方区域电网包括广东省、广西壮族自治区、云南省、贵州省、海南省。其中海南电网从 2010 年开始并入南方区域电网；另外，西藏自治区使用西北区域电网平均数据（以上数据不包括港澳台等地区）。

降趋势，这和电力行业逐渐进行能源结构优化调整以及加大低碳技术创新的趋势是相符合的。华北区域和东北区域自 2012 年之后略有反弹，可能是由于其长期以来的化石能源消耗比例较大，从而短期内大幅持续调整能源结构的难度较大，由此导致暂时性的反弹。但可以预见，随着清洁能源比例的扩大以及技术创新，排放因子将继续下降。

接下来，我们测算由电价调整引致的用电量和碳排放量的变化，测算结果如表 8-7 所示。由于现实情况下我国的电价调整并不涉及居民电价，因此我们先测算现实中仅工业电价调整所导致的碳排放变化量，之后再测算基于上述机制设计方案所导致的碳排放变化量。

表 8-7　电价调整引致的用电量和碳排放量的变化

方案设计	电价调整方案	工业电价：增加比例	居民电价：增加比例	总增加比例	碳排放增加量/万吨
现实场景	工业电价降低 4.30%	5.13%	1.17%	4.36%	76.675
	工业电价降低 7.00%	8.34%	1.90%	7.10%	124.820
	工业电价降低 10.0%	11.92%	2.71%	10.14%	178.314
调整场景	工业电价降低 8.13%	9.16%	2.08%	7.79%	137.070
	工业电价降低 4.30%,居民电价提高 4.17%	4.57%	−0.81%	3.53%	62.058
	工业电价降低 7.00%,居民电价提高 1.23%	8.23%	1.50%	6.93%	121.855
	工业电价降低 10.0%	11.92%	2.71%	10.14%	178.314

从表 8-7 可以看出，现实场景中，现有措施仅降低工业电价时，在价格弹性的作用下，由于工业用户和居民用户都会增加用电量，相应的碳排放量也会增加，且随着工业电价降价比例的增加，碳排放量进一步增加。基于调整场景，当工业电价与居民电价同时调整时，由于居民电价提高将会抵消工业电价下降所导致的碳排放量的增加，所以此时的碳排放增加量小于仅降低工业电价的碳排放增加量。

另外，表 8-7 显示，同时调整工业电价和居民电价时，总体碳排放增加量仍然是增加的，这就意味着工业电价降低所导致的碳排放增加量远大于居民电价提高所导致的碳排放减少量。这很大程度上是因为工业用电量所占比例远高于居民用电，同时也有一部分原因是电力用户对工业电价的需求弹性大于对居民电价的需求弹性。

第五节　基于政策目标的电价与碳价联动机制设计

从 2013 年开始，北京、天津等 8 个省市逐渐展开碳交易试点工作[①]。但由于

---

① 福建于 2017 年开始试点，不在所考察的样本期内，所以不考虑福建省试点。

制度设计中存在配额与碳价设计不合理等问题，当前区域碳市场中存在交易不活跃、效率不高、碳价扭曲等诸多问题。在碳排放交易阶段，对于机制设计者与企业来说，核心问题为碳交易市场价格信号的策略性响应，而企业的响应结果通过减排成本及资源配置效率来实现。田立新（2017）指出，碳排放权中的两个重要参数是初始配额和碳价格。合理的初始配额在很大程度上决定了碳总量控制目标的实现，而碳价格则直接决定了市场是否有效。

因此，结合第二节理论分析部分，求解合理的碳价格必须先确定具体可行的碳总量控制目标。从我国碳交易试点省份的经验来看，各省份试点碳市场确定配额总量时均综合考虑"十二五"期间碳排放强度下降和能耗下降目标，将强度目标转化为碳排放量绝对目标确定配额总量。但由于经济增长、行业发展和企业生产经营方面的不确定性，碳总量往往很难确定。而且正是由于对整体经济、行业发展和企业经营情况的乐观估计，导致各试点的配额总量大都存在"总量宽松"问题。因此，我们这里不针对碳排放量的绝对值进行目标设定，而是基于更具有实际意义的碳强度目标进行碳价格机制设计。

一、碳排放政策目标下的碳价设计

2016 年 10 月，国务院印发《"十三五"控制温室气体排放工作方案》（简称《工作方案》）。《工作方案》提出，到 2020 年，单位国内生产总值二氧化碳排放比2015 年下降 18%，碳排放总量得到有效控制。由于各地区实际情况不同，《工作方案》对不同地区提出了不同的要求，如北京、天津等地碳排放强度分别下降20.5%；福建、江西等地分别下降 19.5%；海南、西藏等地分别下降 12%。

中国碳市场的运行效果将对全球应对气候变化和低碳发展至关重要。由此，考虑到实现总体碳目标的阶段性以及现实情况下各地区进行碳减排的差异性，借鉴戴彦德等（2017）的分析，我们设定以下三类碳控制情景，即碳控制程度的由宽松逐渐过渡至严格，在此基础上分别求解对应不同碳强度下降目标的碳价格。

（1）宽松情景：碳强度不变。碳强度不变的含义是允许碳排放量随着 GDP的增加而同步增加，因此我们将此设定为宽松情景下的碳控制目标。可能在现阶段此情景对绝大多数地区并无过多的实际操作意义，但将其作为碳控制的基准对照组具有一定的参考意义。表 8-7 电价调整方案是基于 2015 年数据计算的，所以这里的碳强度不变情形就意味着 2015 年的碳排放增加比例和 2016 年 GDP 增长速度一致，即 6.7%。

（2）正常情景：碳强度下降 3.6%。单位国内生产总值二氧化碳排放比 2015年下降 18%，5 年内碳强度平均每年下降 3.6% 才能实现目标。同时基于《十三五规划》中提出的"十三五"时期 GDP 年均增速 6.5%，可以计算出碳排放绝对量年均增长不能高于 2.7%。

（3）严格情景：碳强度下降 6.6%。《中国应对气候变化的政策与行动 2017 年度报告》披露，2016 年我国碳强度下降 6.6%。同时，2017 年碳强度已经比 2005 年下降约 46%，已经基本完成"十三五"碳约束指标。因此，我们将 6.6% 作为相对严格的碳强度目标[①]，此时对应 GDP 年均 6.5% 的增长速度，碳排放量是下降的。这也是实现碳排放提前达峰的重要途径。

基于第二节理论分析中的式（8-8），在碳约束可知、弹性已求解的情况下，得出满足碳约束条件（包含碳价）的总电价金额，然后减去现有电价水平为电力产品所需增加的碳成本，经过排放因子的转化，即可求得碳价格，表 8-8 是基于电价调整和碳目标的碳价格机制设计场景及相应情况的结果。各省份具体结果见附录 H。

表 8-8 基于电价调整和碳目标的碳价格机制设计场景及相应情况的结果

场景	碳强度不变		碳强度下降 3.6%		碳强度下降 6.6%	
	需增碳成本	碳价格	需增碳成本	碳价格	需增碳成本	碳价格
工业电价降低 8.13%	0.006	6.721	0.030	31.506	0.077	80.523
工业电价降低 4.30%，居民电价提高 4.17%			0.005	5.278	0.052	54.295
工业电价降低 7.00%，居民电价提高 1.23%	0.001	1.401	0.025	26.186	0.072	75.203
工业电价降低 10.0%	0.020	21.143	0.044	45.928	0.091	94.944
平均	0.007	9.755	0.026	27.225	0.073	76.241

注：①单位电力需增碳成本单位为元/千瓦时；碳价格单位为元/吨。②由于工业电价实际降低比例大于书中设定场景，所以此时为实现特定的碳控制目标，实际所需附加的碳成本也更高，即我们要求解的碳价格也仅是实际碳价格的下限

表 8-8 中，碳价格最低为 1.401 元/吨，最高为 94.944 元/吨。从碳强度不变的宽松情景到碳强度下降 6.6% 的严格情景，平均碳价格从 9.755 元/吨上升到 76.241 元/吨。而且，基于特定的电价调整场景，随着碳强度下降比例的增加，碳价格迅速提高；碳强度目标不变时，随着工业电价下降比例的增加，碳价格也逐渐提高。这也就意味着，碳约束程度越大，碳价格应该越高[②]。

总的来说，表 8-8 中的碳价格水平略高于我国碳试点省份的碳价格水平，其中严格情景下的碳价格更远高于现行碳价格。需要指出的是，现阶段我国工业电

---

① 普华永道《低碳经济指数》预计，基于全球 GDP 每年 3% 的增长以及实现 2 摄氏度全球温控目标的碳排放预算，全球从 2020 年至 2100 年年均碳强度下降率需要达到 6.5%。

② 但这里的碳价格与企业真实的减排成本还有很大差距。据《2017 年我国碳市场预测与展望》（北京理工大学能源与环境政策研究中心），全国碳市场启动初期的碳价格年均水平在 30～40 元/吨，但这远远低于企业的碳减排成本，导致减排效果不明显，而且预计只有碳价高于 240 元/吨时，碳市场才会真正发挥减排作用，而建设初期将很难达到这一水平。

价仍将继续下降，当工业电价降低 10%时，即使是约束程度最为宽松的情景下，碳价格仍然维持在 21.143 元/吨以上，严格情景下，碳价格需要达到 94.944 元/吨。

二、试点省市的碳价调整方向

2013 年至 2020 年，北京、天津等碳交易市场已陆续运行近七年，如果以其现行的碳价格作为参考，将会对其碳目标的实现有何影响？为此，我们将基于七大试点省市的历史价格数据，同样在上述碳成本完全转嫁至电力价格的分析框架下，反过来测算其对电力行业碳排放量的影响，以期为我国统一碳市场的价格参数提供明确的调控方向，也为如何借鉴试点省市的历史经验提供量化参考。表 8-9 呈现出了现行碳价格约束下我国七大试点省市的碳排放量的变化情况。

表 8-9　现行碳价格约束下我国七大试点省市的碳排放量的变化情况

类别	场景	北京	天津	上海	湖北	广东	重庆	深圳	平均
变量名	碳价格	50.190	23.610	25.000	22.400	30.470	22.770	44.510	29.073
	附加碳成本	0.052	0.025	0.020	0.021	0.027	0.022	0.040	0.030
	碳减少量	430.171	264.675	236.856	29.719	132.586	229.232	317.952	234.456
碳净增加量/吨	场景一	393.885	1203.430	946.678	71.347	205.879	554.532	196.095	510.264
	场景二	−519.359	−240.349	−110.352	−3.714	−51.665	−110.285	−179.078	−173.543
	场景三	−355.650	−2.174	162.464	28.347	58.792	89.460	8.409	−1.479
	场景四	−185.626	255.249	459.215	62.831	179.087	307.351	216.727	184.976
净增加比例	场景一	7.91%	18.06%	12.00%	7.62%	6.27%	9.58%	3.29%	9.25%
	场景二	−10.44%	−3.61%	−1.40%	−0.40%	−1.57%	−1.90%	−3.20%	−3.22%
	场景三	−7.15%	−0.03%	2.06%	3.03%	1.79%	1.54%	0.19%	0.20%
	场景四	−3.73%	3.83%	5.82%	6.71%	5.45%	5.31%	3.75%	3.88%
碳强度变化	场景一	1.04%	8.22%	4.77%	−0.44%	−1.15%	−1.02%	−5.24%	0.88%
	场景二	−16.14%	−11.65%	−7.76%	−7.86%	−8.44%	−11.39%	−11.19%	−10.63%
	场景三	−13.06%	−8.37%	−4.53%	−4.69%	−5.31%	−8.08%	−8.08%	−7.47%
	场景四	−9.86%	−4.83%	−1.01%	−1.28%	−1.91%	−4.87%	−4.82%	−4.08%
碳价格调整策略		保持平稳	适度上调	大幅上调	大幅上调	大幅上调	适度上调	适度上调	适度上调

注：各试点碳价格数据自试点开始至 2016 年底，来源于北京理工大学能源与环境政策研究中心发布的《2017 年我国碳市场预测与展望》；场景一、场景二、场景三、场景四依次对应上述四类价格调整机制；碳价格单位为元/吨，附加碳成本单位为元/千瓦时，碳减少量单位为万吨

首先，从表 8-9 中各试点省市的碳强度变化可以发现，如果以现行的碳价格作为参考价格，场景一中的碳强度平均增加 0.88%，这和碳强度下降目标是相悖的，这就意味着现行碳价格较低，碳价格对电力企业的碳约束程度不够，影响碳

减排目标的实现。场景二和场景三中，工业电价和居民电价同时反向调整，碳强度分别下降10.63%和7.47%，处于碳控制情景中的严格情景。场景三中上海、湖北和广东处于碳强度正常下降的情景中，基本可以实现碳强度下降目标。场景四中，只有北京市相对较高的碳价格使得碳强度下降处于严格情景，天津、重庆和深圳只具备正常完成碳强度目标的可能，而上海、湖北和广东均不能正常实现碳强度目标。

其次，表8-9表明，开展碳交易试点以来，北京市的碳价格最高，深圳次之，湖北最低。所以在统一碳市场的建设背景下，除北京外，其他所有试点省市均需要适度上调或大幅上调交易价格以为统一碳市场的价格参数设定提供正确参考。

总的来讲，如果继续降低工业电价，现行的试点省市相对较低的碳价格不利于碳强度下降目标的顺利实现。而且，如果各试点地区碳价格持续低迷，将会给统一碳市场的价格参数设定释放错误信号，对统一碳市场的建设造成不利影响。

第六节　结论与政策建议

本章从电力降费和碳排放约束的双重视角出发，通过识别电价结构中的有效交叉补贴并构建交叉补贴无谓损失率测度的理论模型，对全国统一碳市场的合理碳价格机制进行了设计。利用2006~2015年中国100个城市的工业与居民电力消费数据，估计得出自价格弹性与交叉价格弹性，并分析了电力价格扭曲所引致的无谓损失。由此以降低交叉补贴无谓损失率为原则设计了电价调整方案。在此基础上，分析了电力降费引致的碳排放变化，并在"十三五"碳控制目标下对中国碳市场的价格机制进行了设计。本章的结论与政策建议主要包括以下几点。

首先，现阶段中国的电力降费目标和碳排放控制目标存在一定的冲突，政府应在降低工业电价的同时兼顾碳排放控制目标，以全国统一碳市场的建设为契机，引导并确定合理的碳价格参数。分析结果显示，当工业电价下降10.0%时，总体碳排放量将增加10.14%。所以在电价改革的背景下，单纯地理顺电价关系会造成与碳减排目标的现实冲突。在全国碳排放交易系统正式开始建设的背景下，统筹考虑电力体制改革和碳市场建设是同时实现多个政策目标的必要保障，将电力价格与碳价格进行联合分析是反映电力生产真实成本的必然路径。

其次，交叉补贴视角下的碳价格机制设计可以同时实现电价改革目标和碳排放控制目标，政府规制部门需要将电力体制改革与碳排放交易市场的建立紧密结合起来。交叉补贴视角下，应在理顺电价和碳价关系以及考虑碳目标实现的阶段性差异的基础上，对碳价格参数进行设计。单纯地降低工业电价并不能实现"效率"目标，工业电价降低4.30%和7.00%时，居民电价需要分别提高3.67%、0.74%才能达到相应的无谓损失率。因此，政府降低工业电价的同时，应适时提升居民电价以妥善处理政策性交叉补贴。在居民阶梯定价中，具体措施可包括上调第二阶梯、第三阶梯电价并降低第一阶梯电量覆盖比例等方式等。另外，针对不同地区以及不同时期的碳目标差异，碳目标（碳总量）的确定要考虑实现途径的差异，为碳价格参数预留一定的调整空间。

再次，随着碳约束程度以及工业电价下降比例的增加，交叉补贴视角下统一碳市场的价格逐渐升高，且高于 2020 年的碳试点价格。全国统一碳市场中碳价格参数的设定可以参考碳试点省市历史经验，但也要考虑统一碳市场背景下电价调整和碳价格的内在联系，以设定合理的碳价格区间。工业电价降低 10.0%时，基于三种碳强度目标情景，碳价格从 21.143 元/吨逐渐提高至 94.944 元/吨，现行碳试点省市平均 29.073 元/吨的碳价格仅能实现碳强度保持不变的情景。同时，当前全国统一碳市场中仅引入发电行业，碳价与电价关系紧密。随着全国统一碳市场中逐步引入钢铁等其他行业，企业的实际减排成本可以更好地体现在碳价格上，为统一碳市场的参数设定提供了依据。

最后，为使得试点省市碳市场向全国统一碳市场平稳过渡，不同试点省市二级交易市场中的价格参数应做相应的调整和引导，为统一碳市场的价格参数提供合理参考。北京需要在价格不变的基础上维持碳价格稳定；深圳和广东碳市场应随着碳目标的趋紧而适度上调价格；天津、上海、湖北和重庆碳市场则需要引导市场大幅上调交易价格。具体的调整措施可包括提高拍卖比例并设定最低拍卖价、投放和回购配额以及直接设定价格限制等。同时，加快发电企业的技术创新与节能减排技术的引入，也有利于电力企业自身更积极地参与到碳交易市场中来。

随着以发电行业作为规制对象的全国统一碳市场的建立，以及中国电力体制改革的进一步深入，尤其是 2018 年以来降低一般工商业电价 10%等政策的出台，中国电力体制改革目标和碳控制目标的衔接问题在理论界和实践界得到了更多关注。事实上，由于发电企业可以将碳成本转嫁给电力用户，导致当前中国统一碳市场相关参数的设定和电价结构调整紧密联系，所以厘清电价和碳价的关系至关重要。因此，基于电价结构的交叉补贴视角对碳市场的相关参数设计是值得进行深入探索的研究方向。当然，随着新一轮电力体制改革快速推进，售电侧价格放开，火电行业减碳成本将向消费侧转移，行业碳配额分配方法将面临挑战。本章计算出的碳价格究竟是附加到发电企业成本，还是用户成本上，需要考虑碳价格转嫁问题。这将是本书后续研究中的一个重要方向。另外，在环境管理与规制中的价格工具——污染税分析中，也可借鉴本章的分析思路，估计出最优污染税征收水平，并进一步识别出最优环境监管工具及其组合。

第九章 市场关联、电力市场价格传导与全国统一碳市场价格设计

第一节 引 言

中国电力市场与碳市场的关联协调发展有着深刻的制度背景与现实需求。首先，电力市场是碳市场实现碳减排气候政策目标所需要重点进行规制的领域。一方面，中国拥有全球最大规模的电力系统。中国在 2020 年的煤电装机总量达到 10.8 亿千瓦，超过所有其他国家的总和（Cui et al., 2021）。以火电为主的电力结构使得电力行业成为中国温室气体排放的第一大户，电力行业碳排放量占全国总排放量的 40% 至 50%（Lin et al., 2019；Wang et al., 2017），是我国碳减排的重点领域[①]。另一方面，以历史水平、社会稳定、居民承受力以及行政机制等为核心的电力价格机制的设计使得电力市场中的价格被扭曲（林伯强，2004），并进而引致了包括交叉补贴在内的多重效率损失，加重了二氧化碳的排放（唐要家和杨健，2014）。工商业长期作为电力市场中的补贴方，单纯地降低电价势必引起工商业用电量的大幅反弹，并进而引致碳排放量的增加，因此需要碳市场通过价格机制的调整来缓和这种情况。更重要的是，以电网建设与发展为中心的中国能源互联网建设以及"两个替代"是我国彻底摆脱化石能源依赖的核心举措之一（Lin and Li，2020）。

其次，碳价格的引入也有利于倒逼电力体制改革的深化。截至 2021 年中国大部分地区的上网电价与销售电价仍由政府批复，电力价格还不是完全由市场决定。林伯强（2018）指出，截至 2018 年能源领域的市场化程度相对较低，而能源的非市场化定价和交叉补贴会降低能源生产和利用效率，也会对能源安全产生负面影响。另外，过低的居民电价无法体现电量使用的供需关系，从而造成大量的电力使用及浪费，并排放大量二氧化碳。因此，碳市场的建立将对电力发展产生碳约束，并通过碳约束倒逼电力结构优化以扭转电力价格长期扭曲的现象，有利于在减少交叉补贴、理顺市场关系的同时实现电力合理消费与节能减排的双重目标。

传统电力体制改革仅以降低工商业电价以及减少交叉补贴为主，如 2015 年通

[①]《电力工业能效及节能问题研究》，http://www.nea.gov.cn/2012-02/10/c_131402684.htm，2023 年 8 月 6 日。

过的中发〔2015〕9 号文正式下发《关于进一步深化电力体制改革的若干意见》以及 2018 年至今的《政府工作报告》等，电力市场的碳减排目标较为隐晦，并没有与以碳市场为代表的节能减排政策很好地融合（郑新业和吴施美，2018）。电力市场缺乏与碳市场的有机结合会引致碳价格偏离，这意味着单纯降低工商业电价可能引致工商业用电数量增加，在能源结构未能显著改善时，会导致同期的碳排放目标难以实现，形成"降电价"与"碳上升"的两难困境。2017 年 12 月国家发展改革委印发的《全国碳排放权交易市场建设方案（发电行业）》以及 2021 年以电力行业为规制对象的全国碳市场首个履约期的正式启动，是国家对电力市场与碳市场政策目标采取联合措施的一次有益尝试。将电力市场与碳市场关联起来进行考虑，可以利用碳市场对电力市场的价格传导，深化电力市场的价格机制改革。另外，电力市场运行效率的提升也能助力碳市场气候政策目标的实现。

与本书相关的文献主要从电力市场与碳市场的关联与协调发展、碳价格对电价的传导效应以及传导效应下的电力市场价格优化与碳市场价格设计这三个方面展开。

首先是电力市场与碳市场的关联与协调发展分析。国内外对电力市场与碳市场的联动机制研究存在较大差距。国外发达国家碳交易市场建设较早，对两者之间关系的研究较为深入，研究主题包括碳价与电价之间的非线性关联关系、不同竞争结构下发电厂的碳成本约束对电价的动态调整以及碳价格对工业与家庭能源强度的影响及其机制等（Aatola et al.，2013）。Fabra 和 Reguant（2014）基于结构计量模型分析西班牙碳市场与电力市场的关系，发现碳市场形成后传统发电技术的经济性逐步降低，现在的技术将被更清洁的技术取代。有学者研究了碳排放价格对电力价格的非线性影响，发现德国和法国两国的非线性影响存在国别差异。Laing 等（2014）指出，碳减排政策对家庭电费的影响主要取决于三个因素，包括免费发放配额方式与价格监管体系的关系、电力部门的能源结构和其他政策的可能影响。随着中国气候变化与环境污染问题的加剧，电力市场与碳市场之间的关系逐渐引起关注（魏一鸣等，2018）。有学者指出碳市场和电力市场应相互协调，还有学者研究了碳市场和电力市场的耦合关系，指出碳排放外部成本内部化影响电力市场出清电价。但由于中国电价受政府管制和电厂数据的可得性问题，国内研究多集中于碳价对电力企业的影响。侯建朝和史丹（2014）从电力产业链的角度，综合考虑发电、输配电、终端消费等环节活动对电力行业碳排放变化的影响。有学者利用 36 个城市的数据，分析了电价改革与二氧化碳排放的关系，指出单纯通过解决电价交叉补贴不能有效应对气候变化的压力，必须理顺电价与碳价的关系，实现电价与碳价间的联动。有学者则基于五种场景假设，分析了不同电价管制方式和碳价收入返还方式下碳价的经济影响和减排效果。刘自敏等（2020b）分析了以减少交叉补贴为目的的工业电力降费措施和碳减排目标的两难冲突，指出可通过碳市场与电力市场的关联耦合共推电力行业低碳发展。

其次是碳价格对电价的传导效应。有关电力行业碳价格传导效应的研究主要从传导理论模型构建和传导率估计两个方面展开。理论上,Weyl 和 Fabinger(2013)分析了不同产业竞争状况下的传导率变化,Chernyavs'ka 和 Gulli(2008)研究了在不完全竞争的情况下边际排放成本在电力市场中的成本传导。Nelson 等(2012)分别对欧洲与澳大利亚碳市场中碳成本对电价的传导进行了理论综述。Sijm 等(2006,2012)归纳了影响传导率的因素,包括供给函数是完全弹性、线性还是等弹性形式,以及需求函数是完全弹性或完全无弹性、线性还是等弹性形式等。Gulli 和 Chernyavs'ka(2013)还考虑了其他特征,包括不同时段(峰时与谷时)的载荷曲线、不同类型发电原料(如煤、天然气、水、核等)的进入顺序。有学者则分析了碳价上升与下降时传导效应的非对称性。Kim 和 Lim(2014)专门分析了像韩国、中国及日本这样的电价高度管制国家的价格传导问题,以及在此基础上的排放系统设计。Acworth 等(2020)发展了一个在不同规制场景(如价格控制、投资规制与行政管制等)下理解碳交易市场与电力市场交互影响的概念框架。

实证上,Hintermann(2016)根据德国现货市场数据,将德国电力市场的碳排放成本传导到每小时的电价上,实现了短期成本转嫁,进而可以估计不同负荷周期的成本传导,为研究碳成本的转嫁提供了最有力的证据。Fabra 和 Reguant(2014)对西班牙电力市场的排放成本转嫁率进行了量化,通过构建简化估计模型及结构估计模型,验证了碳成本对电力价格具有完全传导的特征。Jouvet 和 Solier(2013)研究了欧盟碳市场对电力市场的传导率,发现第一阶段碳价格对电力价格的传导率为 42%。Laing 等(2014)通过进一步研究发现在欧盟碳市场中电力部门的碳价格传递率因国而异,最低的传递率为 5%,最高的传递率为 100%。Nelson 等(2012)通过具体测算,认为澳大利亚的传导率处于 17%到 393%之间。Sijm 等(2006)发现在完全竞争的市场条件下,碳成本对电力价格的传导率是 100%,而真实的传导率取决于电力需求弹性以及碳成本。Bonacina 和 Gulli'(2007)则通过构建非完全竞争下的理论模型,证明了碳成本对电力价格的传导率应该小于100%。Chernyavs'ka 和 Gulli(2008)认为在没有完全考虑市场结构之前,碳成本对电价的传递是不完全的。Cong 和 Wei(2010)引入碳价后发现电价将上涨 12%,碳价波动将向电力市场转移,使电价波动增加 4%。有学者的研究显示,碳价格的增加导致电力边际成本抬高还是降低,取决于市场集中度、可用容量、电力需求水平等结构因素。Chen 等(2017)指出碳价不断上涨有利于节能技术在燃煤发电行业的应用,同时碳价也会影响居民的社会福利。引入碳价将使产品价格尤其是电价上涨,使居民承担部分碳价成本。有学者探讨了碳配额价格对电力价格的非对称影响,发现碳市场中碳配额价格的上涨对电力市场价格的影响比下跌更大。

Sijm 等（2012）发现碳交易对电价的影响首先取决于二氧化碳排放许可的价格和电力部门的碳强度。有学者认为二氧化碳成本传递到批发价格的比率受到市场竞争力、价值顺序变化和供求弹性的影响。针对中国的研究则更多地从理论以及政策层面对碳市场与电力市场的传递、耦合等关系进行了探讨（Li et al.，2014；Fei et al.，2014）。有学者认为工业电价和居民电价对相应二氧化碳排放的影响程度不同，为了控制碳排放水平，需要理顺电价结构与碳排放定价机制的重要关系。有学者认为无论生产侧还是消费侧的电力定价都会受到国家减排责任的影响。还有学者分析了碳市场中总量控制、配额分配和碳价波动对电力企业的影响，提出了发电企业应对碳排放交易的策略。Lund（2007）认为碳市场推动用电成本增加的原因有两个方面，一方面是电力行业碳排放的直接成本，另一方面是碳价格传导到电价引致电价上涨的间接成本。Lin 和 Jia（2019）通过可计算一般均衡模型的运用，发现中国碳市场可以显著提高电价，并为电力部门分配碳配额提供了政策建议。Wang 等（2021）以中国为例，通过构建多区域多市场均衡模型，协同考察了电力市场与碳市场的运行效率。研究发现，政府对两个市场目标的协同考虑将提升协同市场的运行效率。他们还探讨了关联市场与市场分散的优势，如分散市场风险、使得碳价格与电力价格保持在相对较低的水平，以及能够降低消费者的用电成本等。

最后是传导效应下的电力市场价格优化与碳市场价格设计。碳交易机制包含许多参数，如碳价格、配额分配、准入门槛、风险稳定机制等，碳价格的确定是其中的核心问题（范英，2018）。在考虑传导效应的基础上，有学者指出合理的碳排放权价格是碳交易制度发挥作用的最关键环节。Coady 等（2018）指出研究有效能源定价的定义与测量时，必须包含对碳定价的正确设定。Boyce（2018）从效率与公平的双重角度分析了碳定价问题，并提出满足排放目标的有效碳定价必须将价格与数量目标捆绑起来。Abeberese（2017）以及 Ganapati 等（2020）则基于印度电力行业及美国制造业的微观数据对碳成本对电价的传导效应进行了估计。由于缺乏碳市场及电力市场交易等微观数据，国内主要从理论与模拟的角度进行碳价与电价的关联分析与价格设计。有学者以电力部门为例，分析了碳成本传递的基本原理、影响因素及对中国碳市场的启示。有学者构建古诺模型分析了不同市场结构和电力市场需求特性情况下的碳成本传导率变化。Wang 和 Zhou（2017）分析了碳排放参数如何影响碳成本的传导并最终影响电价。Zeng 等（2017）使用结构向量自回归模型分析了北京碳市场价格对宏观经济与能源价格的影响。Ju 和 Fujikawa（2019）通过中国碳市场成本传导机制模型分析得出，截至 2019 年中国的碳市场平均市场价格有进一步上升至指导价格的空间。姚昕和刘希颖（2010）测算了中国碳税的最优征收路径；陈诗一（2011）度量了中国 38 个工业行业的二氧化碳边际成本；刘明磊等（2011）、崔连标等（2013）、陈德湖等（2016）

测算了全国省际层面的二氧化碳影子价格或边际减排成本。

综上所述，由于国外碳市场较为成熟，因此文献对碳市场的价格机制设计、碳市场与电力市场之间的关联关系以及碳成本对电力价格的传导等问题的研究较为深入。然而，由于中国碳市场起步较晚，同时电力市场价格机制的设定更多地受政府管制的影响，因此对中国碳市场、电力市场改革以及二者之间关系的讨论更多地停留在理论层面。具体来说，首先，在全球统一碳市场和强制性约束难以形成的条件下，不同国家与区域的次级碳市场的经验和参数难以供中国直接参考，在中国全国统一碳市场建设的关键阶段，需要建立符合中国国情的碳市场参数体系；其次，在中国由试点碳市场逐步转向全国统一碳市场的建设进程中，如何平稳地从试点向全国统一碳市场过渡，将各省份独立的碳市场联合成一个高效的统一碳市场，需要设计试点省市碳市场的碳价调整策略，这是全国碳市场建设过程中的一个难题。

为了解决这些问题，本书使用中国 2006 年至 2018 年 100 个地级市及以上城市的面板数据，利用 SUR 以及福利分析等，探讨了市场关联下电力市场无谓损失率的变化以及碳价格对电力价格的传导效应，同时通过反事实场景的设计对全国统一碳市场的平均碳价格进行优化设计。本书的研究的学术意义在于系统地对电力市场改革与碳市场建设中的关键参数进行分析设计，为两个或多个相互关联的市场价格联动机制设计提供了一定的方法论指导，为资源和能源类产品的优化配置提供理论框架与实证支持；现实意义在于一方面本书可有效分析"降低一般工商业电价"政策对高质量发展转型的支撑效果，并可为中国的诸多能源资源产品（如天然气、石油等）及其引致的碳排放价格政策的制定提供依据，为现有产品定价政策的参数优化及新能源产品定价的政策设计提供重要的理论支持。同时，对价格传导率的分析也为将来其他行业（如水泥、钢铁、石化、造纸、航空、化工、玻璃、冶炼等）纳入全国统一碳市场的价格联动机制分析提供了有益的参照，为政府决策部门提供可操作的政策选择。

本章可能的贡献主要集中于以下三个方面：第一，测算并对比分析了碳市场试点地区与非碳市场试点地区电力市场中的无谓损失率，并通过对工业以及居民电价调整不同场景的设置，进行了目标无谓损失率下的电力价格优化设计。既有文献对电力市场中的无谓损失率进行了测算，并针对目标无谓损失率进行了价格机制的优化设计。本书在此文献的基础上，结合碳市场试点地区与非碳市场试点地区的异质性特征，进一步对二者的无谓损失率进行了测算、对比分析以及优化设计。第二，通过价格机制将电力市场以及碳市场进行关联考虑，并进一步比较了碳市场中碳价格对工业电力用户以及居民电力用户用电价格传导率的差异。传统文献更多评估了碳成本向电力价格传导的效率（Cong and Wei，2010；Jouvet and Solier，2013；Laing et al.，2014；Nelson et al.，2012）。本书则基于中国工业电价高于居民电价从而形成交叉补贴的特征事实，更加细化地测算了碳价格对工业电价以及居民电价的传导率。这有利于中国电力市场价格改革以及交叉补贴的减弱，同时也在碳减排方面具有非常重要的理论与现实意义。第三，对电力市场中减少交叉补贴的目标以及碳市场中碳减排的目标进行协同考量，并对全国碳市场的碳价格机制进行优化设计。随着针对电力行业的全国碳市场的正式启动，本书在电力市场福利目标以及碳市场气候目标的双重约束下，基于不同的政策目标场景，对电力价格以及碳价格的联动机制进行了参数设计，以期为全国碳市场的顺利、高效运行提供政策支撑。

本书的余下结构安排如下：第二节对电力市场中的交叉补贴现象进行了理论分析与模型的构建和推导，并在此基础上进一步将碳市场纳入到统一的框架中来进行价格参数的理论分析；第三节是数据说明；第四节估计了碳市场试点地区与非碳市场试点地区中电力市场中的无谓损失率，同时针对目标无谓损失率进行不同场景的价格调整机制设计，并测算了不同调整场景下的碳排放；第五节测算了碳价格对工业电价以及居民电价的传导率，并对全国碳市场的价格机制进行了优化设计；第六节是结论与政策建议。

第二节　理　论　分　析

一、降成本目标下电力市场与碳排放约束目标下碳市场的关联关系分析

以燃煤发电为主的电力行业是我国二氧化碳排放的主要来源。据统计，电力行业能源消费量占全国能源消费总量的60%以上，二氧化碳排放量占全国总排放量的40%左右。一直以来电价改革目标都致力于调整电价结构，电价调整必然会引起电力需求的变化。现有技术水平下电力无法经济地大规模存储，电力供求必须保持实时平衡，用电侧的二氧化碳排放实际上也正是发电侧产生的二氧化碳，由此电力需求的变化也就导致电力生产行业碳排放量的变化。

降低交叉补贴的本质是让电力价格真实反映电力成本，其中的主要调整方向就是降低工业电价，提高居民电价。截至2020年，在国家降低工业用能成本的政策目标的指引下，市场改革过多地侧重降低工业终端用户的价格。如果单纯只考虑降电价，在价格机制的作用下将有可能破坏减排和空气质量目标，更会影响到政府摆脱过度依赖重污染行业实现经济结构转型的目标。在电力市场与碳市场缺失或割裂的情况下，必然造成政府在提升电力资源配置效率与追求低碳发展目标之间的"两难冲突"。我国传统管制电价下的计划电量，由于电力市场缺失导致电价存在刚性，从而难以满足电力市场与碳目标的双重约束；而市场交易电量的

碳成本则可以通过价格传导至市场电价①。电力市场与碳市场的关联关系，如图9-1 所示。

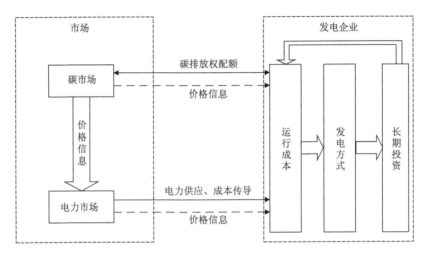

图 9-1　电力市场与碳市场的关联关系

如图 9-1 所示，当电力行业实行碳交易机制后，碳成本将会使发电企业产生额外的约束。碳成本附加在电力价格上，将会减少电力用户的电力需求，从而减少碳排放。因此，如果综合考虑电力目标和碳控制目标，在电价结构调整的同时，通过设定合理的碳价格水平（即对电力产品附加的碳成本），可以同时实现电力改革目标和碳控制目标，即实现电力市场与碳市场的协调发展。此时，附加的碳成本就对应着实现既定碳目标的碳价格。

具体地，基于电力市场与碳市场协调发展的关系，电价与碳价之间存在传导效应。在碳排放约束与工业电力降费的双重目标约束下，设定 p_h 与 p_i 是电力价格调整前的居民与工业用户电价，p_h' 与 p_i' 是减少交叉补贴，即电力价格调整后的居民与工业用户电价，p_c 为碳价，ξ_h 与 ξ_i 为居民与工业用户的碳价传导率，此时居民与工业用户各自的含碳电价 p_{hc} 与 p_{ic} 为

$$\begin{cases} p_{hc} = p_h + \Delta p_h + \xi_h p_c = p_h' + \xi_h p_c \\ p_{ic} = p_i - \Delta p_i + \xi_i p_c = p_i' + \xi_i p_c \end{cases} \tag{9-1}$$

对电力厂商而言，虽然在电力生产过程中并不区分工业用电和居民用电，工业电价和居民电价中都应包含碳成本，但对于工业用户与居民用户而言，由于不

① 因此，在中国电力供给中计划电量与市场交易电量并存的背景下，通过分析电力市场与碳市场的关系并基于市场化交易电价与碳价分析估计得出的碳价传导效应，不但对市场化电量的分析具有重要意义，还对计划电量开展模拟市场交易进行碳价传导设计具有重要的参考价值。

同用户的需求弹性等不同，碳价传导率 ξ_h 与 ξ_i 存在差异，最终传导至工业与居民用户上的碳成本也存在差别。式（9-1）的关系如图9-2所示[①]。

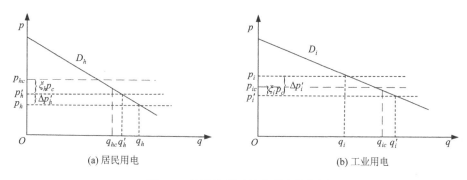

(a) 居民用电 (b) 工业用电

图 9-2 关联关系下的含碳电价分析

从图 9-2 中可以看出，对于居民用户而言，需求弹性较小，碳价传导率较高，对于工业用户而言，需求弹性较大，碳价传导率较低；因此存在 $\xi_h > \xi_i$。如图9-2（a）所示，对于居民用户而言，减少交叉补贴下的电力市场会提高居民电价 $\Delta p_h' = p_h' - p_h$，而碳市场的排放目标会继续提高居民电价 $\xi_h p_c$，从而扩大了最终居民电价的提价幅度，最终的居民电价的提价空间为 $\Delta p_h^{\text{new}} = p_h' - p_h + \xi_h p_c = \Delta p_h' + \xi_h p_c$。同理，如图 9-2（b）所示，对于工业用户而言，减少交叉补贴下电力市场的降低工业用能成本目标会降低电价 $\Delta p_i' = p_i - p_i'$，而碳市场的排放目标会部分提高工业电价 $\xi_i p_c$，从而减少工业电价的降价空间，最终的工业电价的降价空间为 $\Delta p_i^{\text{new}} = p_i - p_i' + \xi_i p_c = \Delta p_i' + \xi_i p_c$。表 9-1 对我国碳市场与电力市场的分割与关联关系进行了比较。

表 9-1 我国碳市场与电力市场的分割与关联关系比较

项目	（1）分割	（2）关联	比较
居民电价水平	p_h	$p_{hc} = p_h' + \xi_h p_c$	（1）<（2）
工业电价水平	p_i	$p_{ic} = p_i' + \xi_i p_c$	不定
居民电价提高幅度	$\Delta p_h' = p_h' - p_h$	$\Delta p_h^{\text{new}} = \Delta p_h' + \xi_h p_c$	（1）<（2）
工业电价下降幅度	$\Delta p_i' = p_i - p_i'$	$\Delta p_i^{\text{new}} = \Delta p_i' + \xi_i p_c$	（1）>（2）
交叉补贴减少幅度	$\Delta p_h' - \Delta p_i'$	$(\Delta p_h' - \Delta p_i') + p_c(\xi_h - \xi_i)$	（1）<（2）

[①] 电力价格附加碳成本后，p_c 与 Δp_i 的大小关系并不一定，如果碳目标较严格，相应的碳价格 p_c 较高将使得附加碳成本也较高，此时含碳电价可能高于原工业电价，即 $p_{ic} > p_i'$。

　　由表 9-1 可知，对于居民用户而言，在碳市场关联下，需求弹性较小引致碳价传导率 ξ_h 较高，居民将承担较多碳成本，这推动了居民电价的进一步提高。碳市场通过碳价传导提高电价的目标与电力市场通过提高居民电价减少交叉补贴的目标一致。对于工业用户而言，其碳价传导率 ξ_i 较低，工业用户承担的碳成本较低，虽然也提高了工业电价水平，但与居民用户相比提高幅度较低。

　　比较碳市场与电力市场分割与关联关系下的交叉补贴减少幅度可知，关联关系下的交叉补贴减少幅度更大。从两个市场分割的情形下看，两个市场中存在着碳市场减碳的目标与电力市场降电价以减少交叉补贴的目标的冲突。在两个市场的关联关系下，碳市场减碳的目标与电力市场降电价以减少交叉补贴的目标趋于一致，可以更好地实现碳市场与电力市场的协调发展。因此，通过培育发展电力市场与碳市场，优化与设计合理的电价和碳价，可以有效实现两个市场的关联协调发展。

二、协调发展下碳价对电价的传导效应与碳价设计的理论分析

　　对电力市场与碳市场中的电价与碳价进行同时调整或优化，其本质是一个多维的关联机制设计问题。理论上解决此类问题有两种思路，一是直接进行多维价格设计，并进行同时联合优化，但多维参数，即使是二维参数优化的分析也非常复杂，并且，单维情形下的定价设计结论，在大多数的多维情形下不一定适用（Armstrong，1996；Rochet and Chone，1998）。二是寻找多维变量之间的某种关联性，这实际上是在将维度转化为约束的思路下，将多维问题转化为单维类型机制设计问题，这也是当前经常采用的方式。本节借鉴第二种思路进行电价与碳价的分析，具体地，通过分析电力市场与碳市场协调发展下碳价对电价的传导效应，碳价中的一部分成本转移传导至电价中，同时影响电价与碳价水平。

　　电力市场与碳市场关联协调发展分析的核心概念为碳成本或碳价的传导效应和碳成本传导率。通常情况下，不管碳排放配额是免费分配还是通过拍卖的方式获得，企业如果将碳成本转移至电价，则会带来额外的收益，而让（工业与居民用户等）消费者承担部分碳价。这一概念在电力市场与碳市场关联下和价格传导有关，称为碳价传导效应。碳价（元/吨碳）传导到电价（元/千瓦时）的程度通常用碳成本传导率来表示。借鉴 Nelson 等（2012）的研究，我们主要通过式（9-2）来分析碳价对电价的边际影响：

$$\text{PTR}_1 = \frac{\Delta P_E}{\Delta P_C} = \frac{\mathrm{d}P_E}{\mathrm{d}P_C} \qquad (9\text{-}2)$$

式中，PTR_1 为碳成本传导率；ΔP_E 为电价变化量；ΔP_C 为碳价变化量。

　　具体地，我们以简单的线性需求函数（不变弹性需求函数等其他函数形式下的分析过程与此完全一致）为例进行传导效应与碳成本传导率的分析。作为分析

基准，我们先对电力需求完全无弹性与完全有弹性两种极端情况进行分析，如图 9-3 所示。

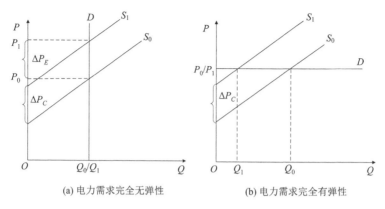

(a) 电力需求完全无弹性　　　　　(b) 电力需求完全有弹性

图 9-3　电力需求完全无弹性和完全有弹性时的传导效应

图 9-3（a）是电力需求完全无弹性时（需求曲线垂直）的传导效应分析，因为对消费者而言，电力需求是刚性需求，其需求弹性为 0，此时碳成本完全转移至消费者承担，碳价传导率 $\xi = 1$。图 9-3（b）是电力需求完全有弹性时（需求曲线水平）的传导效应分析，消费者对价格非常敏感，电力需求弹性无穷大，此时碳成本无法转移至消费者，而由生产者完全承担，碳价传导率 $\xi = 0$。碳价传导率与需求弹性存在反向关系，对于电力消费中的工业用户与居民用户而言，几乎所有的研究结论都显示，工业用电弹性大于居民用电弹性，因此在其他条件相同的条件下，居民用户的碳价传导率高于工业用户。

第三节　数据说明

本书的研究样本包含 2006 年至 2018 年中国 100 个地级市及以上的典型城市。100 个样本城市中包含 17 个碳市场试点城市[①]以及 83 个非试点城市。且除了西藏的数据缺失之外，每个省区均包含 2 到 3 个样本城市，在全国的分布较为均衡。

本书涉及的价格数据包含电力价格与碳价格。本书使用的电力价格数据来源于中国价格信息网[②]，包含样本期内所有样本城市的工业用电月度价格以及居民用电月度价格。我们分别将工业以及居民的月度电价数据进行平均处理，以获得

---

①　17 个碳市场试点城市包括北京、上海、天津、重庆四个直辖市，以及湖北省的武汉市、襄阳市、宜昌市、黄石市、荆门市，广东省的广州市、深圳市、惠州市、汕头市，福建省的福州市、厦门市、泉州市、三明市。

②　我们也将中国价格信息网中的电力价格数据与省市发改委及相关价格管理部门的调价公告进行了对比，证实了本书汇总的电力价格数据的真实性。

样本城市每年的工业以及居民用电平均价格。对于碳价格数据，我们主要从国家发展改革委主管的中国碳交易平台[①]进行整理。由于中国碳交易平台记录了所有碳市场试点中碳价格的日度数据，我们对其进行平均处理以获得各个样本城市年度层面的碳价格数据。

本书的工业用电量数据与居民用电量数据均来自《中国城市统计年鉴》。其他控制变量包括城市层面的宏观经济变量，以及与工业部门、居民部门相关的变量，这些控制变量均来自历年《中国城市统计年鉴》。城市的气候数据来自中国气象数据网。我们将电价、电量、碳价格以及城市层面的宏观经济变量与天气变量进行匹配，并最终得到了 1300 条城市层面的面板数据。各主要变量的描述性统计如表9-2 所示。

表 9-2　各主要变量的描述性统计

类别	变量		观察值	平均值	标准差	最小值	最大值
用电量	工业用电量		1 199	111.850	141.570	0.220	1227.800
	居民用电量		1 197	22.350	32.449	0.118	239.980
电价	工业电价		1 400	0.734	0.112	0.444	0.930
	其中：	碳市场工业电价	238	0.796	0.090	0.595	0.930
		非碳市场工业电价	1 162	0.721	0.111	0.444	0.910
	居民电价		1 400	0.524	0.057	0.360	0.760
	其中：	碳市场居民电价	238	0.559	0.076	0.445	0.760
		非碳市场居民电价	1 162	0.517	0.049	0.360	0.615
控制变量	年末户籍人口		1 233	545.200	413.410	43.350	3 404.000
	行政区域面积		1 229	16 639.000	21 329.000	845.000	193 974.000
	人口密度		944	500.360	406.330	4.700	2 648.100
	人均地区生产总值		1 135	38 528.000	34 582.000	1.404	467 749.000
	平均气温		1 255	146.700	49.325	42.000	254.000
	平均湿度		1 255	65.415	10.604	31.000	85.000
	第二产业从业人员比重		1 232	45.957	13.630	7.530	84.400
	第二产业产值占比		1 136	48.239	10.250	18.270	85.640
	工业企业数		1 229	1 864.100	2 329.100	19.000	18 792.000
	工业总产值		1 043	4 433.100	5 702.400	20.176	32 445.000
	工业用水量		1 220	18 863.000	28 896.000	104.000	256 236.000
	煤气工业用量		1 170	5.659	17.801	−15.285	195.990
	石油气工业用量		1 190	3.403	8.766	0	77.169

[①] http://www.tanjiaoyi.org.cn/k/index.html。

续表

类别	变量	观察值	平均值	标准差	最小值	最大值
	居民储蓄	1 216	2 560.300	3 675.100	80.280	34 019.000
	居民生活用水	1 220	11 824.000	18 429.000	126.000	166 500.000
控制变量	煤气家庭用量	1 170	1.364	3.103	0	62.148
	石油气家庭用量	1 187	3.111	5.869	0	46.850
	在岗职工平均工资	1 226	4.628	2.124	0.924	14.984

从表 9-2 的变量的描述性统计中可以发现，工业用电量的平均值为 111.850 亿千瓦时，是居民用电量的 5 倍。因此，在电力市场减少交叉补贴的改革中，若单纯地降低工业电价，则可能引致工业用电量以及碳排放量的增加，从而初步证实了将电力市场与碳市场目标关联考虑的合理性。另外，较大的标准差也表明各区域工业与居民用电量存在较大差异，为本书的研究提供了充足的异质性。电价方面，总的来说工业电价高于居民电价，初步证明了中国电力市场中交叉补贴的严重性。同时，无论是工业电价还是居民电价，碳市场试点城市的电力价格均高于非碳市场试点地区，也初步验证了碳价格对电力市场价格的传导效应，即碳市场中对碳排放规制产生的成本会传导到电力市场，从而引致工业电价以及居民电价的升高。

第四节　实　证　分　析

基于碳市场试点地区与非碳市场试点地区的异质性，本节首先利用工业用电与居民用电的价量信息进行弹性估计，并进一步测算了两类地区的无谓损失率，比较了碳市场试点地区与非碳市场试点地区无谓损失率的差异。其次，对工业电价与居民电价进行调整进行多种反事实场景的设计，以期通过对工业电价与居民电价的优化设计，实现既定的目标无谓损失率。最后，本节对各种场景下电力价格优化后的碳排放量进行了测度，为后续对碳市场政策目标的关联考虑奠定基础。

一、价格弹性估计

考虑到需要同时对工业用户与居民用户进行电力需求价格弹性的估计，本书借鉴 García-valiñas（2005）以及刘自敏等（2020b）的方法，采用 SUR 对工业用电估计方程以及居民用电估计方程进行系统估计，以期在消除两个方程残差项的相关性的基础上，得到更加精准、有效的估计系数。估计模型如式（9-3）所示[①]。

$$\begin{cases} \ln q_{ht} = \alpha_1 + \beta_1 \ln p_{ht} + \gamma_1 \ln p_{it} + \phi_1 Z_{ht} + \mu_h + \upsilon_{1t} + \varepsilon_{ht} \\ \ln q_{it} = \alpha_2 + \beta_2 \ln p_{it} + \gamma_2 \ln p_{ht} + \phi_2 Z_{it} + \mu_i + \upsilon_{2t} + \varepsilon_{it} \end{cases} \quad (9\text{-}3)$$

式中，q_{ht} 与 q_{it} 为居民与工业的用电量；p_{ht} 与 p_{it} 为居民与工业的用电价格；Z_{ht} 与 Z_{it} 为表 9-2 中的控制变量；β_1 与 β_2 为所估计的自价格弹性系数；γ_1 与 γ_2 为所估计的交叉价格弹性系数；ϕ_1 与 ϕ_2 为估计参数；采用固定效应估计时，μ_h 与 μ_i 为居民、工业所在城市的城市固定效应；υ_{1t} 与 υ_{2t} 为时间固定效应；α_1、α_2、ϕ_1、ϕ_2 为估计参数；ε_{ht}、ε_{it} 为误差项。式（9-3）的估计结果如表 9-3 所示。

表 9-3　碳市场试点地区与非碳市场试点地区工业与居民的价格弹性

变量	非碳市场试点地区		碳市场试点地区	
	$\ln(q_i)$	$\ln(q_h)$	$\ln(q_i)$	$\ln(q_h)$
$\ln(p_i)$	−1.5059***	−0.3467***	−4.2671***	0.0445
	（0.2830）	（0.1301）	（0.7518）	（0.4095）
$\ln(p_h)$	−1.3031***	−0.7739***	1.6107***	−0.8673***
	（0.4414）	（0.2154）	（0.4954）	（0.2813）
控制变量	控制	控制	控制	控制
城市固定效应	控制	控制	控制	控制
年份固定效应	控制	控制	控制	控制
常数项	0.0342	−10.1869***	−2.6012**	−8.4065***
	（2.8204）	（1.3935）	（1.0673）	（0.7351）
观察值	620	620	136	136
城市数	73	73	17	17
R^2	0.6798	0.9050	0.8978	0.9825
B-P 检验卡方	6.903***		6.837***	

注：括号内为标准误

***、**分别表示在 1%、5%的水平上显著

　　表 9-3 通过系统估计方法，基于完备信息使用 SUR 方法对碳市场试点地区以及非碳市场试点地区的工业与居民用户的自价格弹性与交叉价格弹性进行了估计。结果显示，无论是碳市场试点地区还是非碳市场试点地区，工业与居民用户

　　[①] 需要说明的是，SUR 中的价格相对外生，正如 Taylor（1975）、郑新业等（2012）对美国、中国的阶梯水价，冯永晟（2014）对中国的阶梯电价的研究所指出的，中国集中式的资源与能源管理决策机制使得短期内基层（如市级层面）电价不随电力供求变化，成为相对外生的变量。在本书的分析期内，电力价格的决策权主要是在国家层面（如国家发展改革委等），更高层面制定的电力指导价格较城市层面的电力使用量具有较强的外生性。因此，在理论上，内生性是个问题，但在实际上这个问题的影响较小。

的自价格弹性都显著为负，与经济理论相符。值得注意的是，工业电力用户的自价格弹性的绝对值大于1。这一方面说明我国2020年工业的用电价格过高，需要适当降低，与电力市场改革的方向相符；另一方面，过高的自价格弹性系数表明工业用户用电价格的下降将促使更多的电量消耗，并进而引致电力市场更多的碳排放。

根据表9-3得到的价格弹性系数，我们利用刘自敏等（2020）的研究中对交叉补贴无谓损失率的计算方法，进一步计算了碳市场试点地区与非碳市场试点地区的无谓损失率。结果如表9-4所示。可以发现，样本期间非碳市场试点地区的无谓损失率一直高于碳市场试点地区的无谓损失率，约为碳市场试点地区无谓损失率的3到6倍。样本期间碳市场试点地区的平均无谓损失率为0.2097，非碳市场试点地区的平均无谓损失率为0.7819。值得一提的是，碳市场试点地区无谓损失率在2013年之前呈现出逐年上升的趋势，并在2013年达到最大值后开始逐年下降。可能的解释是碳市场的设立以及碳价格的形成开始于2013年。表9-4也为碳市场中碳价格影响电力市场价格改革提供了证据。

表9-4　碳市场试点地区与非碳市场试点地区的无谓损失率

地区	2006年	2007年	2008年	2009年	2010年	2011年	2012年	2013年	2014年	2015年	2016年	2017年	2018年	平均
碳市场试点地区	0.1378	0.1290	0.1578	0.2000	0.2233	0.2315	0.2556	0.2578	0.2419	0.2467	0.2352	0.2156	0.1936	0.2097
非碳市场试点地区	0.4404	0.4994	0.5978	0.7310	0.8321	0.8186	0.8548	0.7898	0.8484	0.7958	0.6920	1.0878	1.1764	0.7819

注：碳市场试点地区的成立多集中于2013年以及2014年。我们假设如果一个地区成了碳市场试点地区，那么这个地区将在整个样本期内被视为碳市场试点地区，只不过在成为碳市场试点地区之前与非碳市场试点地区一样，碳价格均为0

二、目标无谓损失率下反事实场景的设计

在计算出碳市场试点地区与非碳市场试点地区平均无谓损失率的基础上，本书通过反事实场景的设计，以期实现无谓损失率的降低。一般来说，理想状态下最优的电力价格机制设计可以使得交叉补贴无谓损失率 $\theta = 0$，然而，现实中存在的多方阻力使得电力价格调整不能一蹴而就，因此，本书旨在通过反事实场景的构建以使电力市场达到相对较低的无谓损失率。图9-4展示了居民与工业电价优化前后无谓损失的变化。

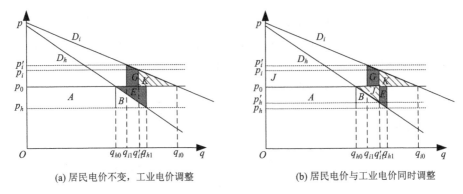

(a) 居民电价不变，工业电价调整　　　　　　(b) 居民电价与工业电价同时调整

图 9-4　居民与工业用电价格优化设计图

图 9-4（a）呈现了居民电价不变、工业电价调整时的无谓损失与交叉补贴的变化，居民的无谓损失为阴影部分的三角形 E 处，交叉补贴得到额则为 $(p_0 - p_h)q_{h1}$；当工业电价由 p_i 调整为 p_i' 时，无谓损失由三角形 $(G + K)$ 变化为三角形 K，交叉补贴支出额由 $(p_i - p_0)q_{i1}$ 变化为 $(p_i' - p_0)q_{i1}$。图 9-4（b）呈现了居民电价与工业电价同时调整时的无谓损失与交叉补贴的变化，无谓损失与交叉补贴的变化分析类似。以居民电价不变、工业电价调整 [图 9-4（a）] 的情景为例，在考虑自价格与交叉价格弹性下，对应的电力价格调整方式为

$$\theta_2(p_i') = \frac{\sum (\text{DWL}_i + \text{DWL}_h)}{\text{Cross\_Sub}}$$

$$= -\left[\frac{\varepsilon_h \dfrac{(\Delta p_h')^2}{p_h'} q_{h1} + \varepsilon_{hi} \dfrac{(\Delta p_i')^2}{p_i'} q_{h1} + \varepsilon_i \dfrac{(\Delta p_i')^2}{p_i'} q_{i1} + \varepsilon_{ih} \dfrac{(\Delta p_i')^2}{p_h'} q_{i1}}{\Delta p_h' q_{h1} + \Delta p_i' q_{i1}} \right]$$

$$= -\left[\frac{\varepsilon_h \dfrac{(p_h' - p_0)^2}{p_h'} q_{h1} + \varepsilon_{hi} \dfrac{(p_i' - p_0)^2}{p_i'} q_{h1} + \varepsilon_i \dfrac{(p_i' - p_0)^2}{p_i'} q_{i1} + \varepsilon_{ih} \dfrac{(p_h' - p_0)^2}{p_h'} q_{i1}}{(p_h' - p_0) q_{h1} + (p_i' - p_0) q_{i1}} \right]$$

$$= \bar{\theta}_2$$

$$\text{s.t. } p_i' \leqslant p_i$$

（9-4）

其中，图 9-4（a）的情景中，$p_h' = p_h$；该情景下，$\Delta p_i' = p_i' - p_0$，通过式（9-4）求解满足 $\theta_2(p_i') = \bar{\theta}_2$ 条件下的 p_i'。在政策目标（$\bar{\theta}_2$）下，政府规制者可以通过调整不同的工业或居民电价，以实现在一定的交叉补贴下最小化无谓损失额。交叉补贴要实现收入再分配、普遍服务等政策目标，需要付出一定的无谓损失，这

与税收中讨论的公共资金使用的边际成本类似，因此可以借鉴现有对税收边际成本的研究作为可接受的有效交叉补贴无谓损失率参考值。根据刘明（2009）基于可计算一般均衡模型的测算，电气水生产与供应业的公共资金边际成本为 1.222元。因此我们设定电力市场改革的目标无谓损失率：$\overline{\theta}_2$=0.191。

本书研究样本的时间跨度为 2006 年至 2018 年，2019 年《政府工作报告》要求一般工商业平均电价再降低 10%，而 2020 年《政府工作报告》则要求降低工商业电价水平的 5%。基于上述政策目标及现阶段的价格调整状况，我们分析的价格调整机制主要包括以下四类。场景一，基准场景，即居民电价不变，仅调整工业电价；场景二，对照场景，即工业电价不变，仅调整居民电价；场景三，工业电价降低 10%，居民电价进行调整；场景四，工业电价降低 14.5%[①]，居民电价进行调整。

表 9-5 报告了在现存无谓损失率的情况下，碳市场试点地区与非碳市场试点地区通过四种反事实场景达到目标无谓损失率（0.191）所需要进行的价格变动。可以看出，无论是碳市场试点地区还是非碳市场试点地区，仅通过调整工业电价而不调整居民电价的方式（场景一）是无法达到目标无谓损失率的，表明了电力市场改革并不能只以降低工业电价为手段，还需要通过居民电价的相应调整才能实现电力市场无谓损失率的降低。对照场景（场景二）下，仅调整居民电价而不调整工业电价，虽然能够实现无谓损失率的降低，但是需要将居民电价进行大幅提升（碳市场试点地区需要提高 31.24%的居民电价，非试点地区需要提高 27.14%的居民电价），在电力市场改革的过程中同样会遇到较大的阻力。

表 9-5　居民与工业电价的优化设计

无谓损失率取值	场景	工业电价	居民电价	工业电价降价比例	居民电价提价比例
0.2117	碳市场试点地区	0.7988	0.5580		
0.191	居民电价不变，仅调整工业电价	无解	0.5580		不变
	工业电价不变，仅调整居民电价	0.7988	0.7323	不变	31.24%
	工业电价降低 10%，居民电价进行调整	0.7189	0.6618	10.00%	18.60%
	工业电价降低 14.5%，居民电价进行调整	0.6830	0.6392	14.50%	14.55%
0.7813	非碳市场试点地区	0.7364	0.5188		
0.191	居民电价不变，仅调整工业电价	无解	0.5188		不变
	工业电价不变，仅调整居民电价	0.7364	0.6596	不变	27.14%
	工业电价降低 10%，居民电价进行调整	0.6628	0.6120	10.00%	17.96%
	工业电价降低 14.5%，居民电价进行调整	0.6296	0.5909	14.50%	13.90%

---

① 即 2019 年工业电价下降 10%的目标完全实现后，2020 年工业电价继续下降 5%。计算公式为 1–1×（1–10%）×（1–5%）=14.5%。

对比场景三和场景四，可以发现在工业电价与居民电价同时调整的情况下，工业电价下降得越多，达到目标无谓损失率所需要居民电价提升的幅度就越小。表 9-5 一方面表明工业电价与居民电价差距的缩小可以降低无谓损失率；另一方面，在工业降价比例相同的情况下，碳市场试点地区居民电价的提升比例略高于非碳市场试点地区，再一次验证了碳市场中碳价格对电力市场中工业与居民的用电价格具有传导作用。

在目标无谓损失率既定的前提下，本书利用生态环境部应对气候变化司发布的《中国区域电网基准线排放因子》（表 9-6），对四种反事实场景下电价变动所引致用电量变化进行碳排放的转换，以估算四种反事实场景分别引致的碳排放量的变化。

表 9-6　历年区域电网基准线排放因子　　单位：吨 CO_2/兆瓦时

地区	2006年	2007年	2008年	2009年	2010年	2011年	2012年	2013年	2014年	2015年	2016年	2017年	2018年	平均
华北区域	1.1247	1.1208	1.1169	1.0069	0.9914	0.9803	1.0021	1.0302	1.0580	1.0416	1.0000	0.9680	0.9455	1.0297
东北区域	1.2247	1.2404	1.2561	1.1293	1.1109	1.0852	1.0935	1.1120	1.1281	1.1291	1.1171	1.1082	1.0925	1.1405
华东区域	0.9286	0.9421	0.9556	0.8825	0.8592	0.8367	0.8244	0.8100	0.8095	0.8112	0.8086	0.8046	0.7937	0.8513
华中区域	1.3015	1.2899	1.2783	1.1255	1.0871	1.0297	0.9944	0.9779	0.9724	0.9515	0.9229	0.9014	0.8770	1.0546
西北区域	1.1289	1.1257	1.1225	1.0246	0.9947	1.0001	0.9913	0.9720	0.9578	0.9457	0.9316	0.9155	0.8984	1.0007
南方区域	0.9604	1.0119	1.0634	0.9987	0.9763	0.9489	0.9344	0.9223	0.9183	0.8959	0.8676	0.8367	0.8094	0.9342
平均	1.1115	1.1218	1.1321	1.0279	1.0033	0.9802	0.9734	0.9707	0.9740	0.9625	0.9413	0.9224	0.9028	1.0018

资料来源：生态环境部应对气候变化司发布的历年《中国区域电网基准线排放因子》

表 9-7 报告了碳市场试点地区与非碳市场试点地区四种反事实场景分别引致的碳排放量的变化。总的来说，居民电价不变，仅调整工业电价的基准场景（场景一）因无法实施而无法进行碳排放量变动的测算，而工业电价不变，仅调整居民电价的对照场景（场景二）可以通过单纯提高居民电价实现碳减排，但是这种方法与电力市场改革的宗旨不符，并且存在较大的阻力，现实情景下无法实施，本书同样不予以考虑。对比场景三与场景四的用电变化以及碳排放量变化可以发现，在电力市场目标无谓损失率既定的情况下，工业电价的下降会引致更多的工业用电，从而排放更多的二氧化碳，而居民用户对碳排放变化的贡献相对较小。另外，工业电价下降相同的幅度会引致碳市场试点地区更多的碳排放。总的来说，

单独实现电力市场改革的目标需要付出较大的碳排放代价，并不利于绿色低碳发展目标的实现，需要将电力市场与碳市场进行关联考虑，而全国碳市场在电力行业的正式实施，也为本书提供了政策基础以及契机。

表 9-7 优化电价后的电量比例及碳排放量变化

场景	碳市场试点地区			非碳市场试点地区		
	工业用电增加比例	居民用电增加比例	碳排放增加量	工业用电增加比例	居民用电增加比例	碳排放增加量
居民电价不变，仅调整工业电价						
工业电价不变，仅调整居民电价	0.0125	−0.2443	−8.0492	−0.0957	−0.2136	−13.1942
工业电价降低 10%，居民电价进行调整	0.4342	−0.3063	80.7633	0.0874	−0.0108	7.3616
工业电价降低 14.5%，居民电价进行调整	0.6250	−0.3564	115.1334	0.1682	0.0770	16.7913

第五节 电价传导与全国统一碳市场价格设计

从 2017 年 12 月全国碳排放权交易市场（发电行业）建设的启动到 2021 年全国碳市场首个履约期的正式运行，标志着电力市场中用电量变化所引致碳排放量的变化已经被纳入到了碳市场的监管目标中，电力生产过程中所产生的碳成本，也会通过碳市场向电力价格进行传导。总的来说，电力市场价格机制的改革受到了交叉补贴无谓损失率以及碳排放的双重约束。

本节估计了碳市场中碳价格对电力市场中工业用电价格以及居民用电价格的平均传导效应。在此基础上，本节针对不同强度的碳减排目标，通过对全国统一碳市场价格进行优化设计，以协同实现碳市场以及电力市场的政策目标。

一、碳市场价格对电力市场价格传导率的估计

通过以上的分析可知，碳市场对电力市场用电价格具有传导效应。本书借鉴 Sijm 等（2006）以及 Fabra 和 Reguant（2014）的相关研究，利用碳市场价格数据以及电力市场价格数据，对中国碳市场与电力市场间的碳价传导率进行了有效的估计[①]。通过理论分析可知，鉴于碳成本对居民用户的碳价传导率 ξ_h 与碳价对工业用户的碳价传导率 ξ_i 存在差异，本书采用联立方程对 ξ_h 与 ξ_i 进行系统估计，

---

① 需要说明的是，当前国内尚未出现对碳价传导率的经验估计研究。一个重要原因是数据的可得性。本书的电价数据每个月更新三次，频率为旬度，而当前国内电力市场主要通过月度竞价进行电力竞价，因此本书的数据质量可以保证。对应地，国外（如欧盟、美国、澳大利亚等）的电力市场为日前（day-ahead）市场，因此更多地使用日度数据进行研究。

估计方程如式（9-5）所示：

$$\begin{cases} p_{hejt} = \alpha_1 + \beta_1 p_{cjt} + \phi_1 Z_{hjt} + p_{hej(t-1)} + \mu_u + \upsilon_{1t} + \varepsilon_{ut} \\ p_{iejt} = \alpha_2 + \beta_2 p_{cjt} + \phi_2 Z_{ijt} + p_{iej(t-1)} + \mu_v + \upsilon_{2t} + \varepsilon_{vt} \end{cases} \tag{9-5}$$

式中，p_{hejt} 与 p_{iejt} 为城市 j 在时期 t 的居民电价与工业电价；p_{cjt} 为城市 j 在时期 t 的碳价格；Z_{hjt} 与 Z_{ijt} 为居民与工业的控制变量，包括家庭人口特征、家庭工资总额、工业企业数、工业总产值；ϕ_1 与 ϕ_2 为估计参数；μ_u、υ_{1t}、ε_{ut}、μ_v、υ_{2t}、ε_{vt}、α_1、α_2 均为残差项。我们同时引入了电价滞后项 $p_{hej(t-1)}$ 与 $p_{iej(t-1)}$ 进行控制[①]；β_1 与 β_2 分别为碳价对居民电价、工业电价的传导率 ξ_h、ξ_i 的估计值。估计结果如表 9-8 所示。

表 9-8　市场关联下碳价对工业电价与居民电价的传导率

项目	工业电价	居民电价
碳价	0.0006[*]	0.0007[***]
	（0.0004）	（0.0002）
控制变量	控制	控制
城市固定效应	控制	控制
年份固定效应	控制	控制
常数项	1.2655[***]	0.3938[**]
	（0.2918）	（0.1678）
R^2	0.5905	0.4569
观察值	765	765
城市数	87	87

注：括号内为标准误

***、**、*分别表示在 1%、5%和 10%的水平上显著

表 9-8 显示了碳市场中碳价对电力市场中工业电价与居民电价的传导效应，可以看出，一方面，碳价对工业电价的传导率为 0.0006，比对居民电价的传导率小了 0.0001，并且对工业电价的传导率在 10%的水平上显著，而对居民电价的传导率在 1%的显著性水平上显著。可能的解释为工业电力用户较为集聚，传输距离短，用电效率高，而居民电力用户的分布较为分散，传输距离长，用电效率相对较低，因此总的表现为碳价对居民电价的传导效应更加显著。另一方面，与国外碳价对电力价格的传导率（Bonacina and Gulli'，2007；Jouvet and Solier，2013；

[①] 当然，我们可以引入更多期的电价滞后项作为控制变量。

Nelson et al.，2012；Sijm et al.，2006）进行对比后可以发现，中国碳市场中的碳价对工业电价以及居民电价的传导率都比较小，可能的解释为：第一，中国的碳市场处于起步阶段，而电力市场还处于初级阶段，价格机制仍然具有较强的政府管制，因此市场机制中的价格效应并不明显；第二，现有文献对传导率的研究集中于碳成本对电力价格整体的传导效应，而本书将整体的传导效应分解为对工业电价的传导以及居民电价的传导。

二、不同减排政策目标下全国碳价格机制设计

全国碳市场中价格参数的合理性不仅关系到绿色低碳发展目标能否顺利实现，其在电力行业的实施也关系到电力行业改革能否顺利完成。考虑到在全国碳市场成立之前，北京、天津、重庆等碳市场试点地区的价格机制、运行方式完全不同，本书主要从国家层面对不同碳减排目标下全国碳市场的平均价格进行机制设计，以期通过对全国平均碳价格的设定，在助力电力市场改革深化的同时，实现预期的碳减排目标。借鉴戴彦德等（2017）的分析，我们同样通过碳减排反事实场景的构建，求解出达到不同碳减排政策目标所需要的全国碳市场平均价格。我们主要求解了达到以下三种场景中碳减排目标所需要的全国平均碳价格。

场景一：2016 年 10 月，国务院在印发的《工作方案》中提出，到 2020 年，单位国内生产总值二氧化碳排放比 2015 年下降 18%。

场景二：参考国家发展改革委在 2014 年公布的《国家应对气候变化规划（2014—2020 年）》中，到 2020 年我国单位国内生产总值二氧化碳排放比 2005 年下降 40%～45%的气候政策目标，我们进一步加强了场景一的碳强度设定，即到 2020 年单位国内生产总值二氧化碳排放比 2015 年下降 36%。

场景三：2015 年国家发展改革委在《强化应对气候变化行动——中国国家自主贡献》中提出，2023 年单位国内生产总值二氧化碳排放比 2005 年下降 60%～65%。我们以碳强度下降 65%为目标进行研究。由于 GDP 增速未知，我们假定 2020 年至 2030 年中国 GDP 增速为 5.9%。

表 9-9 表明，随着碳强度下降目标的不断加强，全国碳市场中的平均碳价格不断增加，同时，电力市场中工业电价下降的幅度越大，因维持碳市场中碳排放目标所需要增加的碳成本也就越大。总的来说，若将电力市场中工业电价降低 14.5%（即电力市场改革目标顺利完成），同时碳排放强度下降 65%（即碳市场目标完成），这种场景下需要全国碳市场中的平均价格达到 122.2964 元/吨。需要说明的是，由于本书对电力市场目标无谓损失率的设定较为宽松，因此得到的结果均为实际结果的下限值。

表 9-9　基于电价调整和碳目标的碳价格机制设计

场景	碳强度下降 18%		碳强度下降 36%		碳强度下降 65%	
	需增碳成本/ 元/（千瓦时）	碳价格/ （元/吨）	需增碳成本/ （元/千瓦时）	碳价格 /（元/吨）	需增碳成本/ （元/千瓦时）	碳价格 /（元/吨）
	（1）	（2）	（3）	（4）	（5）	（6）
居民电价不变，仅调整工业电价						
工业电价不变，仅调整居民电价						
工业电价降低 10%，居民电价进行调整	0.0016	6.0377	0.0112	41.8338	0.0142	52.9884
工业电价降低 14.5%，居民电价进行调整	0.0194	73.9696	0.0292	110.8153	0.0322	122.2964

第六节　结论与政策建议

在针对电力行业的全国碳市场正式启动的政策背景下，对电力市场与碳市场的关联考虑不仅能深化电力市场体制机制改革，同时还有助于碳市场中碳减排政策目标的实现，并尽快实现绿色低碳发展目标。本书利用 2006 年至 2018 年中国 100 个地级市及以上城市的面板数据，利用 SUR 以及福利分析，对电力市场中的价格弹性、无谓损失率，碳市场中的电力市场价格的传导率等进行了测算，并通过电力市场与碳市场不同反事实场景的建设，对电力市场以及碳市场的价格机制进行了优化设计。本章重要的结论与政策建议包括以下几点。

首先，碳市场试点地区中电力市场的无谓损失率低于非碳市场试点地区。政府部门在电力市场改革的过程中需要颁布更多的相关政策与配套措施，以保障电力市场与碳市场运行机制、政策目标的紧密结合，通过碳市场助力电力市场改革。从 2013 年起，碳市场试点的设立降低了碳市场地区的无谓损失率，非碳市场试点地区与碳市场试点地区无谓损失率的比值也逐步拉大。因此，碳市场试点地区的政府部门需要出台相关的政策及配套措施以促进电力市场与碳市场运行的相辅相成，并通过碳市场助力电力市场改革。另外，非碳市场试点地区的地方政府也需要学习碳市场试点地区的先进经验，并通过政府宏观调控、政策引导等方式尽快在全国碳市场的政策背景下实现电力市场与碳市场的有机结合，并通过碳市场促进电力市场改革的效率提升。

其次，与非碳市场试点地区相比，碳市场试点地区中电力市场改革目标的达成需要付出居民提价幅度增加以及碳排放增加等更大的代价。各个地方政府需要根据当地的碳排放水平以及电力市场特征，结合宏观政策目标，因地制宜地设定电力市场合理的价格调整区间，并对电力市场改革过程中潜在的风险进行充分管控。单纯考虑电力市场政策目标的前提下，在工业电价均下降 14.5%时，为达到 0.191 的目标无谓损失率，碳市场试点地区中居民电价提价比例为 14.55%，高出非碳市场试点地区居民电价提价比例 0.65 个百分点。同时碳市场地区电力市场的改革也会促使工业用电的大幅增加，使得碳排放增加量是非碳市场试点地区碳排放增加量的 7 倍。因此，各地方政府一方面需要根据自身的电力市场发展情况因地制宜地制订改革方案，设定合理的价格改革区间。另一方面，仅考虑电力市场改革目标会付出较大的碳排放成本，地方政府在电力市场改革的过程中也需要将碳排放目标纳入统一的框架中进行协同考虑。

再次，中国碳市场对居民电价的传导率大于工业电价，但均低于国外碳成本对电力价格的传导率。政府部门一方面需要通过设计合理的居民电价机制以引导居民电力用户合理用电，另一方面也需要深化电力市场的价格机制改革以及碳市场的市场机制建设。碳价格对居民用电价格的传导效应更加显著，除了居民电力用户相对分散从而造成电力运输过程中碳排放量增加的原因外，另一个原因是部分居民电价不合理所引致的居民电力用户的不合理用电。因此，地方政府部门应妥善处理居民电力价格的优化问题，具体措施包括在保证居民电力用户基本用电需求的情况下，适当增加居民阶梯电价中超额用电需求的部分。中国碳市场对电力市场的传导率远小于国外，一方面说明截至 2021 年中国电力市场的价格机制设计仍然由政府部门主导，不能反映市场的供需，另一方面也说明中国碳市场仍然处于起始阶段，对碳排放的定价不能形成有效的规制。因此，政府部门要深化电力市场改革，同时完善碳市场的市场机制建设。

最后，通过对全国碳市场价格机制的设计可以同时实现电力市场改革目标以及碳市场的减排目标。中央政府应协调各个地方碳市场的运行与价格机制，以使得全国碳市场的价格机制发挥更大的效用，同时，地方政府也需要在政策制定的过程中更多地对电力市场与碳市场的政策目标进行协调与统筹，更加顺利地向全国碳市场转型。在同时满足电力市场工业电价下降 14.5%以及碳市场中碳强度下降 65%的情况下，全国碳市场的价格下限为 122.2964 元/吨，由于各个地方碳市场的运行机制、管理模式等均不相同，全国统一碳价格几乎不可能实现，因此需要中央政府对各个地方进行协调管理，以使得各个地方碳市场相互配合，相互协调，并最终实现全国碳市场的高效运行。全国碳市场中平均碳价格的下限高于当前碳价格水平，由于价格的调整不能一蹴而就，各地方政府也需要出台一系列产业政策以及转型措施以使地方电力市场及碳市场逐步适应碳价格的上升。

除了效率损失问题，中国电力市场运行过程中还存在较为严重的碳排放问题，并且单纯改革电力市场价格机制还会加剧碳排放，因而如何协调电力市场效率目标以及碳减排目标也成为社会各界共同关注的议题。随着中国电力体制改革的进一步深入，以及以发电行业作为规制对象的全国统一碳市场的建立，将电力市场与碳市场政策目标关联考虑也为破解"降电价"与"碳上升"的困境提供了新的思路。由于碳市场中的碳成本可以向电力市场进行传导,因而在电力市场改革深化的背景下,厘清电价与碳价的关系具有非常强的理论与现实意义,同时对全国碳市场平均碳价格的合理设计也关系到电力市场效率目标以及碳市场减排目标的协同实现。本书的研究不仅为电力市场与碳市场的关联以及价格传导奠定了研究基础,同时也为全国碳市场价格机制的确定提供了政策参考。

参 考 文 献

白玫. 2019. 中国电力工业高质量发展: 目标、机遇挑战与实现路径: 壮丽 70 年新中国电力工业再出发. 价格理论与实践, (7): 4-9, 162.

白雪. 2015. 中国经济重心空间演变及产业重心分解. 经济问题探索, (6): 18-24.

宾厄姆 R D, 菲尔宾格 C L. 2008. 项目与政策评估: 方法与应用. 2 版. 朱春奎, 杨国庆, 译. 上海: 复旦大学出版社.

畅华议, 何可, 张俊彪. 2020. 挣扎与妥协: 农村家庭缘何陷入能源贫困"陷阱". 中国人口·资源与环境, 30(2): 11-20.

陈波. 2013. 中国碳排放权交易市场的构建及宏观调控研究. 中国人口·资源与环境, 23(11): 7-13.

陈德湖, 潘英超, 武春友. 2016. 中国二氧化碳的边际减排成本与区域差异研究. 中国人口·资源与环境, 26(10): 86-93.

陈剑, 王自力. 2013. 阶梯电价前沿问题研究: "全国阶梯电价理论与政策研讨会"观点综述. 中国工业经济, (12): 71-77.

陈强. 2014. 高级计量经济学及 Stata 应用. 2 版. 北京: 高等教育出版社.

陈诗一. 2011. 边际减排成本与中国环境税改革. 中国社会科学, (3): 85-100, 222.

陈晓科, 周天睿, 李欣, 等. 2012. 电力系统的碳排放结构分解与低碳目标贡献分析. 电力系统自动化, 36(2): 18-25.

陈星莺, 郁清云, 谢俊, 等. 2019. 基于合作博弈论的电能替代效益分摊方法. 电力自动化设备, 39(3): 30-35, 44.

陈燕. 2011. 能源回弹效应的实证分析: 以湖北省数据为例. 经济问题, (2): 126-129.

陈永伟, 胡伟民. 2011. 价格扭曲、要素错配和效率损失: 理论和应用. 经济学（季刊）, 10(4): 1401-1422.

程瑜, 张粒子, 李渝. 2003. 考虑需求价格弹性的销售电价帕累托优化折扣. 电力系统自动化, (24): 10-13, 27.

崔连标, 范英, 朱磊, 等. 2013. 碳排放交易对实现我国"十二五"减排目标的成本节约效应研究. 中国管理科学, 21(1): 37-46.

代红才, 张运洲, 李苏秀, 等. 2019. 中国能源高质量发展内涵与路径研究. 中国电力, 52(6): 27-36.

戴彦德, 康艳兵, 熊小平, 等. 2017. 2050 中国能源和碳排放情景暨能源转型与低碳发展路线图. 北京: 中国环境出版社.

杜江, 张伟科, 范锦玲. 2017. 农村金融发展对农民收入影响的双重特征分析: 基于面板门槛模型和空间计量模型的实证研究. 华中农业大学学报（社会科学版）, (6): 35-43, 149.

范进. 2012. 基于个人碳交易行为模型的电力消费选择研究. 合肥: 中国科学技术大学.

范英. 2018. 中国碳市场顶层设计: 政策目标与经济影响. 环境经济研究, 3(1): 1-7, 36.

范进, 赵定涛, 洪进. 2012. 消费排放权交易对消费者选择行为的影响: 源自实验经济学的证据. 中国工业经济, (3): 30-42.

冯烽, 叶阿忠. 2012. 技术溢出视角下技术进步对能源消费的回弹效应研究: 基于空间面板数据模型. 财经研究, 38(9): 123-133.

冯永晟. 2014. 非线性定价组合与电力需求: 基于中国居民微观数据的实证研究. 中国工业经济, (2): 45-57.

冯永晟, 王俊杰. 2016. 阶梯电价之后应该引入峰谷电价吗: 对中国居民电价政策的价格补贴与效率成本评估. 财贸经济, (2): 145-158.

冯永晟, 张娅, 刘自敏. 2020. 能源价格、技术进步与能源强度: 基于中国城市数据的动态时空演化. 城市与环境研究, (3): 69-92.

龚新蜀, 王世英, 胡志高. 2017. "干中学" 内生增长理论视角下能源回弹效应分析: 基于西部省份 1978~2014 年面板数据的经验测算. 软科学, 31(4): 85-89.

郭菊娥, 柴建, 席酉民. 2008. 一次能源消费结构变化对我国单位 GDP 能耗影响效应研究. 中国人口·资源与环境, (4): 38-43.

国务院发展研究中心课题组, 刘世锦, 张永生. 2009. 全球温室气体减排: 理论框架和解决方案. 经济研究, (3): 4-13.

郝宇, 廖华, 魏一鸣. 2014. 中国能源消费和电力消费的环境库兹涅茨曲线: 基于面板数据空间计量模型的分析. 中国软科学, (1): 134-147.

何建坤, 卢兰兰, 王海林. 2018. 经济增长与二氧化碳减排的双赢路径分析. 中国人口·资源与环境, 28(10): 9-17.

何小钢. 2015. 要素市场扭曲、投资偏向与能源回弹效应: 基于 1997~2010 年中国省级面板数据的实证研究. 山西财经大学学报, 37(10): 14-22.

何小钢, 王自力. 2015. 能源偏向型技术进步与绿色增长转型: 基于中国 33 个行业的实证考察. 中国工业经济, (2): 50-62.

何晓萍, 刘希颖, 林艳苹. 2009. 中国城市化进程中的电力需求预测. 经济研究, 44(1): 118-130.

侯建朝, 史丹. 2014. 中国电力行业碳排放变化的驱动因素研究. 中国工业经济, (6): 44-56.

侯孟阳, 姚顺波. 2018. 中国城市生态效率测定及其时空动态演变. 中国人口·资源与环境, 28(3): 13-21.

侯赟慧, 刘志彪, 岳中刚. 2009. 长三角区域经济一体化进程的社会网络分析. 中国软科学, (12): 90-101.

胡鞍钢. 2021. 中国实现 2030 年前碳达峰目标及主要途径. 北京工业大学学报 (社会科学版), 21(3): 1-15.

胡红娟, 陈明艺. 2016. 我国资源税改革的节能减排效应研究. 经济与管理, 30(3): 34-38.

胡秋阳. 2014. 回弹效应与能源效率政策的重点产业选择. 经济研究, 49(2): 128-140.

花冯涛, 徐飞. 2018. 环境不确定性如何影响公司特质风险: 基于现金流波动和会计信息质量的中介效应检验. 南开管理评论, 21(4): 122-133.

贾若祥, 刘毅. 2003. 中国电力资源结构及空间布局优化研究. 资源科学, (4): 14-19.

姜克隽. 2011. 中国电力行业绿色低碳路线图. 北京: 中国环境科学出版社.

金碚. 2018. 关于"高质量发展"的经济学研究. 中国工业经济, (4): 5-18.

柯善咨, 向娟. 2012. 1996—2009 年中国城市固定资本存量估算. 统计研究, (7): 19-24.

李虹. 2011. 低碳经济背景下化石能源补贴改革对中国城乡居民生活的影响与对策. 农业经济问题, 32(2): 89-93.

李继峰, 张亚雄, 蔡松锋. 2017. 中国碳市场的设计与影响: 理论、模型与政策. 北京: 社会科学文献出版社.

李敬, 陈澍, 万广华, 等. 2014. 中国区域经济增长的空间关联及其解释: 基于网络分析方法. 经济研究, 49(11): 4-16.

李慷. 2014. 能源贫困综合评估方法及其应用研究. 北京: 北京理工大学.

李兰兰, 徐婷婷, 李方一, 等. 2017. 中国居民天然气消费重心迁移路径及增长动因分解. 自然资源学报, 32(4): 606-619.

李艳梅, 陈增. 2019. 基于联系度优化 TOPSIS 法的区域电能替代潜力评估研究. 电网技术, 43(2): 687-695.

李媛, 罗琴, 宋依群, 等. 2012. 基于需求响应的居民分时阶梯电价档位制定方法研究. 电力系统保护与控制, 40(18): 65-68, 74.

梁慧芳, 曹静. 2015. 中国城镇居民用电需求估算及阶梯电价方案设计. 技术经济, 34(6): 85-94, 127.

林伯强. 2003. 电力消费与中国经济增长: 基于生产函数的研究. 管理世界, (11): 18-27.

林伯强. 2004. 电力短缺、短期措施与长期战略. 经济研究, (3): 28-36.

林伯强. 2018. 能源革命促进中国清洁低碳发展的"攻关期"和"窗口期". 中国工业经济, (6): 15-23.

林伯强, 蒋竺均, 林静. 2009. 有目标的电价补贴有助于能源公平和效率. 金融研究, (11): 1-18.

林伯强, 刘畅. 2016a. 收入和城市化对城镇居民家电消费的影响. 经济研究, 51(10): 69-81, 154.

林伯强, 刘畅. 2016b. 中国能源补贴改革与有效能源补贴. 中国社会科学, (10): 52-71, 202-203.

林伯强, 王锋. 2009. 能源价格上涨对中国一般价格水平的影响. 经济研究, 44(12): 66-79, 150.

林伯强, 姚昕. 2009. 电力布局优化与能源综合运输体系. 经济研究, 44(6): 105-115.

林伯强, 张立, 伍亚. 2011. 国内需求、技术进步和进出口贸易对中国电力消费增长的影响分析. 世界经济, 34(10): 146-162.

刘朝, 周宵宵, 张欢, 等. 2018. 中国居民能源消费间接回弹效应测算: 基于投入产出和再分配模型的研究. 中国软科学, (10): 142-157.

刘华军, 刘传明, 孙亚男. 2015. 中国能源消费的空间关联网络结构特征及其效应研究. 中国工业经济, (5): 83-95.

刘满芝, 马燕燕, 周梅华, 等. 2012. 中国煤炭供需与经济的重心演变轨迹研究. 中国管理科学, 20(S2): 820-826.

刘明. 2009. 中国公共资金边际成本估量与分析. 财经论丛, (6): 31-38.

刘明磊, 朱磊, 范英. 2011. 我国省级碳排放绩效评价及边际减排成本估计: 基于非参数距离函数方法. 中国软科学, (3): 106-114.

刘生龙, 高宇宁, 胡鞍钢. 2014. 电力消费与中国经济增长. 产业经济研究, (3): 71-80.

刘树杰. 2013. 价格监管的目标、原则与基本方法. 经济纵横, (9): 1-4.

刘思东, 朱帮助. 2015. 考虑碳排放权交易和电价风险的发电商优化调度. 系统工程理论与实践, 35(8): 2054-2063.

刘思强, 姚军, 叶泽. 2015. 我国销售电价交叉补贴方式及改革措施: 基于上海市电力户控数据的实证分析. 价格理论与实践, (8): 26-28.

刘甜, 王润, 孙冰洁. 2015. 中国典型沿海工业城市碳排放达峰分析. 中国人口·资源与环境, 25(S2): 25-28.

刘晔, 张训常. 2017. 碳排放交易制度与企业研发创新: 基于三重差分模型的实证研究. 经济科学, (3): 102-114.

刘源远, 刘凤朝. 2008. 基于技术进步的中国能源消费反弹效应: 使用省际面板数据的实证检验. 资源科学, (9): 1300-1306.

刘长松. 2019. 我国气候贫困问题的现状、成因与对策. 环境经济研究, 4(4): 148-162.

刘自敏, 李兴. 2017. 递增阶梯电价的分档电量政策评价及其优化设计. 经济与管理研究, 38(7): 114-125.

刘自敏, 李兴. 2018. 阶梯电价、回弹效应与居民能源消费: 基于 CFPS 数据的分析. 软科学, 32(8): 4-8.

刘自敏, 杨丹, 方燕. 2017a. 非线性定价下的居民能源需求特征测度: 基于条件与无条件需求的比较. 产业经济研究, (5): 75-87.

刘自敏, 杨丹, 冯永晟. 2017b. 递增阶梯定价政策评价与优化设计: 基于充分统计量方法. 经济研究, 52(3): 181-194.

刘自敏, 杨丹, 冯永晟. 2017c. 阶梯定价调整、需求弹性测度与中国电价政策评估. 财经问题研究, (2): 35-42.

刘自敏, 张昕竹, 方燕, 等. 2015a. 递增阶梯电价的收入再分配效应研究: 嵌入分时电价更有效吗. 经济理论与经济管理, (5): 51-65.

刘自敏, 张昕竹, 方燕, 等. 2015b. 递增阶梯定价、收入再分配效应和效率成本估算. 经济学动态, (3): 31-43.

刘自敏, 张昕竹, 杨丹. 2015c. 纯分时定价与分时阶梯定价对政策目标实现的对比分析. 数量经济技术经济研究, 32(6): 120-134.

刘自敏, 朱朋虎. 2020. 递增阶梯电价的分档电量优化设计: 基于个人碳交易视角. 财经问题研究, (4): 38-46.

刘自敏, 朱朋虎, 李兴. 2018. 递增阶梯电价政策的价格优化与效果评估: 基于个人碳交易视角. 经济与管理研究, 39(8): 108-122.

刘自敏, 朱朋虎, 杨丹, 等. 2020. 交叉补贴、工业电力降费与碳价格机制设计. 经济学（季刊）, 19(2): 709-730.

陆远权, 郑威, 李晓龙. 2016. 中国式分权、引资竞争与地方债务规模: 基于空间关联视角. 西南民族大学学报（人文社科版）, 37(6): 98-106.

吕琦, 张竞娴, 梁松. 2019. 城镇化对能源强度的影响及区域差异分析: 基于空间滞后模型研究.

生态经济, 35(3): 87-94, 121.

马丽, 张博. 2019. 中国省际电力流动空间格局及其演变特征. 自然资源学报, 34(2): 348-358.

马述忠, 任婉婉, 吴国杰. 2016. 一国农产品贸易网络特征及其对全球价值链分工的影响: 基于社会网络分析视角. 管理世界, (3): 60-72.

马勇, 陈雨露. 2017. 金融杠杆、杠杆波动与经济增长. 经济研究, 52(6): 31-45.

齐绍洲, 李杨. 2018. 能源转型下可再生能源消费对经济增长的门槛效应. 中国人口·资源与环境, 28(2): 19-27.

齐绍洲, 林屾, 崔静波. 2018. 环境权益交易市场能否诱发绿色创新?——基于我国上市公司绿色专利数据的证据. 经济研究, 53(12): 129-143.

钱娟. 2019. 能源节约偏向型技术进步对经济增长的影响研究. 科学学研究, 37(3): 436-449.

乔海曙, 李亦博. 2014. 能源回弹与经济发展方式转型: 基于 LMDI 方法及中国数据的实证分析. 经济问题探索, (8): 30-36.

秦贤宏. 2017. 快速城市化地区人口空间演变模型. 中国人口·资源与环境, 27(S2): 21-24.

阙光辉. 2003a. 电力行业重组与监管. 电力技术经济, (1): 17-21.

阙光辉. 2003b. 销售电价: 交叉补贴、国际比较与改革. 电力技术经济, (2): 24-27.

阙光辉. 2004. 中国电力市场结构的战略选择. 电力技术经济, 16(1): 31-34.

任志远, 李强. 2008. 1978 年以来中国能源生产与消费时空差异特征. 地理学报, 63(12): 1318-1326.

邵全权, 张孟娇. 2017. 保险发展、市场结构对社会福利的影响研究. 当代经济科学, 39(3): 22-31, 124-125.

邵帅, 李欣, 曹建华, 等. 2016. 中国雾霾污染治理的经济政策选择: 基于空间溢出效应的视角. 经济研究, 51(9): 73-88.

邵帅, 杨莉莉, 黄涛. 2013. 能源回弹效应的理论模型与中国经验. 经济研究, 48(2): 96-109.

邵帅, 张曦, 赵兴荣. 2017. 中国制造业碳排放的经验分解与达峰路径: 广义迪氏指数分解和动态情景分析. 中国工业经济, (3): 44-63.

石敏俊, 袁永娜, 周晟吕, 等. 2013. 碳减排政策: 碳税、碳交易还是两者兼之?. 管理科学学报, 16(9): 9-19.

史丹. 2018. 绿色发展与全球工业化的新阶段: 中国的进展与比较. 中国工业经济, (10): 5-18.

宋吟秋, 高鹏, 董纪昌. 2013. 政府提供住房补贴的福利损失. 系统工程理论与实践, 33(6): 1441-1447.

宋跃刚, 吴耀国. 2016. 制度环境、OFDI 与企业全要素生产率进步的空间视角分析. 世界经济研究, (11): 70-85, 136.

隋建利, 米秋吉, 刘金全. 2017. 异质性能源消费与经济增长的非线性动态驱动机制. 数量经济技术经济研究, (11): 24-43.

孙威, 韩晓旭, 梁育填. 2014. 能源贫困的识别方法及其应用分析: 以云南省怒江州为例. 自然资源学报, 29(4): 575-586.

孙亚男, 刘华军, 刘传明, 等. 2016. 中国省际碳排放的空间关联性及其效应研究: 基于 SNA 的经验考察. 上海经济研究, (2): 82-92.

孙毅, 石墨, 单葆国, 等. 2017. 基于粒子群优化支持向量机的电能替代潜力分析方法. 电网技术, 41(6): 1767-1771.

孙毅, 周爽, 单葆国, 等. 2017. 多情景下的电能替代潜力分析. 电网技术, 41(1): 118-123.

谭真勇. 2013. 负荷率电价的理论依据、计算方法与政策选择. 长沙: 湖南大学.

碳排放权交易湖北省协同创新中心, 孙永平, 王柯英. 2017. 中国碳排放权交易报告 (2017). 北京: 社会科学文献出版社.

唐要家, 吕苹. 2016. 差别产品寡头三级价格歧视的竞争效应及反垄断审查机制. 产经评论, 7(1): 22-34.

唐要家, 杨健. 2014. 销售电价隐性补贴及改革的经济影响研究. 中国工业经济, (12): 5-17.

田国强. 2003. 经济机制理论: 信息效率与激励机制设计. 经济学(季刊), 2(2): 2-39.

田立新. 2017. 能源价格系统分析. 北京: 科学出版社.

田露露. 2016. 居民阶梯电价结构设计、效应评估与政策启示. 大连: 东北财经大学.

涂莹, 刘强, 王庆娟, 等. 2017. 基于协同过滤算法的电能替代潜力用户挖掘模型研究. 电力信息与通信技术, 15(12): 25-31.

王班班, 吴维. 2017. 碳价格对中国工业外商直接投资的潜在影响. 中国人口·资源与环境, 27(10): 159-167.

王建明. 2015. 环境情感的维度结构及其对消费碳减排行为的影响: 情感—行为的双因素理论假说及其验证. 管理世界, (12): 82-95.

王建明, 王俊豪. 2011. 公众低碳消费模式的影响因素模型与政府管制政策: 基于扎根理论的一个探索性研究. 管理世界, (4): 58-68.

王金南, 严刚, 姜克隽, 等. 2009. 应对气候变化的中国碳税政策研究. 中国环境科学, 29(1): 101-105.

王俊豪, 王建明. 2007. 中国垄断性产业的行政垄断及其管制政策. 中国工业经济, (12): 30-37.

王芃, 武英涛. 2014. 能源产业市场扭曲与全要素生产率. 经济研究, (6): 142-155.

王群伟, 周德群. 2008. 能源回弹效应测算的改进模型及其实证研究. 管理学报, (5): 688-691.

王群伟, 周德群, 周鹏. 2013. 效率视角下的中国节能减排问题研究. 上海: 复旦大学出版社.

王善勇, 李军, 范进, 等. 2017. 个人碳交易视角下消费者能源消费与福利变化研究. 系统工程理论与实践, 37(6): 1512-1524.

王斯一, 张彩虹, 米锋. 2018. 资源价值流视角下发电企业碳足迹与经济成本评价: 燃煤发电与生物质发电比较研究. 工业技术经济, 37(12): 78-85.

王玉梅, 芮源, 孙欣. 2016. 能源要素价格扭曲影响碳强度的传导机制检验: 基于能源结构的中介效应分析. 统计与信息论坛, 31(9): 69-77.

王岳龙. 2018. 香樟系列推文之 5: 从国外经典文献看 DID 的一些新变化. 经济资料译丛, (1): 74-85.

魏立佳, 彭妍, 刘潇. 2018. 碳市场的稳定机制: 一项实验经济学研究. 中国工业经济, (4): 174-192.

魏敏, 李书昊. 2018. 新时代中国经济高质量发展水平的测度研究. 数量经济技术经济研究, (11): 3-20.

魏一鸣, 廖华, 余碧莹, 等. 2018. 中国能源报告（2018）: 能源密集型部门绿色转型研究. 北京: 科学出版社.

温忠麟, 张雷, 侯杰泰, 等. 2004. 中介效应检验程序及其应用. 心理学报, (5): 614-620.

翁智雄, 马忠玉, 葛察忠, 等. 2017. 多因素驱动下的中国城市环境效应分析: 基于 285 个地级及以上城市面板数据. 中国人口·资源与环境, 27(3): 63-73.

吴建宏. 2013. 基于社会均衡的居民阶梯电价定价模型及政策模拟研究. 北京: 华北电力大学.

习近平. 2020. 继往开来, 开启全球应对气候变化新征程: 在气候雄心峰会上的讲话. 人民日报, 2020-12-13(2).

谢里, 梁思美. 2017. 电能替代与生态环境效率: 来自中国省级层面的经验证据. 中南大学学报（社会科学版）, 23(1): 91-100.

谢鑫鹏, 赵道致. 2013. 低碳供应链企业减排合作策略研究. 管理科学, 26(3): 108-119.

徐阳, 何永秀. 2016. 基于非对称误差修正模型的中国能源-经济-环境关系. 中国电力, 49(9): 114-118.

杨丹萍, 杨丽华. 2016. 对外贸易、技术进步与产业结构升级: 经验、机理与实证. 管理世界, (11): 172-173.

姚慧琴, 徐璋勇, 安树伟, 等. 2014. 中国西部发展报告（2014）西部地区的结构调整与转型. 北京: 社会科学文献出版社: 1-53.

姚柳杨, 赵敏娟, 徐涛. 2017. 耕地保护政策的社会福利分析: 基于选择实验的非市场价值评估. 农业经济问题, 38(2): 1, 32-40.

姚昕, 蒋竺均, 刘江华. 2011. 改革化石能源补贴可以支持清洁能源发展. 金融研究, (3): 184-197.

姚昕, 刘希颖. 2010. 基于增长视角的中国最优碳税研究. 经济研究, 45(11): 48-58.

叶明确. 2012. 系统重心迁移的贡献度分解方法. 系统管理学报, 21(4): 559-563, 570.

于立宏, 贺媛. 2013. 能源替代弹性与中国经济结构调整. 中国工业经济, (4): 30-42.

查冬兰, 周德群. 2010. 基于 CGE 模型的中国能源效率回弹效应研究. 数量经济技术经济研究, 27(12): 39-53, 66.

张柏杨. 2015. 市场结构、经济福利与反垄断政策: 以中国工业行业为例. 经济评论, (5): 48-58.

张丹平. 2012. 基于岭回归方法的我国能源消费影响因素研究. 统计与决策, (21): 146-148.

张济建, 丁露露, 孙立成. 2019. 考虑阶梯式碳税与碳交易替代效应的企业碳排放决策研究. 中国人口·资源与环境, 29(11): 41-48.

张江山, 张旭昆. 2014. 技术进步、能源效率与回弹效应: 来自中国省际面板数据的经验测算. 山西财经大学学报, 36(11): 50-59.

张粒子, 谢国辉, 朱泽, 等. 2009. 准市场化的节能发电调度模式. 电力系统自动化, 33(8): 29-32, 43.

张露, 龚承柱, 李兰兰, 等. 2013. 中国天然气供需重心迁移路径及贡献度分解. 中国人口·资源与环境, 23(12): 90-97.

张树伟. 2011. 碳税对我国电力结构演变的影响: 基于 CSGM 模型的模拟. 能源技术经济, 23(3): 11-15, 21.

张昕竹, 冯永晟, 阙光辉. 2010. 输配电网分离的定量研究. 中国工业经济, (2): 47-57.

张昕竹, 田露露. 2014. 阶梯电价实施及结构设计: 基于跨国数据的经验分析. 财经问题研究, (7): 23-29.

张昕竹, 田露露, 马源. 2016. 居民对递增阶梯电价更敏感吗: 基于加总 DCC 模型的分析. 经济学动态, (2): 17-30.

张泽义, 罗雪华. 2019. 中国城市绿色发展效率测度. 城市问题, (2): 12-20.

张哲. 2015. 提高中国碳税绩效的优化设计: 基于多国 CGE 模型的数值模拟分析. 济南: 山东大学.

张振刚, 丁卓, 田帅. 2016. 智慧城市视角下电力消费的空间相关性与动态增长路径: 基于长三角地区动态空间面板数据的实证研究. 管理工程学报, 30(3): 99-105.

章恒全, 秦腾, 佟金萍, 等. 2017. 结构调整视角下的能源效率变动与回弹效应考察: 基于三次产业的实证分析. 软科学, 31(9): 1-4.

郑新业, 李芳华, 李夕璐, 等. 2012. 水价提升是有效的政策工具吗?. 管理世界, (4): 47-59, 69, 187.

郑新业, 魏楚, 宋枫, 等. 2016. 中国家庭能源消费研究报告（2015）. 北京: 科学出版社.

郑新业, 吴施美. 2018. 电改中的监管能力建设: 必要性和举措. 价格理论与实践, (1): 10-14.

周鹏, 周迅, 周德群. 2014. 二氧化碳减排成本研究述评. 管理评论, 26(11): 20-27, 47.

周勇, 林源源. 2007. 技术进步对能源消费回报效应的估算. 经济学家, (2): 45-52.

邹璇, 王盼. 2019. 产业结构调整与能源消费结构优化. 软科学, 33(5): 11-16.

Aatola P, Ollikainen M, Toppinen A. 2013. Impact of the carbon price on the integrating European electricity market. Energy Policy, 61: 1236-1251.

Abeberese A B. 2017. Electricity cost and firm performance: evidence from India. The Review of Economics and Statistics, 99(5): 839-852.

Acar S, Yeldan A E. 2016. Environmental impacts of coal subsidies in Turkey: a general equilibrium analysis. Energy Policy, 90: 1-15.

Achão C, Schaeffer R. 2009. Decomposition analysis of the variations in residential electricity consumption in Brazil for the 1980–2007 period: measuring the activity, intensity and structure effects. Energy Policy, 37(12): 5208-5220.

Acworth W, de Oca M M, Boute A, et al. 2020. Emissions trading in regulated electricity markets. Climate Policy, 20(1): 60-70.

Agthe D E, Billings R B. 1987. Equity, price elasticity, and household income under increasing block rates for water. The American Journal of Economics and Sociology, 46(3): 273-286.

Aigner D, Knox Lovell C A, Schmidt P. 1977. Formulation and estimation of stochastic frontier production function models. Journal of Econometrics, 6(1): 21-37.

Albert R, Barabási A L. 2002. Statistical mechanics of complex networks. Reviews of Modern Physics, 74(1): 47-97.

Amundsen E S, Andersen P A, Mortensen J B. 2018. Addressing the Climate Problem: Choice between Allowances, Feed-in Tariffs and Taxes. Munich: Society for the Promotion of Economic Research CESifo

Ang B W. 2004. Decomposition analysis for policymaking in energy: which is the preferred method?.

Energy Policy, 32(9): 1131-1139.

Ang B W, Huang H C, Mu A R. 2009. Properties and linkages of some index decomposition analysis methods. Energy Policy, 37(11): 4624-4632.

Anselin L. 1988. Lagrange multiplier test diagnostics for spatial dependence and spatial heterogeneity. Geographical Analysis, 20(1): 1-17.

Anselin L. 2019. A local indicator of multivariate spatial association: extending geary's c. Geographical Analysis, 51(2): 133-150.

Apergis N, Payne J E. 2009. Energy consumption and economic growth: evidence from the commonwealth of independent states. Energy Economics, 31(5): 641-647.

Arbués F, García-Valiñas M Á, Martınez-Espiñeira R. 2003. Estimation of residential water demand: a state-of-the-art review. The Journal of Socio-Economics, 32(1): 81-102.

Armstrong M. 1996. Multiproduct nonlinear pricing. Econometrica, 64(1): 51-75.

Athey S, Imbens G W. 2006. Identification and inference in nonlinear difference-in-differences models. Econometrica, 74(2): 431-497.

Atkinson A B. 1970. On the measurement of inequality. Journal of Economic Theory, 2(3): 244-263.

Atkinson S E, Halvorsen R. 1980. A test of relative and absolute price efficiency in regulated utilities. The Review of Economics and Statistics, 62(1): 81-88.

Atkinson S E, Halvorsen R. 1984. Parametric efficiency tests, economies of scale, and input demand in U.S. electric power generation. International Economic Review, 25(3): 647-662.

Balarama H, Islam A, Kim J S, et al. 2020. Price elasticities of residential electricity demand: estimates from household panel data in Bangladesh. Energy Economics, 92: 104937.

Barkhordar Z A. 2019. Evaluating the economy-wide effects of energy efficient lighting in the household sector of Iran. Energy Policy, 127: 125-133.

Battese G E, Corra G S. 1977. Estimation of a production frontier model: with application to the pastoral zone of eastern Australia. Australian Journal of Agricultural Economics, 21(3): 169-179.

Bentzen J. 2004. Estimating the rebound effect in US manufacturing energy consumption. Energy Economics, 26(1): 123-134.

Berkhout P H G, Muskens J C, Velthuijsen J W. 2000. Defining the rebound effect. Energy Policy, 28(6/7): 425-432.

Betz R, Rogge K, Schleich J. 2006. EU emissions trading: an early analysis of national allocation plans for 2008–2012. Climate Policy, 6(4): 361-394.

Bianco V, Manca O, Nardini S. 2009. Electricity consumption forecasting in Italy using linear regression models. Energy, 34(9): 1413-1421.

Bin S, Dowlatabadi H. 2005. Consumer lifestyle approach to US energy use and the related CO_2 emissions. Energy Policy, 33(2): 197-208.

Böhringer C, Carbone J C, Rutherford T F. 2016. The strategic value of carbon tariffs. American Economic Journal: Economic Policy, 8(1): 28-51.

Böhringer C, Fischer C, Rosendahl K E. 2014. Cost-effective unilateral climate policy design: size matters. Journal of Environmental Economics and Management, 67(3): 318-339.

Bonacina M, Gulli' F. 2007. Electricity pricing under "carbon emissions trading": a dominant firm with competitive fringe model. Energy Policy, 35(8): 4200-4220.

Borenstein S. 2012. The redistributional impact of nonlinear electricity pricing. American Economic Journal: Economic Policy, 4(3): 56-90.

Borgatti S P, Foster P C. 2003. The network paradigm in organizational research: a review and typology. Journal of Management, 29(6): 991-1013.

Bouzarovski S, Petrova S, Sarlamanov R. 2012. Energy poverty policies in the EU: a critical perspective. Energy Policy, 49: 76-82.

Boyce J K. 2018. Carbon pricing: effectiveness and equity. Ecological Economics, 150: 52-61.

Boyle D. 2002. The Money Changers: Currency Reform from Aristotle to E-Cash. London: Routledge.

Bridge G. 2018. The map is not the territory: a sympathetic critique of energy research's spatial turn. Energy Research & Social Science, 36: 11-20.

Bristow A L, Wardman M, Zanni A M, et al. 2010. Public acceptability of personal carbon trading and carbon tax. Ecological Economics, 69(9): 1824-1837.

Burk A. 1938. A reformulation of certain aspects of welfare economics. The Quarterly Journal of Economics, 52(2): 310-334.

Burke P J, Kurniawati S. 2018. Electricity subsidy reform in Indonesia: demand-side effects on electricity use. Energy Policy, 116: 410-421.

Burton E. 2000. The compact city: just or just compact? A preliminary analysis. Urban Studies, 37(11): 1969-2006.

Butts C T. 2008. Social network analysis: a methodological introduction. Asian Journal of Social Psychology, 11(1): 13-41.

Cai Y F, Menegaki A N. 2019. Convergence of clean energy consumption: panel unit root test with sharp and smooth breaks. Environmental Science and Pollution Research, 26(18): 18790-18803.

Cao J, Karplus V J. 2014. Firm-level determinants of energy and carbon intensity in China. Energy Policy, 75: 167-178.

Carrijo T B, da Silva A R. 2017. Modified moran's I for small samples. Geographical Analysis, 49(4): 451-467.

Carson R T, Mitchell R C, Hanemann M, et al. 2003. Contingent valuation and lost passive use: damages from the exxon valdez oil spill. Environmental and Resource Economics, 25: 257-286.

Chakravarty S, Tavoni M. 2013. Energy poverty alleviation and climate change mitigation: is there a trade off?. Energy Economics, 40: S67-S73.

Champ P A, Boyle K J, Brown T C. 2003. A Primer on Nonmarket Valuation. Berlin: Springer.

Chan H R, Fell H, Lange I, et al. 2017. Efficiency and environmental impacts of electricity restructuring on coal-fired power plants. Journal of Environmental Economics and Management, 81: 1-18.

Charlier D, Legendre B, Risch A. 2019. Fuel poverty in residential housing: providing financial support versus combatting substandard housing. Applied Economics, 51(49): 5369-5387.

Charnes A, Cooper W W, Rhodes E. 1978. Measuring the efficiency of decision making units. European Journal of Operational Research, 2(6): 429-444.

Chattopadhyay P. 2004. Cross-subsidy in electricity tariffs: evidence from India. Energy Policy, 32(5): 673-684.

Chen H, Kang J N, Liao H, et al. 2017. Costs and potentials of energy conservation in China's coal-fired power industry: a bottom-up approach considering price uncertainties. Energy Policy, 104: 23-32.

Chen J D, Xu C, Li K, et al. 2018. A gravity model and exploratory spatial data analysis of prefecture-scale pollutant and CO_2 emissions in China. Ecological Indicators, 90: 554-563.

Chernyavs'ka L, Gullì F. 2008. Marginal CO_2 cost pass-through under imperfect competition in power markets. Ecological Economics, 68(1/2): 408-421.

Chetty R, Friedman J N, Olsen T, et al. 2011. Adjustment costs, firm responses, and micro vs. macro labor supply elasticities: evidence from Danish tax records. The Quarterly Journal of Economics, 126(2): 749-804.

Chisari O, Estache A, Romero C. 1999. Winners and losers from the privatization and regulation of utilities: lessons from a general equilibrium model of Argentina. The World Bank Economic Review, 13(2): 357-378.

Chitnis M, Sorrell S, Druckman A, et al. 2013. Turning lights into flights: estimating direct and indirect rebound effects for UK households. Energy Policy, 55: 234-250.

Choi S, Pellen A, Masson V. 2017. How does daylight saving time affect electricity demand? An answer using aggregate data from a natural experiment in Western Australia. Energy Economics, 66: 247-260.

Cicala S. 2015. When does regulation distort costs? Lessons from fuel procurement in US electricity generation. American Economic Review, 105(1): 411-444.

Coady D, Parry I W H, Shang B P. 2018. Energy price reform: lessons for policymakers. Review of Environmental Economics and Policy, 12(2): 197-219.

Cong R G, Wei Y M. 2010. Potential impact of (CET) carbon emissions trading on China's power sector: a perspective from different allowance allocation options. Energy, 35(9): 3921-3931.

Csereklyei Z. 2020. Price and income elasticities of residential and industrial electricity demand in the European Union. Energy Policy, 137: 111079.

Cuevas A, Febrero M, Fraiman R. 2001. Cluster analysis: a further approach based on density estimation. Computational Statistics & Data Analysis, 36(4): 441-459.

Cui L B, Fan Y, Zhu L, et al. 2014. How will the emissions trading scheme save cost for achieving China's 2020 carbon intensity reduction target?. Applied Energy, 136: 1043-1052.

Cui R Y, Hultman N, Cui D Y, et al. 2021. A plant-by-plant strategy for high-ambition coal power phaseout in China. Nature Communications, 12: 1468.

Cullen J A, Mansur E T. 2017. Inferring carbon abatement costs in electricity markets: a revealed preference approach using the shale revolution. American Economic Journal: Economic Policy, 9(3): 106-133.

Curien N. 1991. The theory and measure of cross-subsidies: an application to the telecommunications industry. International Journal of Industrial Organization, 9(1): 73-108.

Dahan M M, Nisan U. 2007. Unintended consequences of increasing block tariffs pricing policy in urban water. Water Resources Research, 43(3): 1-10.

Dang D A, La H A. 2019. Does electricity reliability matter? Evidence from rural Viet Nam. Energy Policy, 131: 399-409.

Davidson R, MacKinnon J G. 1993. Estimation and Inference in Econometrics. Oxford: Oxford University Press.

de Nooij M. 2011. Social cost-benefit analysis of electricity interconnector investment: a critical appraisal. Energy Policy, 39(6): 3096-3105.

Domah P, Pollitt M G. 2005. The restructuring and privatisation of the electricity distribution and supply businesses in England and Wales: a social cost-benefit analysis. Fiscal Studies, 22(1): 107-146.

Dong B, Zhang M, Mu H L, et al. 2016. Study on decoupling analysis between energy consumption and economic growth in Liaoning province. Energy Policy, 97: 414-420.

Dong H J, Dai H C, Geng Y, et al. 2017. Exploring impact of carbon tax on China's CO_2 reductions and provincial disparities. Renewable and Sustainable Energy Reviews, 77: 596-603.

Dormady N, Jiang Z N, Hoyt M. 2019. Do markets make good commissioners?: A quasi-experimental analysis of retail electric restructuring in Ohio. Journal of Public Policy, 39: 483-515.

Ekholm T, Krey V, Pachauri S, et al. 2010. Determinants of household energy consumption in India. Energy Policy, 38(10): 5696-5707.

Elhorst J P. 2014. Matlab software for spatial panels. International Regional Science Review, 37(3): 389-405.

Escudero M, Jiménez Á, González C, et al. 2013. Quantitative analysis of potential power production and environmental benefits of biomass integrated gasification combined cycles in the European Union. Energy Policy, 53: 63-75.

Fabra N, Reguant M. 2014. Pass-through of emissions costs in electricity markets. American Economic Review, 104(9): 2872-2899.

Fawcett T. 2010. Personal carbon trading: a policy ahead of its time?. Energy Policy, 38(11): 6868-6876.

Fei T, Xin W, Lv Z Q. 2014. Introducing the emissions trading system to China's electricity sector: challenges and opportunities. Energy Policy, 75: 39-45.

Fingleton B, López-Bazo E. 2006. Empirical growth models with spatial effects. Papers in Regional Science, 85(2): 177-198.

Fjell K. 2001. A cross-subsidy classification framework. Journal of Public Policy, 21(3): 265-282.

Floros N, Vlachou A. 2005. Energy demand and energy-related CO_2 emissions in Greek manufacturing: assessing the impact of a carbon tax. Energy Economics, 27(3): 387-413.

Freire-González J, Puig-Ventosa I. 2019. Reformulating taxes for an energy transition. Energy Economics, 78: 312-323.

Galán J E, Pollitt M G. 2014. Inefficiency persistence and heterogeneity in Colombian electricity utilities. Energy Economics, 46: 31-44.

Ganapati S, Shapiro J S, Walker R. 2020. Energy cost pass-through in US manufacturing: estimates and implications for carbon taxes. American Economic Journal: Applied Economics, 12(2): 303-342.

García-valiñas M A. 2005. Efficiency and equity in natural resources pricing: a proposal for urban water distribution service. Environmental and Resource Economics, 32(2): 183-204.

Gelan A. 2018. Economic and environmental impacts of electricity subsidy reform in Kuwait: a general equilibrium analysis. Energy Policy, 112: 381-398.

Ghosh R, Goyal Y, Rommel J, et al. 2017. Are small firms willing to pay for improved power supply? Evidence from a contingent valuation study in India. Energy Policy, 109: 659-665.

Glaeser E L, Kahn M E. 2010. The greenness of cities: carbon dioxide emissions and urban development. Journal of Urban Economics, 67(3): 404-418.

Greening L A, Greene D L, Difiglio C. 2000. Energy efficiency and consumption—the rebound effect—a survey. Energy Policy, 28(6/7): 389-401.

Gullì F, Chernyavs'ka L. 2013. Theory and empirical evidence for carbon cost pass-through to energy prices. Annual Review of Resource Economics, 5: 349-367.

Haas R, Biermayr P. 2000. The rebound effect for space heating empirical evidence from Austria. Energy Policy, 28(6/7): 403-410.

Hahn R W. 1984. Market power and transferable property rights. The Quarterly Journal of Economics, 99(4): 753-765.

Halkos G E, Polemis M L. 2018. The impact of economic growth on environmental efficiency of the electricity sector: a hybrid window DEA methodology for the USA. Journal of Environmental Management, 211: 334-346.

Han H Y, Wu S, Zhang Z J. 2018. Factors underlying rural household energy transition: a case study of China. Energy Policy, 114: 234-244.

Han P, Kimura F, Sandu S. 2020. Household-level analysis of the impacts of electricity consumption on welfare and the environment in Cambodia: empirical evidence and policy implications. Economic Modelling, 89: 476-483.

Hanley N, MacMillan D, Wright R E, et al. 1998. Contingent valuation versus choice experiments: estimating the benefits of environmentally sensitive areas in Scotland. Journal of Agricultural Economics, 49(1): 1-15.

Hanley N, McGregor P G, Swales J K, et al. 2009. Do increases in energy efficiency improve environmental quality and sustainability?. Ecological Economics, 68(3): 692-709.

Hanna R M, Oliva P. 2015. Moving up the energy ladder: the effect of an increase in economic well-being on the fuel consumption choices of the poor in India. American Economic Review, 105(5): 242-246.

Hansen B E. 1999. Sample splitting and threshold estimation. Econometrica, 68(3): 575-603.

Harberger A C. 1954. Monopoly and resource allocation. The American Economic Review, 44(2): 77-87.

Hausman J A. 1981. Exact consumer's surplus and deadweight loss. The American Economic Review, 71(4): 662-676.

He Y X, Zhang S L, Yang L Y, et al. 2010. Economic analysis of coal price-electricity price adjustment in China based on the CGE model. Energy Policy, 38(11): 6629-6637.

Heald D. 1996. Contrasting approaches to the "problem" of cross subsidy. Management Accounting Research, 7(1): 53-72.

Hellwig M, Schober D, Cabral L. 2020a. Low-powered vs high-powered incentives: evidence from German electricity networks. International Journal of Industrial Organization, 73: 102587.

Hellwig M, Schober D, Woll O. 2020b. Measuring market integration and estimating policy impacts on the Swiss electricity market. Energy Economics, 86: 104637.

Herring H. 2006. Energy efficiency: a critical view. Energy, 31(1): 10-20.

Hintermann B. 2016. Pass-through of CO_2 emission costs to hourly electricity prices in Germany. Journal of the Association of Environmental and Resource Economists, 3(4): 857-891.

Howell R A. 2012. Living with a carbon allowance: the experiences of carbon rationing action groups and implications for policy. Energy Policy, 41: 250-258.

Hull A. 2008. Policy integration: what will it take to achieve more sustainable transport solutions in cities. Transport Policy, 15(2): 94-103.

Hung M F, Huang T H. 2015. Dynamic demand for residential electricity in Taiwan under seasonality and increasing-block pricing. Energy Economics, 48: 168-177.

Hyder P. 2008. Recycling revenue from an international carbon tax to fund an integrated investment programme in sustainable energy and poverty reduction. Global Environmental Change, 18(3): 521-538.

International Energy Agency. 1999. World Energy Outlook 1999: Looking at Energy Subsidies: Getting the Prices Right International Energy Agency. Paris: OECD.

Ito K. 2014. Do consumers respond to marginal or average price? Evidence from nonlinear electricity pricing. American Economic Review, 104(2): 537-563.

Jamil F, Ahmad E. 2010. The relationship between electricity consumption, electricity prices and GDP in Pakistan. Energy Policy, 38(10): 6016-6025.

Jiang L, Yu L, Xue B, et al. 2020. Who is energy poor? Evidence from the least developed regions in China. Energy Policy, 137: 111122.

Johnston R J, Boyle K J, Adamowicz W V, et al. 2017. Contemporary guidance for stated preference studies. Journal of the Association of Environmental and Resource Economists, 4(2): 319-405.

Johnston R J, Rosenberger R S. 2010. Methods, trends and controversies in contemporary benefit transfer. Journal of Economic Surveys, 24(3): 479-510.

Jones B G. 1980. Applications of centrographic techniques to the study of urban phenomena: Atlanta, Georgia 1940–1975. Economic Geography, 56(3): 201.

Jones L P, Tandon P, Vogelsang I. 1990. Selling Public Enterprises: A Cost-Benefit Methodology. Cambridge: MIT Press.

Jouvet P A, Solier B. 2013. An overview of CO_2 cost pass-through to electricity prices in Europe. Energy Policy, 61: 1370-1376.

Ju Y Y, Fujikawa K. 2019. Modeling the cost transmission mechanism of the emission trading scheme in China. Applied Energy, 236: 172-182.

Kachoee M S, Salimi M, Amidpour M. 2018. The long-term scenario and greenhouse gas effects cost-benefit analysis of Iran's electricity sector. Energy, 143: 585-596.

Kemfert C, Kunz F, Rosellón J. 2016. A welfare analysis of electricity transmission planning in Germany. Energy Policy, 94: 446-452.

Khandker S R, Barnes D F, Samad H A. 2012. Are the energy poor also income poor? Evidence from India. Energy Policy, 47: 1-12.

Kim Y G, Lim J S. 2014. An emissions trading scheme design for power industries facing price regulation. Energy Policy, 75: 84-90.

Laffont J J. 1987. Optimal taxation of a non-linear pricing monopolist. Journal of Public Economics, 33(2): 137-155.

Laffont J J, Tirole J. 1993. A Theory of Incentives in Procurement and Regulation. Cambridge: MIT Press.

Laing T, Sato M, Grubb M, et al. 2014. The effects and side-effects of the EU emissions trading scheme. Wiley Interdisciplinary Reviews: Climate Change, 5(4): 509-519.

Lenzen M, Murray S A. 2001. A modified ecological footprint method and its application to Australia. Ecological Economics, 37(2): 229-255.

Lesage J P, Pace R K. 2009. Introduction to Spatial Econometrics. Boca Raton: CRC Press.

Levinson A. 2009. Technology, international trade, and pollution from US manufacturing. American Economic Review, 99(5): 2177-2192.

Li J F, Wang X, Zhang Y X, et al. 2014. The economic impact of carbon pricing with regulated electricity prices in China: an application of a computable general equilibrium approach. Energy Policy, 75: 46-56.

Li J, Fan J, Zhao D T, et al. 2015. Allowance price and distributional effects under a personal carbon trading scheme. Journal of Cleaner Production, 103: 319-329.

Li X, Chalvatzis K, Stephanides P. 2018. Innovative energy islands: life-cycle cost-benefit analysis for battery energy storage. Sustainability, 10(10): 3371.

Li Y, Fan J, Zhao D T, et al. 2016. Tiered gasoline pricing: a personal carbon trading perspective.

Energy Policy, 89: 194-201.

Lin B Q, Ankrah I, Manu S A. 2017. Brazilian energy efficiency and energy substitution: a road to cleaner national energy system. Journal of Cleaner Production, 162: 1275-1284.

Lin B Q, Atsagli P, Dogah K E. 2016. Ghanaian energy economy: inter-production factors and energy substitution. Renewable and Sustainable Energy Reviews, 57: 1260-1269.

Lin B Q, Jia Z J. 2019. What will China's carbon emission trading market affect with only electricity sector involvement? A CGE based study. Energy Economics, 78: 301-311.

Lin B Q, Jiang Z J. 2011. Estimates of energy subsidies in China and impact of energy subsidy reform. Energy Economics, 33(2): 273-283.

Lin B Q, Jiang Z J. 2012. Designation and influence of household increasing block electricity tariffs in China. Energy Policy, 42: 164-173.

Lin B Q, Li A J. 2012. Impacts of removing fossil fuel subsidies on China: how large and how to mitigate?. Energy, 44(1): 741-749.

Lin B Q, Li Z. 2020. Is more use of electricity leading to less carbon emission growth? An analysis with a panel threshold model. Energy Policy, 137: 111121.

Lin B Q, Ouyang X L. 2014. A revisit of fossil-fuel subsidies in China: challenges and opportunities for energy price reform. Energy Conversion and Management, 82: 124-134.

Lin J, Kahrl F, Yuan J H, et al. 2019. Economic and carbon emission impacts of electricity market transition in China: a case study of Guangdong province. Applied Energy, 238: 1093-1107.

Liu H X, Lin B Q. 2017. Energy substitution, efficiency, and the effects of carbon taxation: evidence from China's building construction industry. Journal of Cleaner Production, 141: 1134-1144.

Liu W L, Spaargaren G, Heerink N, et al. 2013. Energy consumption practices of rural households in North China: basic characteristics and potential for low carbon development. Energy Policy, 55: 128-138.

Liu W, Li H. 2011. Improving energy consumption structure: a comprehensive assessment of fossil energy subsidies reform in China. Energy Policy, 39(7): 4134-4143.

Liu Z, Guan D B, Moore S, et al. 2015. Climate policy: steps to China's carbon peak. Nature, 522: 279-281.

Lund P. 2007. Impacts of EU carbon emission trade directive on energy-intensive industries: indicative micro-economic analyses. Ecological Economics, 63(4): 799-806.

Ma W L, Zhou X S, Renwick A. 2019. Impact of off-farm income on household energy expenditures in China: implications for rural energy transition. Energy Policy, 127: 248-258.

Madlener R, Alcott B. 2009. Energy rebound and economic growth: a review of the main issues and research needs. Energy, 34(3): 370-376.

Mcfadden D. 1972. Conditional Logit Analysis of Qualitative Choice Behavior. New York: Academic Press.

Meeusen W, van den Broeck J. 1977. Efficiency estimation from Cobb-Douglas production functions with composed error. International Economic Review, 18(2): 435.

Metcalf G E. 2009. Market-based policy options to control U.S. greenhouse gas emissions. Journal of Economic Perspectives, 23(2): 5-27.

Mizon G E, Richard J F. 1986. The encompassing principle and its application to testing non-nested hypotheses. Econometrica, 54(3): 657.

Mohamed Z, Bodger P. 2005. Forecasting electricity consumption in New Zealand using economic and demographic variables. Energy, 30(10): 1833-1843.

Nelson T, Kelley S, Orton F. 2012. A literature review of economic studies on carbon pricing and Australian wholesale electricity markets. Energy Policy, 49: 217-224.

Nie H G, Kemp R. 2014. Index decomposition analysis of residential energy consumption in China: 2002–2010. Applied Energy, 121: 10-19.

O'Sullivan K C, Howden-Chapman P L, Fougere G. 2011. Making the connection: the relationship between fuel poverty, electricity disconnection, and prepayment metering. Energy Policy, 39(2): 733-741.

Palmer K. 1992. A test for cross subsidies in local telephone rates: do business customers subsidize residential customers?. The RAND Journal of Economics, 23(3): 415-431.

Pan A E, Bosch D, Ma H M. 2017. Assessing water poverty in China using holistic and dynamic principal component analysis. Social Indicators Research, 130(2): 537-561.

Piketty T. 2020. Capital and Ideology. Cambridge: Harvard University Press.

Qurat-ul-Ann A R, Mirza F M. 2020. Meta-analysis of empirical evidence on energy poverty: the case of developing economies. Energy Policy, 141: 111444.

Ramsey F P. 1927. A contribution to the theory of taxation. The Economic Journal, 37(145): 47-61.

Rawls J. 2009. A Theory of Justice. Cambridge: Harvard University Press.

Reinders A H M E, Vringer K, Blok K. 2003. The direct and indirect energy requirement of households in the European Union. Energy Policy, 31(2): 139-153.

Rochet J C, Chone P. 1998. Ironing, sweeping, and multidimensional screening. Econometrica, 66(4): 783.

Rochet J C, Stole L A. 2010. The economics of multidimensional screening//Dewatripont M, Hansen L P, Turnovsky S J. Advances in Economics and Econometrics. Cambridge: Cambridge University Press: 150-197.

Romero-Jordán D, del Río P, Peñasco C. 2016. An analysis of the welfare and distributive implications of factors influencing household electricity consumption. Energy Policy, 88: 361-370.

Rood G A, Ros J P M, Drissen E, et al. 2003. A structure of models for future projections of environmental pressure due to consumption. Journal of Cleaner Production, 11(5): 491-498.

Rosenberger R S, Loomis J B. 2003. Benefit transfer//Champ P A, Boyle K J, Brown T C. A Primer on Nonmarket Valuation. Dordrecht: Springer Netherlands: 445-482.

Sadath A C, Acharya R H. 2017. Assessing the extent and intensity of energy poverty using multidimensional energy poverty index: empirical evidence from households in India. Energy

Policy, 102: 540-550.

Saez E. 2010. Do taxpayers bunch at kink points?. American Economic Journal: Economic Policy, 2(3): 180-212.

Sagar A D. 2005. Alleviating energy poverty for the world's poor. Energy Policy, 33(11): 1367-1372.

Samuelson P A. 1983. Foundations of Economic Analysis. Cambridge: Harvard University Press.

Sanyal P, Cohen L R. 2009. Powering progress: restructuring, competition, and R&D in the U.S. electric utility industry. The Energy Journal, 30(2): 41-80.

Sargan J D. 1958. The estimation of economic relationships using instrumental variables. Econometrica, 26(3): 393.

Saunders H D. 2000a. A view from the macro side: rebound, backfire, and Khazzoom-Brookes. Energy Policy, 28(6/7): 439-449.

Saunders H D. 2000b. Does predicted rebound depend on distinguishing between energy and energy services?. Energy Policy, 28(6/7): 497-500.

Saunders H D. 2008. Fuel conserving (and using) production functions. Energy Economics, 30(5): 2184-2235.

Sawkins J W, Reid S. 2007. The measurement and regulation of cross subsidy. The case of the Scottish water industry. Utilities Policy, 15(1): 36-48.

Scalzer R S, Rodrigues A, da Silva Macedo M Á, et al. 2018. Insolvency of Brazilian electricity distributors: a DEA bootstrap approach. Technological and Economic Development of Economy, 24(2): 718-738.

Schipper L, Bartlett S, Hawk D, et al. 1989. Linking life-styles and energy use: a matter of time?. Annual Review of Energy, 14: 273-320.

Schoengold K, Zilberman D. 2014. The economics of tiered pricing and cost functions: are equity, cost recovery, and economic efficiency compatible goals?. Water Resources and Economics, 7: 1-18.

Shao S, Guo L F, Yu M L, et al. 2019. Does the rebound effect matter in energy import-dependent mega-cities? Evidence from Shanghai (China). Applied Energy, 241: 212-228.

Shao S, Huang T, Yang L L. 2014. Using latent variable approach to estimate China's economy-wide energy rebound effect over 1954–2010. Energy Policy, 72: 235-248.

Shao S, Liu J H, Geng Y, et al. 2016. Uncovering driving factors of carbon emissions from China's mining sector. Applied Energy, 166: 220-238.

Sijm J, Chen Y, Hobbs B F. 2012. The impact of power market structure on CO_2 cost pass-through to electricity prices under quantity competition: a theoretical approach. Energy Economics, 34(4): 1143-1152.

Sijm J, Neuhoff K, Chen Y. 2006. CO_2 cost pass-through and windfall profits in the power sector. Climate Policy, 6(1): 49-72.

Snyder B, Kaiser M J. 2009. Ecological and economic cost-benefit analysis of offshore wind energy. Renewable Energy, 34(6): 1567-1578.

Sorrell S. 2009. Jevons' Paradox revisited: the evidence for backfire from improved energy efficiency. Energy Policy, 37(4): 1456-1469.

Starkey R. 2012. Personal carbon trading: a critical survey part 2: efficiency and effectiveness. Ecological Economics, 73: 19-28.

Stavins R N. 2011. The problem of the commons: still unsettled after 100 years. American Economic Review, 101(1): 81-108.

Steg L. 2008. Promoting household energy conservation. Energy Policy, 36(12): 4449-4453.

Su B, Ang B W. 2012. Structural decomposition analysis applied to energy and emissions: some methodological developments. Energy Economics, 34(1): 177-188.

Tan-Soo J S, Zhang X B, Qin P, et al. 2019. Using electricity prices to curb industrial pollution. Journal of Environmental Management, 248: 109252.

Tavassoli M, Ketabi S, Ghandehari M. 2020. Developing a network DEA model for sustainability analysis of Iran's electricity distribution network. International Journal of Electrical Power & Energy Systems, 122: 106187.

Taylor L D. 1975. The demand for electricity: a survey. The Bell Journal of Economics, 6(1): 74-110.

Timilsina G R, Pargal S. 2020. Economics of energy subsidy reforms in Bangladesh. Energy Policy, 142: 111539.

Tirole J. 2017. Economics for the Common Good. Princeton: Princeton University Press.

Tishler A, Newman J, Spekterman I, et al. 2006. Cost-benefit analysis of reforming Israel's electricity industry. Energy Policy, 34(16): 2442-2454.

Toba N. 2007. Welfare impacts of electricity generation sector reform in the Philippines. Energy Policy, 35(12): 6145-6162.

Tobler W R. 1970. A computer movie simulating urban growth in the Detroit region. Economic Geography, 46: 234.

Tumen S, Unalmis D, Unalmis I, et al. 2016. Taxing fossil fuels under speculative storage. Energy Economics, 53: 64-75.

Ürge-Vorsatz D, Tirado Herrero S. 2012. Building synergies between climate change mitigation and energy poverty alleviation. Energy Policy, 49: 83-90.

Vaninsky A. 2006. Efficiency of electric power generation in the United States: analysis and forecast based on data envelopment analysis. Energy Economics, 28(3): 326-338.

Vaninsky A. 2014. Factorial decomposition of CO_2 emissions: a generalized Divisia index approach. Energy Economics, 45: 389-400.

Vásquez Lavín F A, Hernandez J I, Ponce R D, et al. 2017. Functional forms and price elasticities in a discrete continuous choice model of the residential water demand. Water Resources Research, 53(7): 6296-6311.

Vives X. 2017. Endogenous public information and welfare in market games. The Review of Economic Studies, 84(2): 935-963.

Vogt-Schilb A, Walsh B, Feng K S, et al. 2019. Cash transfers for pro-poor carbon taxes in Latin

America and the Caribbean. Nature Sustainability, 2: 941-948.

Walawalkar R, Blumsack S, Apt J, et al. 2008. An economic welfare analysis of demand response in the PJM electricity market. Energy Policy, 36(10): 3692-3702.

Wang G, Zhang Q, Su B, et al. 2021. Coordination of tradable carbon emission permits market and renewable electricity certificates market in China. Energy Economics, 93: 105038.

Wang M, Zhou P. 2017. Does emission permit allocation affect CO_2 cost pass-through? A theoretical analysis. Energy Economics, 66: 140-146.

Wang H, Zhou P, Zhou D Q. 2012. An empirical study of direct rebound effect for passenger transport in urban China. Energy Economics, 34(2): 452-460.

Wang Q, Jiang X T, Li R R. 2017. Comparative decoupling analysis of energy-related carbon emission from electric output of electricity sector in Shandong province, China. Energy, 127: 78-88.

Wang W W, Zhang M, Li P. 2014. Exploring temporal and spatial evolution of global energy production and consumption. Renewable and Sustainable Energy Reviews, 30: 943-949.

Wasserman S, Faust K. 1994. Social network analysis: methods and applications. Cambridge: Cambridge University Press.

Weitzman M L. 1974. Prices vs. quantities. The Review of Economic Studies, 41(4): 477-491.

Weyl E G, Fabinger M. 2013. Pass-through as an economic tool: principles of incidence under imperfect competition. Journal of Political Economy, 121(3): 528-583.

Winkler H, Boyd A, Torres Gunfaus M, et al. 2015. Reconsidering development by reflecting on climate change. International Environmental Agreements: Politics, Law and Economics, 15(4): 369-385.

Yan Q Y, Yin J T, Baležentis T, et al. 2017. Energy-related GHG emission in agriculture of the European countries: an application of the generalized Divisia index. Journal of Cleaner Production, 164: 686-694.

Yang M, Fan Y, Yang F X, et al. 2014. Regional disparities in carbon dioxide reduction from China's uniform carbon tax: a perspective on interfactor/interfuel substitution. Energy, 74: 131-139.

Yoo S H, Lee J S. 2010. Electricity consumption and economic growth: a cross-country analysis. Energy Policy, 38(1): 622-625.

Zellner A. 1962. An efficient method of estimating seemingly unrelated regressions and tests for aggregation bias. Journal of the American Statistical Association, 57(298): 348-368.

Zeng S H, Nan X, Liu C, et al. 2017. The response of the Beijing carbon emissions allowance price (BJC) to macroeconomic and energy price indices. Energy Policy, 106: 111-121.

Zerbe R O, Dively D D. 1994. Benefit-Cost Analysis in Theory and Practice. New York: Harpercollins College Div.

Zhang D Y, Li J J, Han P. 2019. A multidimensional measure of energy poverty in China and its impacts on health: an empirical study based on the China family panel studies. Energy Policy, 131: 72-81.

Zhang M, Xia Q, Wang W W, et al. 2014. Study on temporal and spatial evolution of China's oil supply and consumption. Natural Hazards, 72(2): 809-825.

Zhang Y, Zhang J Y, Yang Z F, et al. 2012. Analysis of the distribution and evolution of energy supply and demand centers of gravity in China. Energy Policy, 49: 695-706.

Zhang Z B, Cai W X, Feng X Z. 2017. How do urban households in China respond to increasing block pricing in electricity? Evidence from a fuzzy regression discontinuity approach. Energy Policy, 105: 161-172.

Zhou Y C, Li H P, Wang K, et al. 2016. China's energy-water nexus: spillover effects of energy and water policy. Global Environmental Change, 40: 92-100.

Zou H, Luan B J, Zheng X M, et al. 2020. The effect of increasing block pricing on urban households' electricity consumption: evidence from difference-in-differences models. Journal of Cleaner Production, 257: 120498.

附　录

附录 A　碳排放系数

表 A-1　居民家庭能源使用碳排放系数

燃料类型	含碳量/（千克/吉焦）	碳氧化率	净发热值/（千焦/千克）	碳排放系数
液化石油气	17.2	100%	47.3	2.9846/（千克/米³）
天然气	15.3	100%	48.0	2.6928/（千克/米³）
煤气	12.1	100%	38.7	1.7183/（千克/米³）
液化天然气	17.5	100%	44.2	2.8376/（千克/米³）
煤	26.8	100%	26.7	2.6246/（千克/米³）
木材	30.5	100%	15.6	1.7441/（千克/米³）
汽油	18.9	100%	44.3	3.07/（千克/米³）
柴油	20.2	100%	43.0	3.1849/（千克/米³）
其他固体燃料	27.3	100%	11.6	1.1612/（千克/千克）

表 A-2　各区域居民用电的碳排放系数

地区	电量边际碳排放因子/ （千克/千瓦时）	容量边际碳排放因子/ （千克/千瓦时）	碳排放系数/ （千克/千瓦时）
华北地区	1.0416	0.4780	0.7598
东北地区	1.1291	0.4315	0.7803
华东地区	0.8112	0.5945	0.7029
华中地区	0.9515	0.3500	0.6508
西北地区	0.9457	0.3162	0.6310
南方地区	0.8959	0.3648	0.6304

附录 B　不同人口特征碳排放水平对比

表 B-1　不同人口特征碳排放水平对比

省区市	低碳排放者			高碳排放者		
	非能源贫困	能源贫困	均值差异性 t 检验	非能源贫困	能源贫困	均值差异性 t 检验
上海	899.04	442.03	8.7584***	3400.08	3653.92	−0.4736
云南	684.23	345.25	4.5689***	2166.50	2225.42	−0.1623
内蒙古	602.19	411.57	2.9104***	3580.28	3788.83	−0.1819

省区市	低碳排放者			高碳排放者		
	非能源贫困	能源贫困	均值差异性 t 检验	非能源贫困	能源贫困	均值差异性 t 检验
北京	815.97	496.62	5.5213***	3286.63	6138.31	−3.0341***
吉林	588.36	470.87	2.0720**	4123.16	4114.70	0.0121
四川	567.66	359.05	4.3150***	2160.56	3754.98	−1.5864
天津	551.83	361.74	3.6635***	1762.50	2603.72	−2.0141**
宁夏	639.82	452.56	1.3890	3805.65	3970.86	−0.1227
安徽	727.14	418.28	5.9757***	2982.96	2338.72	0.9140
山东	532.87	428.86	3.9772***	1862.34	1849.39	0.0562
山西	653.62	504.77	2.3928**	2556.36	3149.31	−0.9012
广西	804.34	448.45	5.4956***	4433.28	4262.60	0.1555
江西	514.18	361.98	4.1799***	1558.00	3228.63	−1.9410*
河北	728.30	792.71	−0.8253	3095.07	3108.68	−0.0245
河南	650.18	379.92	10.2643***	1859.29	2567.68	−1.3015
浙江	704.03	422.17	6.4556***	2677.53	2722.18	−0.1118
湖北	570.10	359.03	6.4452	1746.73	2204.26	−2.2301**
湖南	634.67	432.17	6.0988***	1776.91	2789.40	−1.9870**
甘肃	446.90	600.73	−1.9213*	4977.58	4465.87	0.3015
福建	1165.78	630.71	7.1968***	2890.45	4014.97	−2.5432**
贵州	769.13	574.98	2.3121**	3542.05	2625.62	0.3144
辽宁	675.77	652.15	0.3144	3012.45	5483.09	−1.6317
重庆	837.72	425.87	5.9503***	3414.19	3733.66	−0.2651
黑龙江	855.39	883.80	−0.3015	6515.25	6362.41	0.1882

附录C　实施个人碳交易机制后各省份的能源贫困变化

从表C-1可以看出，分地区来看，东部地区能源贫困的改善作用最为明显，西部地区次之，中部地区最弱；分省份来看，不同省份实施个人碳交易机制，对能源贫困的影响具有异质性。

表C-1　各省份在基本场景下实施个人碳交易对于能源贫困的变化

省区市	能源贫困发生率		ΔEP_0	ΔInt_0
	实施前	基准场景：实施后		
北京	19.65%	11.56%	−41.18%	−47.20%
福建	36.96%	21.74%	−41.18%	−13.27%

省区市	能源贫困发生率		ΔEP_0	ΔInt_0
	实施前	基准场景：实施后		
贵州	50.00%	33.78%	−32.43%	−44.78%
河北	57.28%	39.81%	−30.51%	−36.09%
宁夏	62.07%	44.83%	−27.78%	−49.48%
黑龙江	53.99%	40.85%	−24.35%	−1.93%
甘肃	76.92%	61.54%	−20.00%	−30.32%
山东	51.40%	42.52%	−17.27%	−30.74%
辽宁	24.00%	20.80%	−13.33%	−15.22%
山西	42.70%	38.20%	−10.53%	−39.08%
天津	14.94%	13.79%	−7.69%	−13.24%
河南	68.34%	63.32%	−7.35%	−12.80%
云南	75.68%	71.17%	−5.95%	−14.79%
湖北	71.27%	67.96%	−4.65%	−6.11%
浙江	51.35%	49.32%	−3.95%	0.50%
内蒙古	83.87%	80.65%	−3.85%	−21.27%
吉林	47.37%	45.61%	−3.70%	−3.96%
江西	58.75%	56.88%	−3.19%	−5.89%
湖南	55.56%	54.32%	−2.22%	−2.63%
安徽	75.18%	74.47%	−0.94%	−4.78%
上海	26.75%	26.75%	0.00%	0.13%
重庆	72.04%	72.04%	0.00%	−1.07%
四川	78.49%	79.03%	0.68%	9.69%
广西	60.00%	60.91%	1.52%	4.27%
东部	38.38%	32.42%	−15.52%	−18.39%
中部	60.50%	56.20%	−7.12%	−8.06%
西部	72.04%	66.49%	−7.71%	−9.51%
全国	53.98%	48.81%	−9.58%	−10.95%

　　具体地，个人碳交易机制对于消费的能源贫困事实可能存在如下影响。首先，同时改善能源贫困发生率及能源贫困强度，即个人碳交易机制通过缩小能源贫困居民的能源消费缺口，帮助其跳出能源贫困"陷阱"。其中，能源贫困改善效果最为明显的是北京和福建，能源贫困发生率相对于个人碳交易实施前，下降了41%以上；能源贫困效果改善次之的地区是贵州、河北、宁夏，能源贫困发生率相对实施个人碳交易之前下降了25%以上；其余地区能源贫困发生率下降程度从0至25%不等。其次，虽然个人碳交易机制可以帮助部分居民脱离能源贫困"陷阱"、

降低能源贫困发生率，但是可能会加剧能源贫困强度，如浙江的能源贫困发生率虽然下降了 4% 左右，但是能源贫困强度却增强了 0.50%。最后，个人碳交易机制可能会同时加剧能源贫困发生率与能源贫困强度，如四川、广西。

从表 C-2 可以看出，随着免费分配配额的减少、有偿分配配额的增加，与基础场景相比，所有省份的碳交易价格均呈现出递减的趋势，并且价格的下降空间随着有偿分配比例的增加而增加。总体来看，随着有偿分配机制的引入，中部地区的碳交易价格变化最大，其次是西部地区，最后是东部地区。从个人碳交易机制的能源减贫效果来看：初期，有偿分配的比例较少，因此对能源贫困群体的福利影响较低，对能源贫困的改善没有效果或不明显，其中能源贫困发生率并未发生改变，但部分省份的能源贫困强度减弱。中期，个人碳交易市场的作用开始逐渐显现，其中以内蒙古为代表，能源贫困强度的下降比例开始增加。后期，个人碳交易市场对于能源减贫的效果开始出现差异化，就能源贫困发生率而言，甘肃表现为改善作用，北京、河南、福建等表现为加剧作用，其余地区并未发生改变。

表 C-2　有偿分配机制对能源贫困的影响

省区市	碳交易价格			能源贫困发生率			能源贫困强度		
	$\beta=5\%$	$\beta=10\%$	$\beta=50\%$	$\beta=5\%$	$\beta=10\%$	$\beta=50\%$	$\beta=5\%$	$\beta=10\%$	$\beta=50\%$
	Δp_{c1}	Δp_{c2}	Δp_{c3}	ΔEP_1	ΔEP_2	ΔEP_3	ΔInt_1	ΔInt_2	ΔInt_3
上海	−0.17%	−0.34%	−1.65%	0	0	0	0	0	0
云南	−0.50%	−1.00%	−4.80%	0	0	0	0.05%	0.10%	0.47%
内蒙古	−0.17%	−0.34%	−1.67%	0	0	0	−0.02%	−0.05%	−0.24%
北京	−0.20%	−0.40%	−1.96%	0	5.00%	5.00%	0.08%	0.16%	0.81%
吉林	−0.26%	−0.52%	−2.53%	0	0	0	−0.01%	−0.02%	−0.09%
四川	−0.14%	−0.29%	−1.41%	0	0	0	−0.01%	−0.03%	−0.14%
天津	−0.20%	−0.39%	−1.92%	0	0	0	0.03%	0.06%	0.28%
宁夏	−0.36%	−0.72%	−3.48%	0	0	0	0	0	0.02%
安徽	−0.33%	−0.66%	−3.24%	0	0	0	0	0.01%	0.05%
山东	−0.21%	−0.42%	−2.06%	0	0	0	0.04%	0.08%	0.37%
山西	−0.24%	−0.47%	−2.30%	0	0	0	0.05%	0.10%	0.51%
广西	−0.50%	−0.99%	−4.76%	0	0	0	−0.03%	−0.06%	−0.28%
江西	−0.39%	−0.77%	−3.73%	0	0	0	0	0	0.02%
河北	−0.34%	−0.68%	−3.29%	0	0	0	−0.05%	−0.09%	−0.45%
河南	−0.33%	−0.66%	−3.23%	0	0	0.79%	0.04%	0.07%	0.37%
浙江	−0.20%	−0.39%	−1.92%	0	0	0	−0.01%	−0.03%	−0.13%
湖北	−0.31%	−0.62%	−3.02%	0	0	0	0.01%	0.02%	0.09%
湖南	−0.30%	−0.61%	−2.97%	0	0	0	−0.01%	−0.01%	−0.05%

省区市	碳交易价格			能源贫困发生率			能源贫困强度		
	β=5%	β=10%	β=50%	β=5%	β=10%	β=50%	β=5%	β=10%	β=50%
	Δp_{c1}	Δp_{c2}	Δp_{c3}	ΔEP_1	ΔEP_2	ΔEP_3	ΔInt_1	ΔInt_2	ΔInt_3
甘肃	−0.22%	−0.44%	−2.16%	0	0	−2.44%	−0.06%	−0.11%	−0.54%
福建	−0.31%	−0.62%	−3.03%	0	0	4.76%	−0.03%	−0.06%	−0.27%
贵州	−0.30%	−0.59%	−2.88%	0	0	0	0	0.01%	0.04%
辽宁	−0.21%	−0.41%	−2.02%	0	0	0	−0.01%	−0.03%	−0.13%
重庆	−0.25%	−0.51%	−2.48%	0	0	0	−0.01%	−0.02%	−0.10%
黑龙江	−0.32%	−0.63%	−3.07%	0	0	0	−0.12%	−0.24%	−1.17%
东部	−0.25%	−0.50%	−2.47%	0	0.25%	0.51%	0	−0.01%	−0.03%
中部	−0.30%	−0.60%	−2.95%	0	0	0.13%	−0.01%	−0.02%	−0.11%
西部	−0.28%	−0.57%	−2.75%	0	0	−0.27%	0	−0.01%	−0.04%
全国	−0.27%	−0.55%	−2.67%	0	0.07%	0.13%	−0.01%	−0.01%	−0.07%

从表 C-3 可以看出，在不同的碳价提升幅度下，能源贫困的变化不同。总体来看，随着碳价的提高，中国的能源贫困发生率会逐渐下降，并且主要作用于东部和中部地区；但是能源贫困强度却有所加剧。

表 C-3　碳价提升对能源贫困的影响

省区市	能源贫困发生率				能源贫困强度			
	提升 5%	提升 10%	提升 25%	提升 50%	提升 5%	提升 10%	提升 25%	提升 50%
	ΔEP_4	ΔEP_5	ΔEP_6	ΔEP_7	ΔInt_4	ΔInt_5	ΔInt_6	ΔInt_7
北京	0	0	10.00%	5.00%	−1.92%	−3.85%	−7.26%	−10.50%
山西	0	0	0	0	−1.12%	−2.23%	−5.58%	−11.17%
山东	0	0	−1.10%	−2.20%	−0.90%	−1.80%	−4.49%	−8.81%
天津	0	0	−8.33%	−8.33%	−0.73%	−1.46%	−3.45%	−6.62%
河南	0	0	−0.79%	−2.38%	−0.56%	−1.13%	−2.82%	−5.56%
云南	0	0	−1.27%	−1.27%	−0.49%	−0.98%	−2.43%	−4.83%
湖北	0	0.81%	−0.81%	−0.81%	−0.15%	−0.29%	−0.66%	−1.25%
安徽	0	0	0	0	−0.07%	−0.15%	−0.37%	−0.58%
贵州	0	0	0	0	−0.07%	−0.13%	−0.33%	−0.66%
宁夏	0	8.33%	8.33%	8.33%	−0.03%	−0.04%	0.05%	0.20%
江西	0	0	−1.09%	−1.09%	−0.02%	−0.04%	−0.10%	−0.21%
上海	0	0	0	0	0.01%	0.01%	0.03%	0.06%
湖南	−1.12%	−1.12%	−1.12%	−1.12%	0.09%	0.19%	0.48%	0.95%

省区市	能源贫困发生率				能源贫困强度			
	提升 5%	提升 10%	提升 25%	提升 50%	提升 5%	提升 10%	提升 25%	提升 50%
	ΔEP_4	ΔEP_5	ΔEP_6	ΔEP_7	ΔInt_4	ΔInt_5	ΔInt_6	ΔInt_7
吉林	0	0	0	0	0.17%	0.35%	0.86%	1.73%
重庆	0	0	0	0	0.20%	0.40%	1.00%	2.00%
广西	0	0	1.52%	−1.52%	0.30%	0.59%	1.49%	3.27%
辽宁	0	0	0	0	0.32%	0.64%	1.61%	3.22%
浙江	−1.35%	−2.70%	−2.70%	−2.70%	0.34%	0.70%	1.81%	4.35%
四川	1.36%	1.36%	2.04%	2.04%	0.60%	1.28%	3.31%	6.78%
福建	−4.76%	−9.52%	−9.52%	−23.81%	0.62%	1.40%	3.81%	8.97%
河北	0	2.44%	0	−2.44%	0.68%	1.44%	4.64%	11.55%
内蒙古	0	0	0	0	0.73%	1.46%	3.66%	7.32%
甘肃	0	−2.44%	−2.44%	4.88%	1.26%	2.54%	6.38%	13.87%
黑龙江	1.16%	1.16%	2.33%	2.33%	1.99%	4.21%	11.03%	22.82%
东部	−0.51%	−0.76%	−0.76%	−2.80%	−0.05%	−0.08%	0.04%	0.82%
中部	0	0.13%	−0.26%	−0.53%	0.20%	0.43%	1.16%	2.48%
西部	0.54%	0.54%	0.54%	1.35%	0.32%	0.68%	1.75%	3.71%
全国	0	0	−0.20%	−0.66%	0.18%	0.38%	1.08%	2.45%

附录 D　各省份不同碳约束程度下的分档电量变化

随着初始碳配额的逐渐减小，各地区均衡碳价格逐渐提高，从而分档电量门槛变化量逐渐增大。不同场景下的各省份变化情况如表 D-1、表 D-2、表 D-3 所示。

表 D-1　场景一：各省份均衡碳价格、分档电量门槛及其变化量

省区市	P_c^*	Q_1^*	ΔQ_1^*	Q_2^*	ΔQ_2^*
北京	0.018	2912.293	32.293	4726.739	73.261
天津	0.015	2654.421	14.421	4709.783	90.217
河北	0.016	2177.433	17.433	3312.493	47.507
上海	0.027	3135.998	15.998	4718.068	81.932
江苏	0.020	2792.514	32.514	4727.433	72.567
浙江	0.023	2796.466	36.466	4730.101	69.899
福建	0.026	2453.637	53.637	4740.147	59.853
山东	0.016	2528.091	8.091	4691.704	108.296

省区市	P_c^*	Q_1^*	ΔQ_1^*	Q_2^*	ΔQ_2^*
广东	0.028	2795.341	35.341	5890.025	109.975
辽宁	0.018	2176.500	16.500	3316.157	43.843
吉林	0.019	2047.494	7.494	3067.029	52.972
黑龙江	0.017	2053.565	13.565	3076.948	43.052
山西	0.016	2057.275	17.275	3078.764	41.236
安徽	0.019	2173.214	13.214	4112.367	87.633
江西	0.026	2171.741	11.741	4116.497	83.503
河南	0.019	2176.746	16.746	3080.569	39.431
湖北	0.045	2187.257	27.257	4708.863	91.137
湖南	0.031	2182.039	22.039	4126.067	73.933
广西	0.030	2294.861	14.861	3427.231	52.769
重庆	0.025	2426.350	26.350	4706.846	93.154
四川	0.060	2179.417	19.417	3321.664	38.336
贵州	0.026	2067.160	27.160	3668.864	51.136
云南	0.040	2053.256	13.256	3075.072	44.928
陕西	0.018	2178.846	18.846	4126.964	73.036
甘肃	0.025	1930.555	10.555	2831.404	48.596

表 D-2　场景二：各省份均衡碳价格、分档电量门槛及其变化量

省区市	P_c^*	Q_1^*	ΔQ_1^*	Q_2^*	ΔQ_2^*
北京	0.036	2942.140	62.140	4645.092	154.908
天津	0.030	2666.594	26.594	4611.534	188.466
河北	0.033	2193.331	33.331	3259.816	100.184
上海	0.055	3149.729	29.729	4628.483	171.517
江苏	0.041	2822.664	62.664	4646.619	153.381
浙江	0.047	2830.615	70.615	4651.926	148.074
福建	0.054	2505.354	105.354	4671.969	128.032
山东	0.034	2534.600	14.600	4575.532	224.468
广东	0.058	2828.667	68.667	5770.093	229.907
辽宁	0.036	2191.322	31.322	3267.231	92.769
吉林	0.040	2053.599	13.599	3009.331	110.669
黑龙江	0.036	2065.507	25.507	3029.085	90.915
山西	0.032	2072.791	32.791	3032.435	87.565
安徽	0.039	2184.667	24.667	4017.466	182.534
江西	0.052	2181.751	21.751	4026.069	173.931
河南	0.040	2191.552	31.552	3036.011	83.989

续表

省区市	P_c^*	Q_1^*	ΔQ_1^*	Q_2^*	ΔQ_2^*
湖北	0.092	2212.574	52.574	4609.282	190.718
湖南	0.064	2202.046	42.046	4044.800	155.200
广西	0.061	2307.743	27.743	3368.682	111.318
重庆	0.052	2450.693	50.693	4605.097	194.903
四川	0.123	2197.104	37.104	3278.115	81.885
贵州	0.054	2092.689	52.689	3611.672	108.328
云南	0.083	2064.865	24.865	3025.200	94.800
陕西	0.036	2196.270	36.270	4047.450	152.550
甘肃	0.051	1939.761	19.761	2778.175	101.825

表 D-3 场景三：各省份均衡碳价格、分档电量门槛及其变化量

省区市	P_c^*	Q_1^*	ΔQ_1^*	Q_2^*	ΔQ_2^*
北京	0.077	2993.680	113.680	4453.842	346.158
天津	0.064	2683.451	43.451	4388.259	411.741
河北	0.069	2220.007	60.007	3137.234	222.766
上海	0.115	3169.635	49.635	4423.800	376.199
江苏	0.086	2875.081	115.081	4457.496	342.504
浙江	0.100	2891.190	131.190	4467.990	332.009
福建	0.113	2602.389	202.389	4507.861	292.139
山东	0.071	2542.348	22.348	4316.938	483.062
广东	0.123	2888.604	128.604	5497.041	502.959
辽宁	0.077	2215.378	55.378	3152.429	207.571
吉林	0.085	2061.181	21.181	2878.182	241.818
黑龙江	0.076	2083.980	43.980	2917.320	202.681
山西	0.068	2097.957	57.957	2922.803	197.197
安徽	0.083	2201.702	41.702	3803.435	396.565
江西	0.111	2196.002	36.002	3822.133	377.867
河南	0.085	2214.699	54.699	2929.803	190.197
湖北	0.194	2256.741	96.741	4381.976	418.024
湖南	0.135	2235.283	75.283	3857.817	342.183
广西	0.129	2326.892	46.892	3232.315	247.685
重庆	0.110	2492.685	92.685	4372.956	427.054
四川	0.259	2226.704	66.704	3173.637	186.363
贵州	0.115	2138.311	98.311	3477.107	242.893
云南	0.175	2082.594	42.594	2908.978	211.022
陕西	0.077	2226.381	66.381	3866.831	333.170
甘肃	0.107	1953.676	33.676	2656.275	223.725

附录 E　各省份不同收入水平居民用电消费特征的变化

分档电量门槛发生变化之后，在需求价格弹性的作用下，居民用电特征也会发生相应的变化。不同场景下各省份不同收入水平居民用电消费特征的变化如表 E-1、表 E-2、表 E-3 所示。

表 E-1　场景一：各省份不同收入水平居民用电消费特征的变化

省区市	低收入		中低收入		中等收入		中高收入		高收入	
	电量差异	电费差异	电量差异	电费差异	电量差异	电费差异	电量差异	电费差异	电量差异	电费差异
北京	−1.01	3.02	−0.40	1.37	−0.57	1.74	−0.10	0.35	−0.51	1.69
天津	0.08	−0.21	0.04	−0.10	−0.18	0.57	0.01	−0.04	−0.59	1.70
河北	−0.03	0.12	−0.19	0.57	−0.33	1.04	−0.61	1.81	−1.05	3.22
上海	−0.37	1.38	−0.12	0.42	−0.22	0.79	−0.20	0.69	−0.73	2.61
江苏	−0.27	0.90	−0.11	0.44	−0.31	1.01	−0.50	1.68	−1.42	4.56
浙江	0	0	−0.12	0.40	−0.26	0.88	−0.26	0.96	−1.36	4.51
福建	0.05	−0.11	0.10	−0.20	−0.19	0.75	−0.53	1.83	−0.94	3.12
山东	−0.04	0.12	−0.04	0.15	−0.16	0.53	0.03	−0.09	−0.93	3.05
广东	−0.04	0.15	0.06	0.25	−0.19	0.74	−0.47	1.73	−1.05	3.85
辽宁	−0.10	0.30	−0.20	0.61	−0.29	0.87	−0.64	1.92	−0.81	2.39
吉林	0.01	−0.02	0.01	−0.03	−0.19	0.56	−0.34	1.04	−1.03	3.18
黑龙江	−0.02	0.08	−0.21	0.66	−0.26	0.76	−0.58	1.69	−0.75	2.29
山西	−0.09	0.28	−0.17	0.50	−0.39	1.13	−0.70	2.09	−0.83	2.49
安徽	0	−0.01	−0.06	0.17	−0.31	1.05	−0.58	1.94	−0.66	2.34
江西	0	0	−0.05	0.18	−0.18	0.68	−0.37	1.26	−0.37	1.30
河南	−0.15	0.47	−0.25	0.81	−0.56	1.81	−0.92	2.91	−1.20	3.97
湖北	0.09	−0.26	0.05	−0.16	−0.58	1.95	−0.50	1.74	−1.42	4.74
湖南	0.03	−0.10	0.07	−0.21	−0.19	0.67	−0.59	2.06	−1.02	3.59
广西	−0.03	0.10	−0.22	0.65	−0.45	1.42	−0.89	2.86	−1.29	4.13
重庆	−0.11	0.34	−0.11	0.39	−0.80	2.53	−1.02	3.12	−0.66	2.24
四川	−0.12	0.41	0.06	−0.11	−0.02	0.14	−0.03	0.26	−0.28	1.03
贵州	−0.08	0.26	−0.38	1.06	−0.56	1.61	−1.51	3.97	−2.13	5.93
云南	−0.24	0.68	−0.09	0.28	−0.25	0.70	−0.54	1.51	−0.99	2.83
陕西	−0.20	0.69	−0.06	0.22	−0.43	1.28	−1.53	4.33	−0.64	1.89
甘肃	−0.08	0.24	−0.13	0.40	−0.21	0.67	−0.54	1.66	−0.93	2.91

表 E-2　场景二：各省份不同收入水平居民用电消费特征的变化

省区市	低收入		中低收入		中等收入		中高收入		高收入	
	电量差异	电费差异	电量差异	电费差异	电量差异	电费差异	电量差异	电费差异	电量差异	电费差异
北京	−3.73	10.55	−0.87	2.96	−1.79	5.23	−1.61	4.39	−1.76	5.34
天津	−0.91	2.38	−0.98	2.57	−0.69	2.02	0.03	−0.07	−1.74	4.92
河北	−0.08	0.30	−0.46	1.35	−0.78	2.39	−1.45	4.27	−2.32	7.11
上海	−0.78	2.90	−0.25	0.90	−0.51	1.81	−0.56	1.95	−1.68	5.98
江苏	−0.58	1.92	−0.26	0.99	−0.68	2.24	−1.08	3.68	−3.04	9.81
浙江	0	0	−0.29	0.95	−0.57	1.94	−0.59	2.18	−2.93	9.74
福建	0.05	−0.06	0.14	−0.24	−0.51	1.90	−1.26	4.28	−2.15	7.08
山东	−0.08	0.25	−0.09	0.31	−0.34	1.12	0.06	−0.17	−1.93	6.35
广东	−0.09	0.35	−0.15	0.62	−0.43	1.64	−1.02	3.76	−2.24	8.23
辽宁	−0.22	0.67	−0.44	1.33	−0.64	1.89	−1.38	4.15	−1.74	5.17
吉林	0.01	−0.03	0.02	−0.06	−0.40	1.22	−0.71	2.20	−2.16	6.67
黑龙江	−0.06	0.20	−0.45	1.41	−0.56	1.66	−1.25	3.64	−1.62	4.92
山西	−0.21	0.63	−0.37	1.12	−0.85	2.48	−1.53	4.53	−1.79	5.40
安徽	0.01	−0.03	−0.27	0.82	−0.72	2.44	−1.80	5.88	−1.81	6.19
江西	0	0	−0.11	0.39	−0.38	1.44	−0.77	2.65	−0.79	2.77
河南	−0.32	1.03	−0.55	1.75	−1.22	3.91	−1.98	6.28	−2.59	8.56
湖北	0.17	−0.51	0.10	−0.31	−1.22	4.13	−1.09	3.76	−3.00	10.07
湖南	0.06	−0.19	0.13	−0.41	−0.41	1.48	−1.26	4.43	−2.17	7.67
广西	−0.06	0.22	−0.48	1.41	−0.98	3.10	−1.89	6.10	−2.75	8.79
重庆	−0.27	0.74	−0.24	0.82	−1.69	5.40	−2.16	6.63	−1.40	4.76
四川	−0.29	0.99	0.08	−0.09	−0.09	0.46	−0.15	0.81	−0.72	2.57
贵州	−0.19	0.60	−0.84	2.32	−1.23	3.51	−3.25	8.57	−4.58	12.76
云南	−0.51	1.47	−0.20	0.62	−0.60	1.65	−1.52	4.13	−2.19	6.22
陕西	−0.51	1.46	−0.13	0.49	−0.93	2.79	−3.20	9.11	−1.36	4.02
甘肃	−0.16	0.50	−0.27	0.87	−0.45	1.43	−1.15	3.52	−1.97	6.20

表 E-3　场景三：各省份不同收入水平居民用电消费特征的变化

省区市	低收入		中低收入		中等收入		中高收入		高收入	
	电量差异	电费差异	电量差异	电费差异	电量差异	电费差异	电量差异	电费差异	电量差异	电费差异
北京	−10.19	28.64	−2.02	6.83	−4.75	13.76	−5.25	14.24	−4.84	14.44
天津	−3.80	10.12	−3.92	10.43	−2.04	5.90	0.04	−0.11	−4.69	13.24
河北	−0.22	0.77	−1.11	3.30	−1.87	5.76	−3.48	10.29	−5.36	16.49

续表

省区市	低收入		中低收入		中等收入		中高收入		高收入	
	电量差异	电费差异	电量差异	电费差异	电量差异	电费差异	电量差异	电费差异	电量差异	电费差异
上海	−1.72	6.45	−0.56	2.03	−1.17	4.22	−1.42	4.93	−3.87	13.86
江苏	−1.33	4.40	−0.67	2.48	−1.64	5.41	−2.58	8.71	−6.98	22.62
浙江	0	0	−0.78	2.54	−1.41	4.73	−1.51	5.44	−6.78	22.58
福建	−0.82	2.38	−0.34	1.22	−2.79	8.73	−4.59	14.44	−6.88	21.60
山东	−0.17	0.55	−0.20	0.70	−0.75	2.47	0.09	−0.26	−4.16	13.82
广东	−0.39	1.45	−0.65	2.40	−1.65	5.97	−3.32	11.87	−7.05	25.14
辽宁	−0.55	1.66	−1.05	3.15	−1.54	4.53	−3.21	9.67	−4.10	12.19
吉林	−0.01	0.02	0.03	−0.07	−0.91	2.77	−1.57	4.91	−4.77	14.84
黑龙江	−0.16	0.53	−1.03	3.27	−1.34	3.99	−2.87	8.41	−3.70	11.29
山西	−0.59	1.71	−0.90	2.72	−2.03	5.91	−3.57	10.63	−4.21	12.69
安徽	0.02	−0.05	−0.96	2.96	−1.78	5.98	−5.40	17.37	−4.99	16.80
江西	0	0	−0.31	1.10	−0.98	3.64	−1.80	6.24	−2.17	7.52
河南	−0.75	2.40	−1.27	4.10	−2.81	9.10	−4.56	14.56	−5.97	19.82
湖北	0.31	−0.93	0.19	−0.57	−2.74	9.36	−2.54	8.79	−6.70	22.68
湖南	0.02	−0.06	−0.08	0.26	−1.55	5.32	−3.64	12.51	−6.04	21.01
广西	−0.15	0.54	−1.42	4.17	−2.49	7.82	−4.26	13.85	−6.68	21.26
重庆	−0.77	2.29	−0.55	1.86	−4.31	13.63	−5.74	17.44	−4.38	14.15
四川	−0.86	2.85	−0.18	0.81	−0.65	2.31	−1.08	3.97	−2.69	8.88
贵州	−0.54	1.64	−2.11	5.82	−2.97	8.45	−7.55	20.03	−10.26	29.56
云南	−1.17	3.34	−0.49	1.51	−1.45	4.01	−3.88	10.49	−5.03	14.36
陕西	−1.11	3.24	−0.34	1.21	−2.11	6.37	−7.03	20.21	−3.36	9.93
甘肃	−0.43	1.32	−0.67	2.10	−1.16	3.62	−2.67	8.21	−4.66	14.63

附录 F　交叉补贴无谓损失率的计算

我们首先以真实的现行价格 p_h 为例进行说明，可知，居民与工业用户的总无谓损失为

$$\text{DWL} = \frac{(p_0 - p_h)(q_{h1} - q_{h0})}{2} + \frac{(p_i - p_0)(q_{i0} - q_{i1})}{2} = \frac{(\Delta p_h \Delta q_h + \Delta p_i \Delta q_i)}{2} \quad \text{(F-1)}$$

由 $\varepsilon_h = \dfrac{\Delta q_h / q_{h1}}{\Delta p_h / p_h}$，　$\varepsilon_i = \dfrac{\Delta q_i / q_{i1}}{\Delta p_i / p_i}$ 可得

$$\Delta q_h = -\varepsilon_h \frac{\Delta p_h}{p_h} q_{h1}, \quad \Delta q_i = -\varepsilon_i \frac{\Delta p_i}{p_i} q_{i1} \tag{F-2}$$

因此，无谓损失可变化为

$$DWL = -\frac{\varepsilon_h \frac{(\Delta p_h)^2}{p_h} q_{h1} + \varepsilon_i \frac{(\Delta p_i)^2}{p_i} q_{i1}}{2} \tag{F-3}$$

交叉补贴总额为

$$\text{Cross\_Sub} = (p_0 - p_h)q_{h1} = \Delta p_h q_{h1} \text{ 或 Cross\_Sub} = (p_i - p_0)q_{i1} = \Delta p_i q_{i1} \tag{F-4}$$

在真实的现行价格 p_h 下，交叉补贴总额满足 $\text{Cross\_Sub}_{p_h} = (p_0 - p_h)q_{h1} = \Delta p_h q_{h1} = (p_i - p_0)q_{i1} = \Delta p_i q_{i1}$。在可行价格 p_h' 下，这一等式未必成立。由此，取 $\text{Cross\_Sub}_{p_h'} = \frac{(p_0 - p_h')q_{h1} + (p_i' - p_0)q_{i1}}{2} = \frac{\Delta p_h' q_{h1} + \Delta p_i' q_{i1}}{2}$，$\text{Cross\_Sub}_{p_h'}$ 介于补贴支出额与补贴得到额之间，在补贴支出额与补贴得到额均为下限估计的情况下，$\text{Cross\_Sub}_{p_h'}$ 也为下限估计。因此，对于真实的现行价格 p_h 和可行价格 p_h'，得仅考虑自价格弹性时的交叉补贴无谓损失率 θ 为

$$\theta_1 = \frac{\sum(DWL_i + DWL_h)}{\text{Cross\_Sub}} = -\frac{\varepsilon_h \frac{(\Delta p_h)^2}{p_h} q_{h1} + \varepsilon_i \frac{(\Delta p_i)^2}{p_i} q_{i1}}{\Delta p_h q_{h1} + \Delta p_i q_{i1}} \tag{F-5}$$

进一步地，在真实的现行价格 p_h 下，式（F-5）还可进一步简化为

$$\theta_1 = \frac{\sum(DWL_i + DWL_h)}{\text{Cross\_Sub}} = -\left(\frac{\varepsilon_h \Delta p_h}{2 p_h} + \frac{\varepsilon_i \Delta p_i}{2 p_i} \right) \tag{F-6}$$

以下分析在居民用户与工业用户同时受到自价格与交叉价格的影响时，对交叉补贴无谓损失率进行计算。对居民用户来讲，居民用户的电量消费受到自价格弹性 ε_h 与交叉价格弹性 ε_{hi} 的共同影响，工业用户的电量消费受到自价格弹性 ε_i 与交叉价格弹性 ε_{ih} 的共同影响；此时居民用户的无谓损失与工业用户的无谓损失分别为

$$DWL_h = -\frac{\varepsilon_h \frac{(\Delta p_h)^2}{p_h} q_{h1} + \varepsilon_{hi} \frac{(\Delta p_i)^2}{p_i} q_{h1}}{2} \tag{F-7}$$

$$DWL_i = -\frac{\varepsilon_i \frac{(\Delta p_i)^2}{p_i} q_{i1} + \varepsilon_{ih} \frac{(\Delta p_h)^2}{p_h} q_{i1}}{2} \tag{F-8}$$

总的无谓损失为

$$DWL = DWL_h + DWL_i = -\frac{\varepsilon_h \frac{(\Delta p_h)^2}{p_h} q_{h1} + \varepsilon_{hi} \frac{(\Delta p_i)^2}{p_i} q_{h1} + \varepsilon_i \frac{(\Delta p_i)^2}{p_i} q_{i1} + \varepsilon_{ih} \frac{(\Delta p_h)^2}{p_h} q_{i1}}{2}$$

（F-9）

交叉补贴总额仍然为

$$Cross\_Sub = (p_0 - p_h)q_{h1} = \Delta p_h q_{h1} \ 或 \ Cross\_Sub = (p_i - p_0)q_{i1} = \Delta p_i q_{i1}$$

与仅考虑自价格弹性时类似，可得在考虑交叉价格弹性时的交叉补贴无谓损失率 θ 为

$$\theta_2 = \frac{\sum(DWL_i + DWL_h)}{Cross\_Sub} = -\left[\frac{\varepsilon_h \frac{(\Delta p_h)^2}{p_h} q_{h1} + \varepsilon_{hi} \frac{(\Delta p_i)^2}{p_i} q_{h1} + \varepsilon_i \frac{(\Delta p_i)^2}{p_i} q_{i1} + \varepsilon_{ih} \frac{(\Delta p_h)^2}{p_h} q_{i1}}{\Delta p_h q_{h1} + \Delta p_i q_{i1}}\right]$$

（F-10）

进一步地，在真实的现行价格 p_h 下，式（F-10）还可进一步简化为

$$\theta_2 = \frac{\sum(DWL_i + DWL_h)}{Cross\_Sub} = -\left[\frac{(\varepsilon_h + \varepsilon_{ih} \times \frac{q_{i1}}{q_{h1}})}{2} \frac{\Delta p_h}{p_h} + \frac{(\varepsilon_i + \varepsilon_{hi} \times \frac{q_{h1}}{q_{i1}})}{2} \frac{\Delta p_i}{p_i}\right] \quad （F-11）$$

由式（F-10）与式（F-11）可以看出，此时交叉补贴无谓损失率 θ 不仅受到自价格弹性、交叉价格弹性、价格变化与初始价格的影响，也与居民与工业用户的消费量有关。

因此，由表 F-1 可以看出，在考虑与不考虑交叉价格弹性时，所得到的交叉补贴无谓损失率存在差异。现实中，工业用电与居民用电存在一定的关系，因此，应该在考虑交叉价格弹性的框架下对交叉补贴无谓损失率进行估计。

表 F-1　考虑与不考虑交叉价格弹性时的无谓损失率比较

类型	交叉价格弹性特征	θ_1 与 θ_2 比较
（1）	$\varepsilon_{hi} = 0; \varepsilon_{ih} = 0$	$\theta_1 = \theta_2$
（2）	$\varepsilon_{hi} = 0; \varepsilon_{ih} < 0$	$\theta_1 < \theta_2$
（3）	$\varepsilon_{hi} = 0; \varepsilon_{ih} > 0$	$\theta_1 > \theta_2$
（4）	$\varepsilon_{hi} > 0; \varepsilon_{ih} = 0$	$\theta_1 > \theta_2$
（5）	$\varepsilon_{hi} > 0; \varepsilon_{ih} < 0$	不定
（6）	$\varepsilon_{hi} > 0; \varepsilon_{ih} > 0$	$\theta_1 > \theta_2$
（7）	$\varepsilon_{hi} < 0; \varepsilon_{ih} = 0$	$\theta_1 < \theta_2$
（8）	$\varepsilon_{hi} < 0; \varepsilon_{ih} < 0$	$\theta_1 < \theta_2$
（9）	$\varepsilon_{hi} < 0; \varepsilon_{ih} > 0$	不定

附录G　交叉补贴无谓损失率的动态变化

我们计算出"十一五""十二五"期间的交叉补贴无谓损失率。分析在2006~2015年这10年间的动态变化（西藏数据缺失），以便于做出时间序列上的比较与分析（表G-1）。

表G-1　历年交叉补贴无谓损失率表

指标	2006年	2007年	2008年	2009年	2010年	2011年	2012年	2013年	2014年	2015年
交叉补贴无谓损失率	24.32%	26.98%	30.36%	36.00%	40.75%	40.56%	42.17%	39.79%	42.25%	40.35%
其中：居民	6.55%	7.01%	8.14%	8.97%	10.60%	10.78%	11.68%	11.66%	11.74%	12.05%
其中：工业	17.77%	19.97%	22.22%	27.03%	30.15%	29.78%	30.49%	28.13%	30.51%	28.29%

同时，我们也列出2015年各省份交叉补贴无谓损失率、交叉补贴总额及无谓损失总额，以便于做出横截面上的各省份横向比较与分析（表G-2）。

表G-2　2015年各省份交叉补贴无谓损失率、交叉补贴总额及无谓损失总额

省区市	交叉补贴无谓损失率	交叉补贴总额/万元	无谓损失总额/万元
北京	26.99%	354 695.80	95 724.84
天津	57.45%	301 517.20	173 232.03
河北	101.58%	834 510.00	847 669.39
山西	29.94%	376 974.10	112 857.19
内蒙古	51.04%	102 377.80	52 255.14
辽宁	53.76%	711 491.50	382 506.72
吉林	51.47%	296 735.90	152 718.25
黑龙江	55.80%	253 603.70	141 505.01
上海	26.61%	440 318.10	117 188.37
江苏	42.30%	1 338 113.00	565 994.90
浙江	49.80%	938 691.60	467 514.13
安徽	42.69%	531 246.40	226 792.65
福建	35.62%	691 592.60	246 337.68
江西	17.55%	232 586.30	40 830.39
山东	26.07%	1 140 879.00	297 470.74
河南	24.93%	731 293.10	182 302.81
湖北	47.99%	700 832.70	336 362.48
湖南	15.05%	285 881.90	43 017.88
广东	17.96%	1 469 458.00	263 846.47

续表

省区市	交叉补贴无谓损失率	交叉补贴总额/万元	无谓损失总额/万元
广西	36.21%	437 951.20	158 587.17
海南	5.73%	14 764.50	846.18
重庆	23.32%	232 404.10	54 198.40
四川	45.35%	1 185 011.00	537 418.37
贵州	34.76%	268 809.70	93 427.28
云南	37.40%	414 391.90	154 982.40
西藏			
陕西	27.20%	320 818.50	87 256.95
甘肃	32.63%	178 211.80	58 146.00
青海	24.84%	35 084.13	8 715.43
宁夏	161.78%	53 591.22	86 699.18
新疆	4.39%	16 849.39	740.42

附录 H　基于电价调整的各省份碳价格设计

基于降低交叉补贴无谓损失率的政策目标，在四种电价调整方案的基础上，根据我国的碳目标实现途径的差异，设定三类碳强度下降情景，即碳强度不变、碳强度下降 3.6% 和碳强度下降 6.6%，并求解各省份的碳价格，如表 H-1～表 H-4 所示（西藏地区缺失）。

表 H-1　工业电价降低 8.13% 时各省份的碳价格　　　　单位：元/吨

省区市	碳强度不变	碳强度下降 3.6%	碳强度下降 6.6%
北京	62.277	84.945	129.773
天津	94.478	117.967	164.421
河北	41.859	64.416	109.026
山西	43.693	63.514	102.713
内蒙古		3.762	33.805
辽宁	37.223	58.240	99.805
吉林	66.551	89.276	134.218
黑龙江	3.545	24.014	64.494
上海	73.145	105.953	170.835
江苏	92.104	121.812	180.565
浙江	44.830	74.381	132.823
安徽	38.549	70.083	132.448

省区市	碳强度不变	碳强度下降 3.6%	碳强度下降 6.6%
福建	19.443	47.972	104.392
江西	20.798	46.092	96.115
山东	39.580	62.154	106.798
河南	36.225	59.768	106.330
湖北	33.598	61.399	116.379
湖南	1.917	27.446	77.933
广东	30.715	60.383	119.056
广西	64.985	92.947	148.248
海南		1.520	53.080
重庆	41.883	64.548	109.372
四川	54.979	83.630	140.292
贵州	23.845	46.640	91.723
云南	93.493	119.703	171.538
西藏			
陕西	29.063	53.900	103.020
甘肃	76.801	100.747	148.104
青海	18.002	35.184	69.165
宁夏	93.029	114.472	156.879
新疆			22.341

表 H-2　工业电价降低 **4.30%**、居民电价提高 **4.17%**时各省份的碳价格　单位：元/吨

省区市	碳强度不变	碳强度下降 3.6%	碳强度下降 6.6%
北京			18.670
天津			32.554
河北		3.570	48.181
山西			35.141
内蒙古		8.555	38.598
辽宁			40.034
吉林			36.580
黑龙江		6.613	47.093
上海			56.063
江苏			48.647
浙江		1.967	60.409
安徽		1.138	63.503
福建			53.943

续表

省区市	碳强度不变	碳强度下降 3.6%	碳强度下降 6.6%
江西			49.805
山东			40.015
河南		0.802	47.363
湖北		0.447	55.427
湖南			49.374
广东			57.272
广西			34.210
海南		4.097	55.656
重庆			41.364
四川			38.668
贵州			44.688
云南			27.064
西藏			
陕西			29.443
甘肃			37.108
青海		3.570	37.551
宁夏			37.554
新疆		8.328	41.924

表 H-3　工业电价降低 7.00%、居民电价提高 1.23%时各省份的碳价格　　单位：元/吨

省区市	碳强度不变	碳强度下降 3.6%	碳强度下降 6.6%
北京			37.842
天津		7.375	53.829
河北	1.500	24.057	68.667
山西		13.445	52.644
内蒙古	5.055	20.246	50.290
辽宁		16.990	58.555
吉林		11.900	56.843
黑龙江	3.903	24.371	64.851
上海		20.008	84.891
江苏		16.571	75.324
浙江		28.194	86.637
安徽		28.688	91.052
福建		21.367	77.787
江西		21.327	71.350

续表

省区市	碳强度不变	碳强度下降 3.6%	碳强度下降 6.6%
山东		14.972	59.616
河南		21.629	68.190
湖北		24.655	79.635
湖南		19.479	69.967
广东		24.011	82.684
广西		2.673	57.974
海南		17.516	69.075
重庆		16.400	61.224
四川		6.146	62.808
贵州		19.220	64.302
云南			50.095
西藏			
陕西		0.199	49.319
甘肃		11.186	58.543
青海	1.665	18.847	52.829
宁夏		15.125	57.533
新疆	3.637	20.625	54.220

表 H-4　工业电价降低 **10.00%** 时各省份的碳价格　　　　　单位：元/吨

省区市	碳强度不变	碳强度下降 3.6%	碳强度下降 6.6%
北京		14.317	59.145
天津	7.524	31.013	77.467
河北	24.262	46.819	91.430
山西	13.073	32.893	72.092
内蒙古	18.045	33.237	63.280
辽宁	16.551	37.568	79.134
吉林	11.690	34.415	79.357
黑龙江	20.159	40.628	81.108
上海	19.230	52.038	116.921
江苏	16.504	46.212	104.966
浙江	27.784	57.336	115.778
安徽	27.763	59.298	121.662
福建	19.331	47.859	104.279
江西	19.972	45.266	95.289
山东	14.177	36.751	81.395

续表

省区市	碳强度不变	碳强度下降 3.6%	碳强度下降 6.6%
河南	21.226	44.770	91.331
湖北	23.752	51.552	106.532
湖南	12.700	38.229	88.716
广东	22.579	52.247	110.920
广西	1.114	29.077	84.377
海南	6.354	32.425	83.984
重庆	15.802	38.467	83.290
四川	4.318	32.968	89.630
贵州	18.218	41.013	86.095
云南		23.850	75.684
西藏			
陕西		22.284	71.404
甘肃	11.057	35.003	82.360
青海	18.533	35.715	69.696
宁夏	15.880	37.323	79.730
新疆	17.300	34.287	67.883